新时期农业保险调查与研究

Investigation and Research on the New Period Agricultural Insurance

袁纯清 等◎著

人民出版社

策划编辑：郑海燕
封面设计：林芝玉
责任校对：周晓东

图书在版编目（CIP）数据

新时期农业保险调查与研究/袁纯清 等 著. —北京：人民出版社，
  2022.6
ISBN 978－7－01－024774－8

Ⅰ.①新…　Ⅱ.①袁…　Ⅲ.①农业保险-调查研究-中国
Ⅳ.①F842.66

中国版本图书馆 CIP 数据核字（2022）第 078088 号

新时期农业保险调查与研究

XINSHIQI NONGYE BAOXIAN DIAOCHA YU YANJIU

袁纯清 等 著

人民出版社 出版发行
（100706　北京市东城区隆福寺街 99 号）

中煤（北京）印务有限公司印刷　新华书店经销

2022 年 6 月第 1 版　2022 年 6 月北京第 1 次印刷
开本：710 毫米×1000 毫米 1/16　印张：20.75
字数：260 千字

ISBN 978－7－01－024774－8　定价：88.00 元

邮购地址 100706　北京市东城区隆福寺街 99 号
人民东方图书销售中心　电话（010）65250042　65289539

代　序

漫谈"三农"问题

漫谈"三农"问题,是我于 2021 年 7 月 3 日在北京大学经济学院一次专题演讲的题目,之所以将它作为《新时期农业保险调查与研究》的序言,是因为农业保险既是"三农"中的一项内容,更因为要做好新时期的农业保险,必须把握好"三农"工作的全局,只有把握好了这个全局,才能更好地服从服务这个全局,在这个全局中发挥作用,当好"三农"发展的"助推器",做好"三农"风险防控的"防护堤"。

我之所以谈"三农",一是它是关系国家全局的大事,习近平总书记讲,乃国之大者,这是全党工作的重中之重。二是和每个人联系最为密切,因为大家都要穿衣吃饭,都有"米袋子""菜篮子"的问题,油盐酱醋菜,关乎千家万户。三是我生在农村,成长在农村,当过农村基层干部,后来在地方工作了20 年,离不开"三农",最后工作的单位在中央农村工作领导小组,我和"三农"的情结深,也算比较了解农村、农业、农民,也比较关注和熟悉"三农"政策,还几次参加起草中央"一号文件"工作。"三农"的题目很大,我主要讲以下几个方面:一是关于脱贫攻坚;二是关于粮食安全;三是关于农村改革;四是关于乡村振兴战略;五是关于农业的创新与发展及解决"三农"突出"短板"。

一、关于脱贫攻坚

我之所以要讲这个问题,这是中国农民的大事,是中国农村的大事,是中华民族的大事,是关于中国能不能实现现代化、实现民族伟大复兴的大事,党奋斗了 100 年才解决的大事。2021 年 2 月 25 日,在北京召开了全国脱贫攻坚总结表彰大会,习近平总书记庄严宣告我国脱贫攻坚战取得了全面的胜利,宣称这是彪炳史册的人间奇迹,并且自豪地宣称这是中国人民的伟大光荣,中国共产党的伟大光荣,中华民族的伟大光荣。从政治的角度讲,我们要了解这一中国共产党领导下伟大的奋斗史,从经济理论的角度讲,我们需要总结和升华这一新中国成立以来经济社会发展的发展经济学,成为中国特色社会主义政治经济学的精彩篇章。从发展的角度,脱贫攻坚不是终点,而是新生活、新奋斗的起点,要实现农业现代化,要乡村全面振兴,要走向富裕还有很长的路要走。

关于脱贫攻坚这个题目,我于 2020 年 5 月曾在北京大学政府管理学院讲了两次,一共讲了 6 个小时,讲得比较详细充分。习近平总书记站在党和国家的高度在 2021 年 2 月 25 日的全国脱贫攻坚总结表彰大会上做了重要讲话,做了全面的回顾和总结。我从学习理解总书记重要讲话的角度,概要地讲几点,也就是我认为主要要把握好以下几个要点:一是记住几个基本数字;二是认清脱贫攻坚的伟大意义;三是把握好几条主要经验;四是今后工作要抓住的几个关节点。

（一）关于脱贫攻坚成果的几组基本数据

一是脱贫的人数多。按照 2010 年不变价格 2300 元的贫困标准计算,这里有四组数据。1978 年我国有 7.7 亿农村贫困人口,当时全国人口 9.6 亿人,农村 7.9 亿人,农村人口贫困发生率为 97.5%,也就是 100 人中只有两个半人不是贫困人口。到 1985 年是 6.6 亿人,贫困发生率为 78.3%。2012 年我国有 9899 万贫困人口,贫困发生率为 10.2%。2019 年贫困人口 550 万人,贫困发生率为 0.6%。

二是脱贫的标准高。2010 年的贫困标准是 2300 元,2019 年根据物价调整后的贫困标准是 3218 元(2020 年的贫困标准为 4000 元,各省标准不一,稍有差别,但 3218 元是一个底线),折算成美元为每人每天 2.3 美元,高出世界银行确定的标准每人每天 1.9 美元的极端贫困标准。

三是脱贫的质量好。首先是收入增长快,2020 年贫困地区农村居民人均可支配收入为 12588 元,2013 年是 6079 元,年均增长11.6%,比全国农村平均增速快2.3个百分点。2019年贫困人口人均纯收入由2015年的3416元增加到9808元,年均增长1600元,增速30%。其次是生产生活条件改善大。2018年贫困地区钢筋混凝土、砖混结构住房比重达67.4%,居住竹草土坯房只占1.9%,到2020年全部清零;饮水困难到2020年全部清零;2020年通电自然村全覆盖,电话、有线电视、宽带全覆盖;行政村通水泥路、通客车2020年基本解决。最后是公共服务水平明显提高。到2020年基本上做到村村有文化室、有卫生室、有幼儿园,仅教育扶贫改造的义务教育学校达10.8万所,马背学校、溜索学校已成为历史。

四是中国扶贫脱贫走在世界前列。前面已讲到,从扶贫标准上讲,中国是高于国际标准的,中国确定的贫困标准是日收入2.3美元;世界银行确定的贫困标准是日收入1.9美元。中国脱贫的标准显然高于世界标准。从减贫速度来讲,我们也是快于世界其他国家的。中国年均减贫速度平均为2.7%,世界则是1%。

如巴西有2.1亿人口,按照人均月收入123—246元人民币的标准,还有贫困人口5000万人,贫困人口约占全国人口的24%。另一个是印度,20世纪90年代初中国的贫困人口超过印度,60%的人口处于极度贫困状态,印度占比只有55%,2006年中国的贫困发生率为11%,印度为32%。2014年,按农村每天53美分、城市78美分的收入标准,印度贫困人口还有3.6亿人,占总人口的29.5%。

现在全世界 76 亿人中还有 13 亿贫困人口,中国是一个 14 亿多的人口大国,2019 年只剩下 551 万贫困人口,到 2020 年几乎清零。这是一个让人惊诧的数字,一方面说明中国的脱贫成就巨大,另一方面说明世界战胜贫困任务艰巨。

(二)关于脱贫攻坚的伟大意义

由此,我们需要充分认识它所具有的伟大意义,以更大地激发我们的责任感、振奋我们的精神、坚定我们的信心、鼓舞我们的士气、增强我们的自豪感。我体会有五个方面的意义。

一是政治意义。中国脱贫攻坚的成功,是中国共产党领导的结果,是社会主义制度优越性使然,是习近平总书记以人民为中心思想的体现。中国脱贫攻坚的巨大成就再一次表明,中国只有在中国共产党的领导下,才能克服一切险阻、战胜一切困难,创造人间奇迹,从而更加坚定地在以习近平同志为核心的党中央领导下实现两个一百年的梦想,坚定走向民族复兴的信心和决心,坚定中国特色社会主义道路。

二是发展意义。脱贫的过程从本质上讲是一个发展的过程,这个发展既包括广大贫困落后地区生产条件的改善、产业的兴起,也包括社会财富的增加。我们可以从几个方面来证明:首先是 2729 万建档立卡贫困劳动力外出务工,是中国不可多得的人力资源,他们自身不仅增加了收入,也提高了劳动技能,从总量上讲既是国家总财富的增加,也是人力资本的增长。同时,他们的劳动又直接创造了社会财富,推动了国家经济的发展。其次是农村贫困劳动力收入的高速增长,不仅仅只有政策性收入,占比大的仍然是劳动和经营性收入,各地在脱贫中发展了大量的特色产业,如特种养殖、水果花卉培育、乡村旅游、农村电商,它们的经营者不少是贫困劳动力,这同样意味着他们是农村经济发展的重要力量。最后是补齐了全面小康社会的"短板",对解决农村与城市、富裕户和贫困户之间的差距,进而解决好整个经济社会发展的不平衡、不充分,为第二个一百年实现民族伟大复兴奠定了农村、农业、农民的基础。

三是社会意义。这体现在贫困不仅是一种经济现象,也是一种社会现象。由政府领导、引领、支持、帮助脱贫,解决的是社会贫富差距问题,体现的是一种社会公正、平等的价值取向,倡导的是社会财富共享的文明观,是一种积极的社会公共治理,造成的是一种社会正向激励,带来的是一种社会和谐。我们都会有这样的体会,脱贫成绩大的村,其邻里关系、婆媳关系、干群关系融洽,矛盾纠纷少,很少有犯罪案件。

四是理论意义。解决贫困问题是一个世界性、现实性的课题,也是发展经济学研究的主题。2019年诺贝尔经济学奖获得者就是三个美国经济学家——阿比吉特·班纳吉、埃丝特·迪弗洛、迈克尔·克雷默关于贫困的实验报告及论述。这足以说明解决贫困问题受当代经济学家重视的程度。遗憾的是,这三位经济学家不知是出于偏见,还是由于信息缺乏的缘故,竟然对中国的扶贫未置言辞,成为这个诺奖最大的不足,因此在世界上引起了不少的争议和批评。反过来提醒和推动我们的理论工作者应该在中国脱贫攻坚的这座"富矿"中,进行理论的抽象,写出中国的脱贫学,丰富发展经济学,这也是讲好中国的故事。

五是国际意义。首先表现在中国减贫为世界减贫作出了重大贡献。改革开放以来,中国减贫的人口占世界减贫人口的76%,中国减贫年均下降2.7个百分点,全球年均下降1个百分点。其次中国2020年实现全部贫困人口脱贫,提前10年实现联合国2030年可持续发展议程的减贫目标,在世界起到了引领作用,同时鼓舞了不发达国家的信心。最后是中国的脱贫为世界其他国家提供了中国方案、中国智慧。如联合国秘书长古特雷斯所说,精准扶贫精确脱贫方略是帮助贫困人口实现2030年可持续发展议程设定的宏伟目标的唯一途径,中国经验可以为其他发展中国家提供有益借鉴。

(三)脱贫攻坚基本经验

中国的脱贫攻坚是史诗般的,取得了弥足珍贵的经验,总结起来有以下六个方面:(1)坚持党的领导,强化组织保障。(2)坚持精准方略,提高脱贫实效。(3)坚持加大投入,强化资金支持。(4)坚持社会动员,凝聚各方力量。(5)坚持从严要求,促进真抓实干。(6)坚持群众主体,激发内生力量。这六条基本经验,每一条都有丰富的内涵,都有巨大的数据支撑和无数生动感人的故事。如坚持党的领导,强化组织保证这一条。从党的领导角度,坚持五级书记抓脱贫。习近平总书记2015年以来50多次考察中,有40多次以扶贫为重点或是涉及脱贫攻坚,并亲自主持了7次脱贫攻坚的专题座谈会。中西部地区22个省份党政负责人都签署了脱贫攻坚责任书,立下军令状。要求贫困地区党政正职在脱贫攻坚期间保持稳定,不脱贫不离开。由党政机关向贫困村派遣党支部第一书记,加强党的领导力量。在脱贫攻坚期间前后有300万名党政干部驻村帮扶。这是一种强大的政治力量,也是一种强大的政治优势,转化成为一种强大的经济社会力量。

又如坚持精准方略,提高脱贫实效的经验。习近平总书记强调:扶贫开发贵在精准,重在精准,成败之举在精准,并提出"六个精准":扶贫对象精准、项目安排精准、资金使用精准、措施到户精准、因村派人(第一书记)精准、脱贫成效精准;还有"五个一批":发展生产脱贫一批、易地搬迁脱贫一批、生态补偿脱贫一批、发展教育脱贫一批、社会保障兜底一批。精准脱贫战略解决了长期困扰的扶持谁、谁来扶、怎么扶、如何退等现实问题,实现了扶真贫、真扶贫、真脱贫的目标要求。精准,实际上体现的是实事求是的思想路线、严谨细致的工作作风、绣花的工作态度,克服的是形式主义、官僚主义,防止的是搞花架子、做表面文章。精准扶贫不仅成为中国扶贫的正确方略,也为世界贡献了中国方案和中国智慧。精准脱贫总结了因学、因病、因残、因灾、缺技术、缺劳力、缺资金、缺土地、缺水、自身发展意识不强以及其他12类致贫原因。

2016 年 6 月,中央进行了精准识别回头看,补录 807 万人,并从 9000 多万人中剔除 920 多万人。凡此种种,不胜枚举。

(四)坚持在巩固脱贫攻坚成果的基础上向全面富裕提升

脱贫不是终点,而是发展的新起点,目标是在巩固脱贫攻坚成果的基础上,建立健全解决相对贫困的长效机制,并着力推进农村的全面富裕。

1. 稳定现有政策和措施,确保脱贫攻坚平稳过渡

稳定脱贫攻坚成果,首先稳定中央出台的各项政策和举措,严格落实习近平总书记提出的"四个不摘"的要求,即脱贫不摘责任、不摘帮扶、不摘政策、不摘监管。坚持靶心不散,力度不减,仍然把稳定脱贫攻坚成果摆在重要位置。政策、精力、资金、项目仍然向脱贫攻坚投放,该加力的加力、该满足的满足,使之平稳过渡到下一个阶段,顺利与乡村振兴战略对接。

2. 完善农村低保政策,兜住脱贫的底线

一个国家贫困人口的存在是一种经常性的社会现象,天灾人祸、老孤病残是社会常态,必须有政府扶助和社会帮助。因此对完全丧失劳动能力和部分丧失劳动能力且无法根据产业就业帮扶脱贫的人口,要将低保、医保、养老保险、特困人口救助、临时救助等生活社会保障全部落实到位,并加强动态监测,及时帮扶和救助,做到应兜尽兜、应保尽保,为巩固脱贫攻坚成果顺利进入下一个阶段提供良好的基础和安全屏障。

3.推动产业对口支援定点帮扶向互利共享转变,使东西扶助、企业帮扶双向激励可持续发展

脱贫攻坚阶段,东部地区帮扶西部地区,富裕地区帮助贫困地区,更多采取的是无偿援助的办法,是一项行政性的举措和政治性任务,具有阶段性。要使之长期化和可持续,必须激发起内生动力。可持续发展要建立起市场化、多元化、可持续性的帮扶机制,这不仅有现实需要也有现实可能。因为扶贫地区有劳动力资源、土地资源、生态资源以及乡土文化资源,这些资源对城市而言都是稀缺资源,是东部地区企业不可多得的资源。东部地区企业有市场、人才、技术、资金等,完全可以通过有针对性的培训和扶持,建立生产基地、加工基地、原料基地、培训基地等发展相关产业,这样既可以独立经营,又可以投资入股,通过产业和经济的纽带建立起一种优势互补、共享发展的关系。也可以说,这是一种帮扶下新型的城乡关系和东西部关系,而这些应该从机制的角度、从政策上加以明确。

4.加大保险力度,为贫困农民、扶贫产业系上安全带

脱贫农民返贫的风险主要有人身风险和生产风险。人身风险主要指健康风险和人身意外事故风险;生产风险主要是自然风险和市场风险,自然风险主要指产量,而市场风险主要指价格。保险是防止返贫的一个有效的办法。

目前,最为现实的任务是防止规模性返贫。太平洋保险推出了"防贫保"模式,首先在湖北省通城县试点,主要是对因病、因学、因灾返贫的给予保险。2019 年,通城县 40 万人口,按照 7.5% 购买保险,人均保费 100 元,由政府购买,湖北省保费 300 万元,年底为 149 户返贫户赔付了 25 万元,户均赔付 16892 元,2020 年赔付了 318 万元,207 户获得赔付,户均 15396 元。据了解,该模式已扩展到全国 1000 个县。辽宁省为可能返贫的 84 万人买了"防贫保",还为 10 万户可能返贫的农户购买了玉米 700 元/亩保额,水稻 1000 元/亩保额的高保障保险。切实为农民系上了防返贫的"安全带"。

5. 紧扣乡村振兴战略,实现各项工作的有机衔接

一是领导体制上衔接。主要指从五级书记抓脱贫过渡到五级书记抓振兴的衔接。二是产业发展上衔接。就是把贫困户的贫困产业镶嵌到现有的主导产业中,走一体化的路子,实现向"一村一品""一县一业"的转变,走上共同富裕道路。三是社会保障和公共服务上衔接。住房保障解决的是贫困人口的住房安全问题。这些措施针对的都是建档立卡的贫困户,针对性比较强,进入乡村振兴阶段后,面对的是所有的农村人口,因此要在普惠制度上下功夫,推动基本医疗保险、基本养老保险、最低生活保障以及民生救济的全覆盖,做到应保尽保、应兜尽兜。

二、关于粮食安全问题

关于粮食安全问题,习近平总书记多次强调,中国人的饭碗要牢牢端在自己手里,碗里装的是中国粮。围绕粮食安全问题,我主要讲两个方面的问题:一是为什么要强调粮食安全;二是怎样解决中国的粮食安全。

(一)为什么要强调粮食安全

1. 粮食问题是国之民生,国之命脉

饥饿对中国来讲并不是一个遥远的历史,过去我们讲贫穷,一个词叫"饥寒交迫",另一个词叫"吃不饱、穿不暖",在中国解决温饱问题也是近几十年来的事,也可以说是党的十一届三中全会以后的事。像我这样年龄的人是经历过挨饿和用过粮票、油票、米票、肉票、布票的。所以就有了"手中有粮、心中不慌"的政治理念。

2. 中国耕地面积少、人口多,是一个难以改变的现实

全国第三次国土调查数据显示,我国耕地面积为 19.179 亿亩,只占世界耕地面积的 9%,我们 14 亿多人口,我们常说,人均 1.3 亩地,美国 3 亿多人口,占世界耕地的 13.15%,人均 10 亩多地。我们常说用 9% 的耕地养活了 17% 的人口,这是从中国了不起、不容易的角度而言的,实际上,我们的耕地就产出的人口食物承载量而言,是超额的,是有风险的,特别是中国的北方地区、西北地区"十年九旱"、南方有的地方"十年九涝",也是一种难以改变的自然状况,近十年来的统计,自然灾害造成的经济损失平均每年在 3000 亿元左右,它的直接表现就是粮食减产减收、大宗农产品减产减收。

3. 种粮收益下降,农民不愿意种粮或种粮的意愿减低,对粮食生产也是潜在的风险

据有关部门测算,2014—2019 年全国粮食亩均收益从 751 元下降到 631 元,农民的种粮积极性有所下降,所以双季稻改一季稻较为普遍,撂荒也不可忽视(如果细算,稻谷一亩田的物化成本为 600 元左右,如果是租地,租金为 300—500 元/亩,产值 1200 元左右,产 1000 斤粮,净收益 200—300 元,差不多是一天出去务工的收入)。

4. 我国农产品进口量大,隐含着国际风险

我国已经是世界第一大农产品进口国。2019 年农产品进口达到 1509.7 亿美元,其中进口谷物 1791.8 万吨(包括小麦、大麦、玉米),大麦进口量最多,达到 592.9 万吨。进口大豆近 1 亿吨,食用油料进口 9330.8 万斤,油料的对外依存度达到 85%。在世界市场正常的情况下,农产品的进出口是一种贸易常态,但是世界风云变幻,尤其是中美贸易摩擦对中国的农产品带来了极大的风险。另外,中国人口多,需求量大,中国需要什么产品,这种产品的国际市场就涨价,也是一种风险。

5. 世界粮源有限,不可能满足中国的巨大粮食需求

据统计,世界谷物贸易量为 9000 亿斤左右,只相当于中国粮食消费量的 56%。目前,全世界只有 33 个国家的粮食可以自给,只有 9 个国家有粮食出口能力(美国、中国、巴西、泰国、加拿大、阿根廷、印度、印度尼西亚、澳大利亚)。供给不足是一个难以改变的现实。早在 20 世纪 90 年代美国学者莱斯·布朗就提出"谁来养活中国"这一命题,这也是一种难得的警示。所以,更应增强把中国人的饭碗牢牢端在自己手里的危机感、紧迫感、压力感。

6.我国粮食安全并不是高水准的

我国尽管是一个粮食总量可以自给的国家,是一个达到了世界粮农组织确定的粮食安全标准的国家,但是并不是安而无忧的,并不是高水准的。2009 年我国已经达到了年人均 400 公斤粮食的安全标准,到 2019 年年人均达到 474 公斤,实现了"17 连丰",而发达国家年人均消耗达到 800 公斤,这样粮食的需求才算稳定,我们要达到这样的水平差距很大,根据我国的耕地、生产力水平显然不是短时间内可以达到的。当然,相关专家也测算了一个合理的标准,在现有产量的基础上需要再增加 1100 亿公斤左右,尽管如此,仍有较大压力,以 2020 年比 2019 年增加了 113 亿斤类推,还要 10 年左右时间。

7.可利用耕地有限,增加粮食总量受到制约

前面已经讲到,中国耕地 20 亿亩,全国后备耕地 9000 余万亩,而每年城镇化的推进还要占用土地,所以扩大耕地的潜力有限。

8.我国农业生产能力、生产率不高,制约了粮食生产能力

一是与发达国家比,美国是职业农民,我们是"50 后""60 后"种田。二是机械化程度高。2019 年全国农业综合机械化率 69%,插秧可以不弯腰了,已经是了不起的。但是中国山地、坡地多,小农户多,制约了农业机械化程度的提高。三是规模化程度高,集约化程度高。美国才200多万农民,却耕种了24亿亩土地。有人做了一个比较(不一定科学),1个美国农民的生产力相当于1000个中国农民的生产力,中美差距20年,相当于用中国1.9%的农业劳动力,耕作了中国1.17倍的耕地。

以上我从八个方面讲了中国粮食安全上存在的不足,旨在增强我们在这方面的危机感、责任感、紧迫感。

下面我讲讲怎样解决中国的粮食安全问题。

首先,我要强调的是,我国目前的粮食是安全的,我们的年存粮几乎等于全年生产的粮食,远远超过世界粮食消费的安全线。其次,我们所讲的是安而不忘危,是讲的可持续性安全,是高水平的安全问题。最后,我们目前正在采取的和今后还将采取的政策及工作措施是完全可以保证国家粮食安全的。

(1)党中央已把粮食安全放到了国之大者的地位,过去我们讲市长"菜篮子"、省长"米袋子",现在提出党政同责。老百姓都知道,千难万难,只要党委重视就不难。

(2)确保18亿亩耕地红线不突破。这是底线、红线,也是生命线、警戒线。

(3)建设10亿亩高标准农田,解决藏粮于地的问题。

(4)打一场种业翻身仗,解决藏粮于技的问题。

种子是农业的"芯片",什么叫翻身仗,就是解决"卡脖子"问题。我国主粮的种业水平与世界发达国家差距不大,水稻、小麦还处在世界前列。袁隆平的杂交水稻对世界有着巨大的贡献。差距在花卉、瓜果、蔬菜、牛、羊、奶牛、猪。如何打好种业的翻身仗,农业农村部的基本思路是"三年打基础、五年见成效、十年有明显突破、十五年打赢翻身仗"。第一,要解决种质资源的问题,建种质资源库,掌握基本的基础材料。现在我国有51万份种质资源,在世界上排第二,新的国家作物种质资源库建好以后能增加到150万份,位居世界第一。但现在保护利用水平还不高,经过精准鉴定的量还很少。关键在入库的种质资源质量怎么样,所以鉴定还要跟上。第二,就是对"卡脖子"关键技术的突破,比如基因编辑技术,我们缺乏具有自主知识产权的底盘技术和原始创新。中国中化集团有限公司收购了先正达集团股份有限公司,在基因编辑技术上拥有了若干原创技术,和国外企业相互授权,这样可突破这个问题。第三,就是育、繁、推一体化,即商业化育种体系的建设问题。核心就是以企业为主体,推进商业化育种。把这三个方面解决好,就能在很大程度上确保中国碗主要装中国粮,中国粮主要用中国种。

(5)实施对三大主粮作物的高保障保险。

2007年中央财政对农业保险进行补贴以来,我国农业保险实现跨越式发展,但在较长一段时间内农业保险主要是物化成本保险,传统物化成本保险保额只占农作物种植总成本的36%—50%。2018年,财政部、农业农村部、银保监会印发

《关于开展三大粮食作物完全成本保险和收入保险试点工作的通知》,在全国选择6个省份24个县开展三大粮食作物完全成本保险和收入保险试点,试点险种覆盖"直接物化成本+地租+人工成本"和"生产产值",其保额最大可以达到种植收益的85%,水稻保险保额达到900—1100元/亩、小麦保险保额提高至900元/亩、玉米保险保额达到700—800元/亩。两年来,试点险种在稳定粮食生产、保障农民种粮基本收益、防止种粮农户返贫等方面取得了明显成效。2021年为落实习近平总书记要扩大三大粮食作物完全成本保险和收入保险范围的指示精神,国家已确定在60%的产粮大县开展三大粮食作物完全成本保险和收入保险,2022年将实现产粮大县全覆盖,这样产粮大县的粮食生产和种粮农民收入有了高水平的保障,切实为我国粮食生产建立起防范风险的"防护堤",系上了"安全带"。

三、关于农村改革

改革开放始于1978年党的十一届三中全会,而改革的发端是从农村开始的,发展到今天,实现了农村稳定、农业发展、农民增收。1978年农民人均纯收入为134元,到2020年农民人均纯收入为17131元,是1978年的128倍,粮食总产量达1.3万亿斤。这些成就,首先得益于改革。农村改革是以土地制度改革为开端的,也就是家庭联产承包责任制。这不得不提到小岗村,即安徽省凤阳县小岗村最早发起以户为单位承包的历史性创举。1978年冬,小岗村以严峻昌为首的18户农民签下一纸分田契约,按红手指印,实行农业"大包干",由此拉开了农村改革的序幕。2018年12月18日,党中央、国务院授予小岗村农村改革先行者,给"大包干"的带头人授予"改革先锋"称号。我们可以对中国的土地制度做一个简单的回顾,中国历史上是"溥天之下,莫非王土",皇帝是天下最大的土地所有者。农村土地是私有的,地主占有大量的土地,然后有一部分自耕农,大量的农户是没有土地的,靠租地交租活命,有一句话形容中国大量的农民叫"上无片瓦、下无立锥之地"。中国民主革命的先行者孙中山先生首先提出了"耕者有其田"的民主革命主张,但并没有实现。这个理想只有在中国共产党的领导下才得以实现。用毛泽东的话讲,中国的革命是农民革命,其核心是土地问题,所以有一个很著名的口号,叫"打土豪、分田地"。所以新中国成立后的第一件大事就是没收地主的土地,3亿农民分得了7亿亩土地,分给贫雇农,使农民有了自己的土地,后来又出现了互助组、初级社、高级社,为什么会出现这种历史过程,主要还是生产力不发达,一农一户抵御不了大的灾害,耕牛、劳动生产工具不足,有的缺少劳动力,有必要将农民组织起来,但是这个组织过程采取运动式的办法,一律搞高级社,到1957年、1958年就普遍建立人民公社,"一大二公""穷过渡",生产关系大大超过生产力的实际要求,这个过程经历了 20 年时间,尽管付出了极大的努力,但整个农村农民仍没有解脱贫困的状况。到党的十一届三中全会,实行农村改革,从行政体制上撤销了人民公社,在土地制度上实行了家庭联产承包责任制,在劳动力资源的配置上以家庭为单位从事农业生产,其核心是农村土地制度的改革问题,这涉及三块地的改革,包括耕地、宅基地、建设用地。

(一)农村土地制度改革

我国实行的是农村集体所有制,这是中国土地公有制的一种形式。这个集体是以村为单位的,其范围内的土地为这个村的成员所共有,当然它的终极产权为国家。"农村集体经济组织实行家庭承包经营为基础、统分结合的双层经营体制,是我国宪法确定的农村集体经济组织的经营体制",这是党的农村基本政策。"双层经营",一是家庭分散经营层次;二是集体统一经营层次,包括统防统治,以及组成合作社、协会。

农村最早的土地制度改革,用农民的说法就是包干到户、包田到户、包产到户,这一改革极大地解放了农村的生产力,首先是极大地焕发了农民的生产积极性。过去出工不出力的现象普遍解决了,"磨洋工"没有了,农民有了直接的存在感、归属感、获得感。当时,《人民日报》组织大学生开展了"百村调查",用大学生的实际调查和感受,反映家庭联产承包责任制给农村、农业、农民带来的积极变化。总之,从农民的脸上、饭碗、钱袋子里找答案,其结果是粮食增产了、收入增加了、农民高兴了。

这一改革并未停滞,随着生产的发展、社会的发展、城市的发展、工业的发展、农村生产力的发展等多种因素,原有的双层经营体制或是家庭联产承包责任制中的土地承包经营权不适应了,突出的表现是种粮大户、家庭农场、农业龙头企业的大量出现,规模化经营在土地流转上存在障碍,而农民进城务工也会带来心理上的不稳定,因为国家赋予农民的土地承包经营权随着土地的出租、流转,和农民割断了联系。为了解决这个矛盾,2014年、2016年提出了"三权分置",即土地集体所有权、承包经营权分置为所有权、承包权和经营权。农民可以将土地的经营权进行让渡,这样农民既可以享有土地承包权,保护好自己的土地权益,又可以让渡经营权实现耕地流转,获得相应的物权收益,有利于适度规模经营。

我国从1983年开始到现在已经实行了两轮土地承包:一次是1983—1997年(15年);之后又实行了第二轮土地承包,一共30年,到2026年,这个期间对农民的土地承包经营权进行了确权登记,在党的十九大上又明确二轮土地承包期满后再延长30年,这和新中国成立100年大体一致。

目前,我国农村土地在承包经营权的改革背景下,适应了农民的意愿,促进了生产的发展,坚守了三条底线:确保土地的集体所有权、粮食生产耕地不能减少、农民的权益不能受损。在坚守这三条底线的前提下,我国农村土地流转或经营出现了多种形式:一是农户自己耕种。二是农户将自己的承包土地出租给大户、家庭农场,获取一定的租金,少则200—300元/亩,多则上千元/亩。全国农村有35%左右的承包土地出租。三是以股份合作的形式流转土地,集中经营,农户以土地入股,有的还附带一部分资金入股,按股份获取收益。这种以资源变资产、资金变股金、农民变股民的方式结合的经济组织形式和生产形式,既可以利益共享,又可以风险共担,还可以解决农民进城成为市民两个身份的问题。四是生产合作社的形式,农户参与合作社成为社员,有的还成立各种如林果、养殖协会。协会主要是便于统防、统管、统销。五是土地托管,这是山东省汶县的一个创造,很快在全国推广。它的基本方式是,农户将土地托管给生产性服务组织,可以既托管如耕、播、收某一个生产环节,给予相应的付费,又可以全生产过程托管,和农户约定一个收益,予以保底,超过部分分成。山东省的金丰公社就托管了1100万亩土地。这种方式最大的好处是现代的生产服务方式和小农户连接起来,也可以让农户享受土地的增值收益。这种方式大有前景。

(二)宅基地改革

农村宅基地问题是社会关注度比较高的问题,也关乎农民的切身利益。为了安定农民、稳定社会,中央有两条给农民吃定心丸的政策:一是农民进城成为市民,依然可以保留原有土地承包经营权、宅基地的使用权,隐含着保护了农民在宅基地上的房产所有权,实际上是一种财产权。农民进城打工,赚了钱就是修房子、娶媳妇,房产成为农民财产的储蓄方式,也是财产的物质表现,这既有农村千百万年的习惯,也成为一种文化现象。现在关于宅基地连同的问题,一是不少农房闲置,最保守的估计达到农房的16%,带来了大量的资产闲置,实际上是一种浪费,是一种流失。有人做过统计,总价值达 7 万亿元。二是宅基地超标,按各地的规定,超标面积均在50%以上。三是农村一户多宅的占比达到12.2%,这也是一种不公平,同时还有同等数据的农户没有宅基地,主要是外迁来的人口和后出生的人口成家立业没有获得宅基地,这也带来农村的不稳定。

怎么解决农村宅基地的问题,成为农村改革的一个突出问题。对于"一户多宅"的问题,各地采取了一些办法,既有制定乡规的办法,该退出的退出,该减少的减少;也有采取自然淡出的方法,如人口自然迁出、人口死亡。

关于宅基地超标的问题,这既有历史的原因,也有各地的土地条件,还有生活习惯,也是一个自然的过程,标准不一,有的太紧,有的太松,在动态中解决。目前最大的问题是,现有宅基地如何改革赋权,解决闲置和浪费,使它真正成为农民的财富,成为一种财产性收入的来源。究其本质还是要改革,释放其权益,即放开权利,增长收益。

农村宅基地改革和土地承包经营权改革的办法与以往一样,同样采取三权分置的办法,这是指"宅基地的所有权、资格权、使用权"。具体地讲,落实宅基地集体所有权,保障宅基地农户资格权和农民房屋财产权,适度放活宅基地和农民房屋的使用权,这样就可以保障宅基地的集体所有权不变或者不流失。作为集体经济组织的成员(本村村民)拥有对宅基地的资格权(即一户一宅),也克服了对宅基地的制度性障碍,农户可以运用宅基地和农房的使用权进行出租等有限处分,获得收益。与之相适应,农村出现的民宿、乡村旅游、休闲农业、康养等新业态都和宅基地的"三权分置"相关。这方面各地都有不少成功的范式和做法,展现了广阔的前景。

关于宅基地的转让、退出是可以的,转让和退出只能在本经济组织之内,可以给予补偿,这主要还是考虑农村社会秩序和经济秩序的稳定。宅基地复垦变为搬迁和农村建设用地指标也在一些地方试点推行,也有进行搬迁村庄的指标替代。

总之,农村宅基地是一个复杂的问题,也是一个敏感的问题,不能出大的政策性错误,它是一个循序渐进的过程,要有历史的耐心。我们需要把握的基本政策是,禁止强制流转,不能以农民退出宅基地作为进城转为市民的条件,不能强迫农户搬迁,禁止私占耕地盖房,禁止城市人口到农村盖房,坚持一户一宅。

(三)关于农村集体产权制度改革

农村集体产权是指农村集体资产的产权,包括经营性资产,如集体企业、建设性用地,用于出租的土地(耕地、商铺)

水塘、水面、商品林等,还有非经营性资产(学校、医务室、公用性办公场所等)。农村集体产权改革主要是要解决产权归属不清晰、权责不明确、保护不严格的问题,防止侵蚀农村集体所有制的基础,影响社会的稳定,损失农民的权益。

当前开展农村集体产权制度改革的主要工作:一是对集体资产进行清产核资,摸清家底,以前不少地方是糊涂账,有的造成流失,有的成为滋生腐败的土壤。二是进行股份量化,明确到村民头上。对村民进行身份确认,或者根据不同的年限、贡献确定不同的股份数量。三是确定收益的分配,其中按一定的比例,留存给集体,壮大集体经济,一部分收益分配给村民。四是建立农村产权交易中心,主要是可流转的产权,主要包括农村土地经营权、林权、农村房屋所有权、集体建设用地使用权、农林集体经济组织股权、农业类知识产权,还有农业基础设施、四荒地、工具器具等。通过产权交易中心可以通过市场原则实现有序流转,公开公平,减少交易成本。目前乡有服务站,县有交易中心,都可以在网上进行。

四、关于乡村振兴战略

乡村振兴战略是党的十九大提出来的,是载入新修改的中国共产党党章"两个100年奋斗目标"的七大战略之一。要深刻领会把握乡村振兴战略,有必要先了解一下它的历史发展过程。

第一,它是在党的十六届五中全会新农村建设的基础上提出的。2005年10月11日,党的十六届五中全会通过的《中共中央关于制定国民经济和社会发展第十一个五年规划的建议》提出了建设社会主义新农村,把它作为统筹"三农"工作的一个重大战略决策,同时提出了"生产发展、生活宽裕、乡风文明、村容整洁、管理民主"20个字的方针,实际上也是建设的内容和任务。这和当时要全面建设小康社会的战略、总目标是相一致的。

第二,到了党的十九大(2017年10月18日),社会的主要矛盾也发生了变化,由"人民日益增长的文化需要同落后的社会生产之间的矛盾"变为"我国的社会主要矛盾已转化为人民日益增长的美好生活需要和不平衡不充分发展之间的矛盾",而这种不平衡和不充分主要表现在农村、农业、农民,突出的表现在城乡、工农的社会公共服务(水、电、路、气、网)、收入、医疗、教育、生活质量等各个方面,仅就城乡收入差别比较,2009年为3.28∶1,2014年为2.7∶1,2020年为2.56∶1。所以,解决农村、农业、农民的问题成为主要任务、主要重点、主要着力点,由此提出了乡村振兴战略。这是为什么没有提出县乡振兴而是乡村振兴,这是因为县和城差别不大,乡村才是中国发展的"最后一公里"。为什么不提发展,而是提振兴,振兴是提振、振作、振动,即非一般的作为,而是要发非常之力,要有大的行动举措,而且要兴;反之,农村相比较于城市差距太大,一些农村有些沉寂了,人口流失,炊烟寥寥。所以,要振之、兴之,要有一个全兴的大局面,所以习近平总书记提出了(产业、人才、文化、生态、组织)五大振兴,具体提出了20个字的方针,"产业兴旺、生态宜居、乡风文明、治理有效、生活富裕",这20个字和建设社会主义新农村的20个字方针比较,"生产发展、生活宽裕、乡风文明、村容整洁、管理民主",除乡风文明4个字提法一样外,其余16个字4句话,其内涵是有巨大区别的,"生产发展——产业兴旺,村容整洁——生态宜居,管理民主——治理有效,生活宽裕——生活富裕",很明显,一个是小康版,一个是现代版。

第三,近几年的两个中央"一号文件"都以乡村振兴为主题。2018年的中央"一号文件"是《中共中央 国务院关于实施乡村振兴战略的意见》,2021年的中央"一号文件"是《中共中央 国务院关于全面推进乡村振兴加快农业农村现代化的意见》,可见党中央重视程度之高。2018年和2021年两个中央"一号文件"是有不同的,主要是2021年的文件比2018年又有了新的内容、新的要求。表现在:一是由"实施"到"全面推进",明显加大了强度和力度,同时把民族复兴和乡村振兴提到同等地位。二是提出了乡村振兴要五级书记一起抓。三是与脱贫攻坚成果及后续工作相衔接,从体制上将国务院扶贫办改制为乡村振兴局。加大了对832个国家贫困县的支持力度,中央已拨发1561亿元的振兴补助资金。四是立了法。国家通过了《中华人民共和国乡村振兴促进法》,这已不是一个普遍的要求,而是进入到法制的状态,不作为、乱作为不是一个行政责任,而是一个法律责任。

关于乡村振兴的基本内涵。乡村振兴是"五位一体"的振兴。过去,我们抓经济发展、搞农村建设经验较多,但是对生态环境、文化传承、社会治理等关注不够。新时代的乡村振兴,要坚持把农村经济建设、政治建设、文化建设、社会建设、生态文明建设和党的建设,作为一个有机整体,统筹谋划、协调推进,促进农业全面升级、农村全面进步、农民全面发展。

(一)乡村振兴要以产业兴旺为重点,提升农业发展质量,繁荣乡村经济

农业兴、百业旺,乡村才会有活力。乡村振兴离不开产业的支撑、经济的繁荣,必须加快构建现代农业产业体系、生产体系、经营体系,提高农业创新力、竞争力和全要素生产率,加快实现由农业大国向农业强国转变。

一是坚持质量兴农、绿色兴农,实施质量兴农战略,推动农业由增产导向转向提质导向。二是确保国家粮食安全,实施藏粮于地、藏粮于技战略,在高标准农田建设、农业机械化、农业科技创新、智慧农业等方面迈出新步伐。三是开发农业多种功能,挖掘乡村多种价值,推进农村一二三产业融合发展。四是统筹兼顾培育新型农业经营主体和扶持小农户,强化服务和利益联结,把小农生产引入现代农业发展轨道。

（二）乡村振兴要以生态宜居为关键,推进乡村绿色发展,打造人与自然和谐共生发展新格局

长期以来,农业边际产能过度开发,农业农村领域生态环境欠账问题比较突出。还有很多地方生态资源丰厚,但"养在深闺人未识",空守着绿水青山这个"金饭碗"受穷。保护生态环境就是保护生产力,改善生态环境就是发展生产力。必须牢固树立"绿水青山就是金山银山"的发展理念,尊重自然、顺应自然、保护自然,把该减的减下来、该退的退出来、该治理的治理到位。

一是要加大农业生态系统保护力度,统筹山水林田湖草沙水系统治理,实施重要生态系统保护和修复工程,健全耕地草原森林河流湖泊休养生息制度,分类有序退出超载的边际产能。二是要开展绿色发展行动,实现投入品减量化、生产清洁化、废弃物资源化、产业模式生态化,加快形成种养结合、生态循环、环境优美的田园生态系统。三是要建立市场化多元化生态补偿机制,让保护生态环境不吃亏、得到实实在在的利益。四是要大力发展生态产业、绿色产业、循环经济和生态旅游,提供更多更好的绿色生态产品和服务,让更多老百姓吃上生态饭,走出一条发展"美丽经济"的新路子。

（三）乡村振兴要以乡风文明为保障,发展农村文化,提升农民精神风貌

乡村振兴,既要富口袋,也要富脑袋,必须坚持物质文明

和精神文明一起抓。

一是要深入实施公民道德建设工程,深化群众性精神文明创建活动,引导广大农民自觉践行社会主义核心价值观,梳理良好道德风尚,建设幸福家庭、友爱乡村、和谐社会。要推进诚信建设,让诚实守信者得到激励,让有违道德者得到戒束。二是要深入挖掘、继承、创新优秀传统乡土文化,把保护传承和开发利用有机结合起来,让优秀农耕文明在新时代展现其魅力和风采,让乡村焕发文明新气象。三是要完善农村公共文化服务体系,保障农民群众基本文化权益,提供更多更好的农村公共文化产品和服务。四是要加强农村移风易俗工作,旗帜鲜明地引导群众抵制封建迷信、摒弃陈规陋习,形成文明健康的生活方式,培育文明乡风、良好家风、淳朴民风,不断提高乡村社会文明程度。

（四）乡村振兴要以治理有效为基础,加强农村基层基础工作,构建祥和安定村庄

当前,乡村社会空心化、家庭空巢化、人际关系商品化等问题日益凸显,农村内部大小各类矛盾突出,农村基层社会矛盾处于易发、多发期。必须把夯实基层基础作为固本之策,抓住农村基层组织建设这个"牛鼻子",着力解决乡村社会"散"的问题,建立健全党委领导、政府负责、社会协同、公众参与、法治保障的现代乡村社会治理体制。要注重现代治理方式与传统治理资源相结合,健全自治、法治、德治相结合的乡村治

理体系。在依法治理的基础上,重视综合治理、系统治理、源头治理,法、德、礼并用,以法治定纷止争、以德治春风化雨、以自治消化矛盾,以党的领导统揽全局。

一是要加强农村基层党组织建设。把农村基层党组织建成坚强战斗堡垒,强化农村基层党组织领导核心地位。二是要深化村民自治实践。要推动乡村治理重心下移,创新基层管理体制机制,整合优化县乡公共服务和行政审批职责,打造"一门式办理""一站式服务"的综合便民服务平台。三是要建设法治乡村。强化法律在维护农民权益、规范市场运行、农业支持保护、生态环境治理、化解农村社会矛盾等方面的权威地位。四是要提升乡村德治水平。深入挖掘乡村熟人社会蕴含的道德规范,强化道德教化作用,建立道德激励约束机制。五是要建设平安乡村。深入开展扫黑除恶专项斗争,严厉打击农村黑恶势力、宗族恶势力,严厉打击黄赌毒盗拐骗等违法犯罪,持续开展农村安全隐患治理,建设平安乡村,确保乡村社会充满活力、和谐有序。

(五)乡村振兴要以生活富裕为根本,加强农村公共事业建设,提高农民获得感

让亿万农民生活得更美好,是实施乡村振兴战略的出发点和落脚点。要围绕农民群众最关心最直接最现实的利益问题,一件事情接着一件事情办,一年接着一年干,把乡村建设成为幸福美丽新家园。

一是要优先发展农村教育事业,推进健康乡村建设,提高农村民生保障水平,在农村幼有所育、学有所教、住有所居、病有所医、老有所养、弱有所扶等方面持续取得新进展。二是要健全覆盖城乡的公共就业服务体系,拓宽农民增收渠道,促进农村劳动力转移就业和农民增收,保持农村居民收入增长快于城镇居民。三是要推动社会保障制度城乡统筹并轨,织密兜牢困难群众基本生活的社会安全网。四是要适应农民生活改善和产业发展新要求,推动农村基础设施建设提档升级,完善管护运行机制,推动城乡基础设施互联互通。五是要以农村垃圾、污水治理和村容村貌提升为主攻方向,稳步有序推进农村人居环境突出问题治理,坚持不懈推进农村"厕所革命",给农民一个干净整洁的生活环境。

五、农业的创新与发展及解决
"三农"突出"短板"

(一)农业的创新与发展

2004年以后17个中央"一号文件",都是有关"三农"工作的,这成为党中央重视农村工作的特殊标志。改革开放以来,农业、农村、农民都取得了历史性的进步,发生了深刻的变化,既是国家稳定的基石,又是国家进一步发展的基础和动力。突出表现在农业、农村的创新带来了一些新的经济社会变化,推进农业、农村的现代化。

一是出现了大量的新型经营主体,它既是新的经济组织形式,又是新的经济生产形式,更是新的生产力代表,成为农村经济社会发展的生力军。2020 年年底,全国家庭农场超过 300 万家,依法注册的农业合作社有 240 万家,农业社会化服务组织有 90 多万个。像安徽省首先创建农业产业化联合体,使之成为以农户为基础、合作社为基本成员、企业为龙头,一、二、三产联为一体的新型经济组织。

二是出现了产业化园区这种农业产业化的高级形态。这种农业产业化园区既是农业的示范区,又是农业科技的试验区,有的还是农产品的加工区,成为农业现代化的承载区。它更大的功效是通过自身的发展可以带动和辐射周边,是中国农业现代化演进的一种范式和路径。现在既有国家级的农业产业园区,又有省级产业园区。2020 年国家投资 50 多亿元,建设了 62 个国家园区;由省和市县投资建立了 1000 多个省、县级农业产业园区。除此之外,科技部于 2001 年起创建的农业科技园区,已有 278 个。不少县为城市返乡青年、大学生回乡创业设立了创业园区。河南省在每个县都建立了一个农产品加工园区。广西壮族自治区在全区倡导建立田园综合体。这些都是农业产业化发展、高端发展的经济新现象,代表着中国农业产业化发展的方向。

三是出现了大量的新型产业。(1)物联网的兴起,使农村和城市一样有了电商,有了网络零售业,2020年网络零售业交易额达到1.8万亿元。(2)农村所拥有的古建筑、古村落、山水田园、特色农产品、特色(乡土)餐饮等资源优势,适应城镇人群休闲、康养、旅游的新需求,产生了乡村旅游、休闲农业、健康养老等新产业。2019年乡村接待休闲人次32亿,营业收入超过8600亿元,就业人口近3000万人。(3)生产大量鲜活农产品为城市居民提供了新的生活食品,由此产生了农产品的物流业、冷链仓储业。(4)农产品加工业蓬勃发展,2020年全国农产品加工业营业收入达到23.2万亿元,规模以上的农产品加工企业7.3万家,农产品加工转化率达到67.5%,延长了农产品的生产链和价值链。(5.)农业生产性服务业加速发展,全国已有90万家农业生产性服务业。2020年仅农业无人机数量就达到10万架。(6)正在兴起的共享农业、创意农业、智慧农业、数字农业成为新的经济产业和形态。2019年农业数字经济的渗透率已达到8.2%,表明农业数字经济已成为一种新的经济产业和形态。2020年中国数字农业规模超过200亿元人民币。

四是产生了新的农业业态。过去农业、农村的业态是单一的,现在出现了复合型、综合性的业态,一二三产业融合发展。具体地讲,传统农业,种和养是分离的,产和销也是脱节的,农民的身份也是单一的,农民就是农民,随着农业、农村的深度发展,科技的运用,社会开放程度的提高,这些都发生了改变,农业产业兼容、融合成为一种新趋势,形成了新的产业链、价值链,表明农业产业程度的提高,农业现代化的发展。如稻田除种植外,还养虾、养鱼、养泥鳅,果林下面养鸡、养鸭,有的还种中草药材。一个产粮大户,可能同时是一个粮食的销售企业、加工企业、仓储企业。一个农民,同时又是一个农业企业的经理。

五是出现了新的产业体系、生产体系、经营体系,内容更为丰富,现代性更明显。传统的产业体系主要是种植业、畜牧业、渔业、林业,现在延伸到了生产技术、信息服务、旅游、休闲、文化保护等生产、生活性服务业上。传统的生产主要靠人工耕作,兼以一定的机械化,现在向自动化、智能化、数字化迈进。无人机、遥感机成为新的生产工具。传统的经营体系主要是小农,现在采取的是家庭农场、合作社的规模化经营。龙头企业加农户,订单农业,还有工商资本进入农村,金融服务对农业经营的介入更为深入,农业保险对农业农民的覆盖率越来越高,保障程度越来越高,成为农业经营不可或缺的组成部分。从发展的角度讲,这三大体系的现代化既是农业现代化的着力点,又是需要不断推进的目标任务。这三个体系的现代化自然构成农业的现代化。

(二)"三农"目前存在的"短板"、难点

一是基本公共服务城乡差距较大,公共品不足,医疗、教育水平不高,社会公共水平不高仍是农村存在的突出问题。农村好医院、好医生少,农民看病难、看病贵的问题依然存在。

基础教育水平不高、师资水平不高、实验设备不足、现代教课手段缺乏、课余生活单调、课外读物少,都是农村基础教育存在的问题。而且农村劳动力平均年龄已到 58 岁,表明农村劳动力尤其是有知识、有经营能力、有精力的劳动力缺失,势必对农业的发展带来不利影响,尤其是农村存在大量的留守老人、留守妇女、留守儿童,成为一种不可忽视的社会现象。农村基础设施仍然比较差,比如农村硬化道路虽然已通到了行政村,但标准不高,维护水平低,生产路、通组路仍不通畅。宽带还不能入村入户等。

二是资金不足,扩大再生产受制约。突出表现在农村普遍存在贷款难、贷款贵、贷款慢、贷款少、贷款时间短等问题。根据一项调查显示,农村有 40% 的农户有贷款需求,能获得贷款的占比不到 20%,而且信用额度不高,不能满足发展高端农业的需求。

三是劳动力流失,人才缺乏,谁来种田,谁来种好田是面临的一个迫切问题。

当然这些都是发展中的问题,可以说和过去比,农村发生了翻天覆地的变化,山乡巨变,面向未来,任务艰巨,前景美好灿烂,相信在乡村振兴战略的全面推进中,肯定能实现中国农业现代化,实现中国农村的振兴梦,实现中国农民的美好富裕生活。

目　录

专 题 文 稿

调 查 报 告

专 题 文 稿

第一篇　把握"三农"工作的形势 推动农业保险高质量发展

下面就我国"三农"工作的基本形势,以及如何按照中央的要求,高质量地发展我国的农业保险,介绍一些情况,谈一些看法,提出一些想法。

一、关于我国"三农"工作的基本形势

我之所以要讲"三农"工作的形势,一是因为农业保险存在的前提,"三农"是我们的服务对象,皮之不存,毛将焉附。二是农村、农民的需求,决定了对农业保险的需求,这是我们的市场空间。三是农业年景的丰歉与农业保险共生、共荣、共担、共享的关系。也就是说,灾大,赔偿就多,灾小、无灾,赔偿就小,公司的收益比会增高。四是"三农"政策决定着农业保险的走向,同时,农业保险的政策本身也是农业政策的组成部分。如果中央财政没有从 2007 年开始对粮食等主要农产品进行保费补贴,中国的农业保险不可能有十余年的跨越式发展。

关于我国"三农"工作的总形势,用一句话来概括,就是发端于农

村的改革,使我国粮食连年丰收,农产品供应充裕,农民收入可持续增长,农村社会稳定,正朝着转型升级的方向持续向好发展。

(一)乡村振兴战略成为"三农"工作的总抓手

党的十九大报告指出要实施乡村振兴战略,由此开启了中国农业农村发展的新时代。

2018年党中央的"一号文件"题目就是《关于实施乡村振兴战略的意见》,该意见明确指出,实施乡村振兴战略是新时代"三农"工作的总抓手。同年2月党中央、国务院又颁布了《乡村振兴战略规划(2018—2022年)》。

我们要加强对"总抓手"这三个字的理解,所谓总抓手,就是"三农"工作的出发点、落脚点都要放在乡村振兴上,"三农"工作只有而且必须围绕乡村振兴来开展和进行,才能纲举目张。

这又要求我们对乡村振兴有一个科学的认识,这里有两个关键词,一是乡村,二是振兴。为什么不提县域,而提乡村,因为乡村是一个农村的概念,县域是一个城乡的概念,提县域会造成优势资源向县城聚集,解决不了农业农村现代化"最后一公里"的问题。再者,就全面小康社会和现代化的程度而言,乡村是最大的"短板",一些地方已经没有了乡愁,而是出现了乡忧、空壳村,存在大量的留守妇女、儿童、老人,所以,无论是就社会、政治、经济、文化根脉的基础而言,把"三农"工作的基石放在乡村,是党中央重大英明的决策。

关于振兴,为什么提振兴不提复兴,因为一是现实,二是无历史的参照,这是一个全新的概念。

习近平总书记讲了产业、人才、文化、生态、组织五大振兴,党的十九大报告讲了"产业兴旺、生态宜居、乡风文明、治理有效、生活富裕"

20个字的方向和目标,最后实现农业强、农村美、农民富。

这里还要强调的是,乡村振兴是一个战略,已写入了党章,它表明不是一个权宜之计,是和"两个一百年"相同步、相一致的,这样作为一个方略,自然成为"三农"工作的总抓手。

为了实现这个战略,中央在党的十九大报告中首次提出了农业、农村优先发展的要求。这两个优先是对全党、全国提的,体现在政治上,就是五级书记抓乡村振兴,如山东等省,省委书记担任抓振兴的组长;体现在政策上,就是我们的若干政策包括财政政策要优先,要向农业、农村倾斜。

我之所以把实施乡村振兴战略作为"三农"大形势的第一条,是想说明,我们"三农"工作的走向已经进入到以乡村振兴为中心的新时代,我们的农业保险也应该紧跟新时代的步伐,研究乡村振兴战略对农业保险提出了什么新的任务、新的课题、新的挑战、新的要求、新的机遇,以及助力乡村振兴的新的路径。

(二)农村经济平稳向好发展

这里讲几组基本数字:

1. 粮食再获丰收

2018年全国夏粮总产量2774亿斤,比上年减少61亿斤,下降了2.2%。全国夏粮播种面积4.01亿亩,比上年减少246万亩,下降了0.6%。从全年的情况看,全国粮食总产量连续6年稳定在12000亿斤以上,2018年达到13232亿斤,首次超过1.3万亿斤,仍是一个丰收年。

2. 畜牧业生产平稳

2018年,全国主要畜禽生产稳定且略有增长,前三季度全国猪、牛、羊、禽肉产量 6007 万吨,比 2017 年同期增加 10 万吨,增长 0.2%。虽受猪瘟影响,但生猪市场供应充足,前三季度全国生猪出栏 4.96 亿头,比 2017 年同期增加 29 万头,增长 0.1%。猪肉产量 3843 万吨,增加 10 万吨,增长 0.3%。2018 年前三季度全国牛出栏 3041 万头,比 2017 年同期增加 17 万头,增长 0.6%。前三季度全国家禽出栏 2.12 亿只,比 2017 年同期增加 104 万只,增长 0.5%。

3. 农民收入保持较快增长

2018 年前三季度,全国居民人均可支配收入 21035 元,比 2017 年同期名义增长 8.8%,扣除物价因素实际增长 6.6%。其中,城镇居民人均可支配收入 29599 元,增长 7.9%,扣除价格因素实际增长 5.2%;农村居民人均可支配收入 10645 元,增长 8.9%,扣除价格因素实际增长 6.8%,与 GDP 增速持平,高于城镇居民收入增速 1 个百分点。

4. 农产品价格基本稳定

2018 年 1—9 月农产品指数和"菜篮子"指数为 104.25 和 104.74,同比分别上升 3.72 个点和 4.32 个点,价格保持基本稳定。从后期看,大宗农产品价格平稳的基本面将持续受农产品进口贸易、疫情灾害等不确定因素影响,个别农产品上行压力较大。

5. 农业质量效益提升

高质量发展成为农业转型发展的内在要求,质量兴农成为农村经济发展的主旋律。农业加快由增产导向转向提质导向,优质、特色、品牌农产品供给增加,农产品质量安全继续稳中向好。科技、信息等现代生产要素加快推广应用,农业转型升级发展步伐加快。其中化肥、农药使用率零增长,良种使用率、机械耕种收面积增加,秸秆还田、人畜排泄物无害化处理加快推广,特别是一二三产业融合发展步伐加快。2017 年农产品加工业实现主营业务收入 22 万亿元,2018 年前 8 个月规模以上农产品加工业主营业务收入 10.5 万亿元,同比增长 5.9%。

6.新产业新业态迅速发展

2018 年上半年休闲农业和乡村旅游接待 16 亿人次,实现营业收入 4200 亿元,同比增长 15%,全国农产品网络销售额达到 906 亿元,同比增长 9.6%。农村网店近 4 万家,带动就业人数近 3000 万人,呈"井喷式"发展。与此相关的是,第一产业投资 2018 年 1—9 月达 16724 亿元,增长 11.7%,高出第二产业(5.2%)、第三产业(5.3%)固定资产投资 1 倍。

(三)农村以产权制度为重点的改革加快推进

一是农村土地承包制度改革,实行土地集体所有权、农户承包权、经营权"三权分置",由此带来了土地多种形式的适度经营,土地适度经营占比为 40%。党的十九大确定了第二轮土地承包到期后再延长 30 年的政策,让农民吃上长效"定心丸"。二是扩大集体经营性建设用地入市、宅基地制度改革试点。前者主要是解决同市同权的问题,后者正在探索宅基地所有权、资格权、使用权的"三权分置",这里的关键是在确定宅基地集体所有权的基础上,保障宅基地农户的资格权和农户房屋财产权,适当激活宅基地和农户房屋使用权。目前闲置数量的价值约 8 万亿元,农村集体土地资产存量价值量为 473 万亿元,城镇为 222 万亿元。三是农村集体产权制度改革,推动集体经营性资产的股份合作制改革,推动资源变资产、资产变股金、农民变股东。这些都表明,农村的资源通过改革将会极大地激活出来,带来市场的流动性,带来财富的极大增长,带来农村的发展,农民的增收,也是农业保险的一个巨大的市场空间,如农户住房的出租使用同样需要财产性保险。

二、中国农业保险的基本态势和走势

之所以谈这个问题,一是想将中国的农业保险作一个概略的梳理,作一个基本的评估,总结经验,看到差距;二是结合我国"三农"工作的发展对我国农业保险的发展作一些宏观分析和战略预判,以提高我们农业保险的把握能力,掌握工作的主动权,推动农业保险高质量发展、稳健发展、可持续发展。

(一)我国已是农业保险大国,但不是保险强国,发展仍处于初级阶段

我国的农业保险早在 1934 年就有试办,是当时的南京金陵大学农学院在安徽省乌江镇开办的耕牛保险,但有始无终,到 1950 年由新成立的中国人民保险公司开始试办农业保险,但几经曲折,到 2004 年中央"一号文件"明确要加快建立政策性农业保险制度,才开启了农业保险加快发展的进程,特别是 2007 年中央财政在四川省等省区开展农业保险保费补贴的新政策实施以来,我国农业保险进入到跨越式发展的新阶段,十余年时间完成了发达国家几十年甚至上百年走过的历程。

1. 保费收入持续快速增长

2007—2017 年,农业保险保费收入从 52 亿元增长到 477.7 亿元,年均增长达到 24.8%,保费规模居亚洲第一、世界第二。

2. 提供的风险保障快速提高

从 2007 年的 1126 亿元增长到 2017 年的 2.8 万亿元,年均增速

37.9%。2007年风险保障占农业生产总值的比例为2.26%,2017年达到24.41%,年均提高2个百分点。承保的主要农作物已达21亿亩,占全国播种面积的84.1%。2017年实际支付赔付366亿元,占农作物直接经济损失比例超过10%。

3.保险的政策、法规、体制、机制不断加强,保险的方式、方法不断创新

突出的表现是,自2004年以来中央连续发出的15个指导"三农"工作的"一号文件",每年都涉及农业保险,都提出实际要求。特别是2013年颁布了《农业保险条例》,为农业保险提供了专门的法律依据。现在我国已形成"政府引导、市场运作、自主自愿、协同推进"的农业保险的基本体制、机制。"中央财政+地方财政+农户"三方共担保费已成为一种基本的模式。农业保险产品创新方兴未艾。价格类、收入类和指数类产品创新普遍开展。目前,全国农产品价格保险试点已在全国31个省(自治区、直辖市)全面启动,保险标的涉及生猪、蔬菜、粮食作物和地方特色农产品共4大类72个品种。湖北省、海南省等20个省份研发了68个天气指数保险产品。上海市、河南省、黑龙江省、吉林省等地开展了小麦、水稻、大豆收入保险试点,海南省开展了橡胶收入保险试点。特别是2017年200个县三大粮食作物大灾保险,2018年6省24个县三大粮食作物完全成本保险和收入保险试点由中央政府直接推出,将农业保险推向一个新阶段,具有标志性、开创性意义。农业保险功能扩展创新已显示出农业保险的更大空间。突出的是"保险+期货"已在辽宁省、山东省等20个省进行试点,涉及玉米、白糖、鸡蛋、橡胶十余个品种,辽宁省的玉米保险+期货已以县为区间板块展开。农业保证保险已在广东省、河北省、上海市、安徽省等26个省市开展试点,通过"农业保险+涉农信贷"释放农业保险的增信功能,解决农业金融的"难贷款"和农户的"贷款难"问题。

4. 农业保险发展存在的突出问题

（1）保险保障农产品品种虽在不断增加，但与我国丰富多样的种养品种相比还有较大差距。

目前，中央财政重点支持关系国计民生和粮食安全的农作物、主要畜产品和森林 3 大类共 15 个保险品种，地方财政支持探索发展的农产品保险品种有 211 类。相比美国纳入联邦农作物保险支持范围的农作物多达 150 多种，我国中央财政支持的农业保险品种覆盖范围还很窄，尤其是肉牛、肉羊等重要畜牧养殖及水产养殖品种，以及大宗的苹果、柑橘等水果都没有纳入中央财政支持范畴。虽有中央保大灾、地方保特色之责任划分，但地方对特色农产品保险的支持力度普遍不足，尤其是以农业为主的地区，难以拿出更多资金支持大宗粮食作物之外的农业保险，即便开发出的新险种多数也还处于局部试点状态，规模和效果均有限。据统计，2017 年全国特色农产品保险保费收入 81.2 亿元，仅占总保费收入的 17%。

（2）覆盖面与保障额虽稳步增加，但保险保障程度还远远不够。

一方面，种植业产品保险保障的广度达到较高水平，2017 年水稻、小麦、玉米、棉花投保面积比例分别为 76.8%、65.9%、69.4%、64.7%，但是养殖业各品种保险保障的广度相对偏低，即使是投保比例较高的奶牛保险和生猪保险，也仅达到 35% 和 42.8%。另一方面，我国农业保险保障水平更是整体明显偏低，目前我国农业保险深度只有 0.73%，不仅低于全球平均 0.8% 的水平，与多数发达国家 2% 的水平差距更大（美国高达 7%），种植业保障额整体偏低，2016 年三大主粮作物亩均保险金额为 369 元，只占物化成本的 86.8%，不到完全生产成本的 40%。

（3）保费收入虽不断增加,但保险赔付效率不高。

2017 年,我国农业保险实现保费收入 477.7 亿元,自 2007 年以来年均增长率达到 24.9%;当年共支付赔款 366 亿元,受益农户 5388.3 万户次,简单赔付率 76.6%。2007—2017 年,各级财政累计安排保费补贴 2070.04 亿元,占保费总收入的 75.3%,但平均简单赔付率只有 70.7%,低于政府补贴近 5 个百分点,这也影响了政府的积极性,需要引起高度重视。这一方面反映出农业保险赔偿有限,农民获得感不强,另一方面由于政府承担的补贴责任较高,也给一些农业大省推广农业保险带来很大压力。据世界银行对 63 个国家和地区的种植业保险调查数据,政府补贴平均为 63%,包括经营管理费用补贴 16%。

（4）农业保险自身还存在大灾分散机制不完善,缺乏再保险的公司化载体。

目前由共保体承担;科技应用不够,传统方法仍占主导,基层队伍不强,管理、服务能力比较弱;没有农业保险全国共享的信息平台,各自为政,相互壁垒,无形中提高了运营成本;政府的保险政策落实有差距,如中央财政对地方特色产品保险的保费奖补还未实行;服务不精准,比较粗放,勘损理赔滞后或不到位,影响了农险质量;监管薄弱,自律性有待加强,服务"三农"的意识有待提高;试点总结不够,缺乏理论研究,站位有差距,等等,既是我国农业保险仍然处于初级阶段的成因,也是农业保险高质量发展的制约因素。

基于以上分析,我国农业保险业进入到转型提质发展的新阶段,就是从以往的规模扩张向质量提升转变;由生产者导向向消费者导向转变;由政府为主推进向政府支持和市场拉动同时着力转变,实现农业保险的高质量发展,适应农业发展新的风险特点和新的风险需求,为农业农村现代化和乡村振兴保驾护航。

（二）大力发展农业保险，是农业供给侧结构性改革的重要内容，也是完善政府农业保护支持政策的现实选择

党的十九大报告提出了未来几年经济政策要以深化供给侧结构性改革为主线。习近平总书记强调，推进农业供给侧结构性改革，提高农业综合效益和竞争力，是当前和今后一个时期我国农业政策改革和完善的主要方向。长期以来，我国实行的是农业直补为主的农业支持政策，对稳定重要农产品供给和保障农民收入发挥了重要作用。但是，在农业市场化和开发程度不断深化的背景下，就需要根据新的形势不断调整和完善财政支农政策，充分发挥市场配置资源的决定性作用。借鉴发达农业国家的做法，以及我国业已进行的大量实践证明，运用农业保险这种市场化工具，将农业直补改为农业间接补贴，来配置政府的财政资源，运用市场的方式防范农业风险，稳定农业生产，保障农民的基本收益，这样既可以使政府和市场"两只手"同时发力，提高财政补贴资金的效能，又可以防止"黄箱"补贴"爆箱"的风险，自然成为农业供给侧结构性改革的一项有效举措。对于这一点，中央是高度重视的，在2017年1月，在时任副总理汪洋的亲自部署下，由我牵头对此开展了专门的调研，汪洋副总理亲自主持了研究，像就近推出的三大粮食作物完全成本保险和收入保险试点就是这次调研的直接成果。这些表明了农业保险是农业供给侧结构性改革的重要内容，今后还会有相应的改革措施出台，这是我们大力发展农业保险的利好政策。与之相联系的是政府对农业的保护支持政策的完善，其中农业保险是重要的选项。我们可以从2007年至2018年中央财政对保费补贴的趋向来看，2007年实际拨付21.33亿元，2007—2018年，年均增速22.5%，这条增长曲线一直是快速上扬的，这足以表明政府财政对农业保险支持的力度是

很大的,而且 2017 年开始实施的粮食作物大灾保险又提高了中央财政补贴的比例,取消了产粮大县的配套补贴。2018 年又实施了对粮食制种的保费补贴。这些都足以表明政府对农业保险的支持是重要的政策取向,现在需要的是我们农业保险的产品试点应该加大力度,加快总结,形成能够标准化操作的产品。

(三)"增品、扩面、提标"仍然是农业保险的主要目标任务

这里既有扩大保险的保障广度问题,又有提高农业保险的保障深度问题。"增品",就是扩大农业保险的品质。从全国统计的情况看,农业保险险种已涉及 211 个品种,但还远不能满足农户差异化的需求,从广泛意义上讲,应该是农业所涉及的品种,农户只要有保险需求的,都应承保。就中央层面而言,与农民、农业影响较大的羊、牛、鸡等畜牧业,青鱼、草鱼等淡水养殖业,苹果、柑橘等水果业,还有草原业,应努力纳入中央财政支持的农业保险品种。就地方而言,从省、市、县来讲,都应确定数个与当地农业发展、农民增收相关较大的品种纳入地方财政支持的范畴,像海南省的香蕉、芒果。"扩面",就是要扩大农业保险品种的覆盖面。就粮食而言,有的地方已覆盖 100%,有的不到 30%,应予以迅速改变。养殖业保险的覆盖面窄,是一个普遍存在的问题,应迅速予以提高。另外突出的问题是,尽管农业保险险种已涉及 211 个品种,但绝大多数处在一个试点状态,只是一花独放,离万紫千红相去甚远。"提标",就是提高保障标准,尤其是不能满足新型农业经营主体高保障的需求,既难解忧,又不解渴。总的趋势是要实行物化成本全覆盖,努力推进以价格、产量和收入保险为重点的高保障农业保险。

(四)收入保险是远期目标,完全成本保险是近中期目标

大家都知道,收入保险是一种高保障农业保险,也是农业保险的最高形态,既可以防范自然风险,又可以防范市场风险,可以说是一个"双保险",就世界范围而言,实施覆盖面广的是美国。对此,中国的农业保险主管部门和有关专家进行过研究,基本的看法是,中国的大宗农产品主要是粮食,要普遍开展收入保险既有政府财政资金的压力,又有多种保障条件的限制,将会是一个较为长期的过程,起码以十年计,所以更多的工作切入点是逐步扩大试点,努力创造各种相关的基础条件和基础数据。现实可行的险种是完全成本保险,因为完全成本保险涵盖了物化成本、劳动力成本、土地成本、租金。尽管这种保险的损失是以产量的损失程度作为标的的,但劳动力成本、地租是有价格的,而且是市场的平均价格,从这个意义上讲,这两个因子隐含了价格。应该说,它是一种准收入保险,加上它由三个因子构成,又可以分解成为"基本险+附加险",适用于不同投保的需求。我们认为,这是中国特色的收入保险,应当大力加以推进,是具有发展前景的农业保险模式。

(五)新型农业经营主体、新农民成为农业保险新的主要服务对象

发展适度规模经营是我国农业发展的一个大方向,即使我们仍然不能忽视数量庞大的小农户的存在,但和以往不同的是,要将小农纳入现代农业发展的轨道,最有效的途径是通过社会化服务来加以连接,如山东省首先兴起的土地托管经营的方式。包括农业龙头企业的订单农业,通过订单农业的办法,把小农户的生产和销售连为一体,形成一个生产链条。目前,我国已有家庭农场、农民合作社、农业龙头企业等新

型农业经营主体超过 300 万家,社会化服务组织 22.7 万家,直接经营的耕地面积超过 40%,有的发达地区已超过 60%,如上海市松江区种植家庭农场已超过 80%,随着发展的推进,各种适度规模经营有可能达到 60%。这些新型农业经营主体经济体量比较大,隐含的农业风险也比较大,对农业保险有强烈的需求,这是与农业保险最容易契合的广大市场空间。另外,与新型农业经营主体相联系的是它们的经营管理者大多是农村的能人、新型职业农民、回乡创业者。目前,我国已有新型职业农民 1500 万人,返乡创业创新人员达 740 万人,这些人有知识、有经营能力、有市场意识,是农业保险的最好的合作者。所以,农业保险应该加大对新主体、新农民的工作力度,形成一个更具发展前景的广阔市场。

(六)地方特色农业保险具有巨大的现实需求

发展地方特色优势产业,既是高效农业,也是农民增收产业,还是贫困地区脱贫的主导产业。贵州省这几年扶贫脱贫步伐比较快,主要做法有:一是修路,二是发展特色优势产业。该省已经县县通高速公路,交通流的改变,使当地的特色优势农产品能和大市场相连接,发展特色优势产业主要是蔬菜、茶叶、食用菌、中药材、精品水果,2018 年粮经比例已经是 35∶65,以 2017 年 1923 万农村人口计算,人均已达到 3.8 亩以上经济作物,如按每亩 800 元的纯收入,人均就超过 3000 元。但同时,优势特色农产品都有一个市场认可和接受度的问题,所以除自然风险外,面临更多的市场风险。2016 年我在湖北省调研,湖北省仙桃市的黄鳝养殖保险赔偿率为 495%,武汉市的冬瓜价格指数保险赔偿率达到 456%。有风险就有保障的强烈需求,尽管不少地方已经开始实施对特色优势农产品进行保费补贴,2017 年同比增长了 31.8%,

但仅占整个保费收入的17%,远未满足需求。中央已确定了对地方优势特色农产品保险的奖补的政策原则,但因为没有落实,形成了一定的制约,我认为这是一个过程,大的方向不会改变。作为保险公司应该主动作为,敢于实践、敢于创新、敢于承担一定的风险,这也是开拓市场必须担负的社会责任和付出的开拓成本,进而为政府所信任和支持,合力做好特色农产品保险这篇大文章。

(七)新产业新业态是农业保险亟待开拓的潜在市场

前面已经讲到,这些年,农村乡村旅游、休闲农业、农村电商呈"井喷式"发展,一、二、三产融合发展逐渐成为一种经济形态,特色小镇兴起,农村健康产业也是蓄势待发,加快了农村的人流、物流,形成了不同于传统农业的新产业、新业态,其本质是一种城乡融合发展、工农一体化发展的新的乡村经济社会构建。这里就派生出不同于以往农业产业保险的新需求,包括人身安全、财产安全、产业安全的需求会随之产生。浙江省已经有乡村旅游的综合保险的案例。上海市已有家庭农场务工人员人身伤害保险的范例。我想,这是需要认真关注的,要看到它潜在的巨大市场空间,认识、抓住机遇,从早试验,抢占先机。

(八)农业保险必须走科技创新的发展路子

保险的提质增效离不开科技,从现有实践来看,农业保险的科技应用涉及遥感卫星、大数据、机器人、传感器、无人机、成像技术、物联网等现代科技手段,这些技术可以提高保险服务的精准性、时效性,既能解决许多人力不能解决的事,又可以有效降低经营成本,特别是能提高勘损理赔的完整性、真实性和准确性,减少理赔过程中保险公司与农户的纠纷,具有巨大的发展潜力。一方面,要加大对农业保险科技创新的财政投入,鼓励保险公司探索运用物联网、大数据和人工智能等新技术,不断创新农业保险服务模式,开发出更多符合农民需求的产品,做好对农民的理赔服务,努力解决农业保险还面临的信息不对称和经营成本高的问题。另一方面,要强化农业保险基础与监管能力建设,加强信息共享平台建设以及农业基础数据、灾害风险数据建设,建立全国统一的农业保险管理系统,加强农业保险监管机构建设,提高监管水平,推动农业保险持续健康发展。

(九)加强农业保险的自身建设是发展高质量保险的内在要求

一要不断加强业务能力建设,强化基层服务体系建设。农业保险公司要立足于农民、服务于农业,把"懂农业、爱农村、爱农民",服务农民,精于管理、提高效率作为重要的标准,并加以考核。二要增加保险产品的供给和建立科学的费率,鼓励保险机构开发多品种、多档次保额的产品,供农户自主选择,建立科学的费率厘定、审核、纠偏机制,要切实落实无赔款优待的政策措施。三要强化农业保险基础与监管能力建设,加强信息共享平台建设以及农业基础数据、灾害风险数据建设,建立全国统一的农业保险管理系统,加强农业保险监管机构建设,提高监管水平。

三、对太平洋和安信农业保险的期许

一是为太平洋保险 2018 年能达到 55% 的保费增速目标而振奋;二是为公司"双创""双升""双优"的工作理念和路径而点赞;三是为公

司确定未来三年保三争二的目标,努力打造中国农险第一品牌而深受鼓舞。

我的期许是:

第一,要坚持农险的社会责任、农业热爱、农民情怀,成为政府信任、农民信任的农险公司。

第二,要坚持深化 e 农险的高科技引领,走高质量发展的路子。

第三,要坚持创新,敢于开拓、敢于实验、敢于攻坚克难,努力走在农业保险服务乡村振兴战略的前列。

第四,要坚持加强自身建设,以党建为魂,以人的建设为主干,以能力建设为核心,打造一支能打硬仗,能打成功之仗的保险队伍。

第五,要坚持发展研究,努力为公司可持续发展提供理论、标准、范式支持。

(2018 年 12 月 16 日 在太平洋保险公司农险工作会议上的主题演讲)

第二篇　中国农业再保险股份有限公司应成为农业保险的"方向标"和"安全阀"

2020年6月,银保监会正式批复同意财政部等9家单位共同发起筹建中国农业再保险股份有限公司(以下简称"中农再")。2020年12月31日,中农再正式开业。公司正式运营至今历时9个月,可以说,起步稳健,开局良好,受到业界的肯定,今天大家一同讨论中农再"十四五"发展规划,为我们展现了中农再未来发展的良好前景,使人振奋。

一、要充分认识建立中农再的重大意义

建立中农再是农业保险界的长期期盼,在保险界是具有标志性意义的大事件。首先,它标志着中央政府高度重视农业保险的发展,从保险的角度体现出将"三农"放在重中之重的地位。中农再由财政部、中再集团、中国人保等9大机构共同出资建立,财政部出资90亿元,占比为55.9%。就此而言,中农再明显地打上了政府的印记,是一个由中央政府主导的,从事农业保险的公司。其次,这是完善农业保险大灾分散机制的重大举措。建立健全我国农业保险大灾风险分散机制具有现

实的紧迫性。早在 2007 年的中央"一号文件"就提出"完善农业巨灾风险转移分摊机制,探索建立中央、地方财政支持的农业再保险体系"。此后的中央"一号文件"多次加以强调,中农再的建立可以说是打通了农业保险"最后一公里"。为建立我国农业保险大灾风险分散机制提供了实体支撑,同时又是一种国家性的制度安排。最后,它是政府管理政策性农业保险的重要工具。农业作为弱质行业,其农业保险通常是政策性的,带有"准公共品"性质,为更好地发挥政府资金对农业保险的效应,需要有承接和推进的工具手段,中农再自然成为其恰当的角色担当。这在中央政府赋予中农再建立并统筹管理中国农业保险大灾风险基金、承接国家机关支农政策上可以表现出来。这从某种意义上说是一种政府替代,足见其使命重大,角色重要。

二、要把防范农业风险作为中农再的核心要务

中央政府对中农再的主要要求是,分散农业大灾风险,是财政支持的农业大灾风险分散机制的基础和核心。作这样的功能和职责定位,是农业所具有的特性所要求的。农业是一个既有自然风险,又有市场风险的产业。为了防范风险,推行农业保险成为世界各国通行的路径。在防范农业风险上,一般采取分层分散风险的方式。第一个层次是直接保险机构对投保人的风险赔付,这是非特大灾害情况下所通常运用的。第二个层次是在大灾情况下,直接保险机构通过建立大灾准备金制度,解决一定超赔偿比例(100%—150%)的赔付。第三个层次是有政府支持的再保险制度,其赔付触发值一般在 150%—300%。第四个层次是再保险之后的超赔责任安排,其赔付触发值一般在 300% 以上。

从农业风险分散的一般通行机制安排看,后三个层次已属于大灾风险分散机制安排。从中农再所赋予的功能和职责看,它所负担的是再保险和建立并统筹管理国家农业保险大灾风险基金,履行超赔职责,为农业大灾风险建立起最后一道防线和屏障,进而兜底和化解农业大灾风险,确保农业平稳安全发展,确保农民的损失降到最低限度,确保农业保险机构平稳运行。要求中农再做好对直接保险公司的约定分保工作,为直保公司保驾护航,成为直保公司坚强有力的后盾。要抓紧研究和建立国家农业保险大灾风险基金,由此要学习和吸纳发达国家建立和运用农业保险大灾风险基金先进经验,总结好国内已有的成功做法,通过数据和算法,对我国农业大灾风险作出科学的评估和预测,提出建立我国农业大灾风险基金以及运用的实施方案。

三、要坚持中农再的政策功能和导向

中农再是政策性金融机构还是商业性金融机构是大家关注的一个问题。目前,中央政府给予中农再的定位是政府主导的商业机构。这样的定位,最起码的内涵是,它不是一个商业性金融机构,它的前置词是政府主导的,隐含着政府主导,意味着政策性属性是它的基本属性。有专家解读,中农再是一国实行商业化运营的政策性再保公司,或是具有政策功能的商业性公司。我之所以强调中农再的政策性属性,基于以下几点思考和认识。

一是中国的农业保险总体上是政策性保险,近80%的保费来自政府财政补贴,中农再定位为财政支持的农业大灾风险分散机制的基础和核心,执行的是政府政策性保险的责任。二是农险的主体业务是政策性的,如果中农再是一个商业性的保险机构,肯定不是政策导向,必然偏于市场导向,这样会产生政府的政策导向的目标和再保的商业性机构的市场导向目标相背离,这也违背政府的初衷,以此来理解中农再的政策性属性,这是一个带有方向性的点,不可以偏废。三是对中农再的分保要求上,国务院文件明确要求"给予直保分保的优惠价格和条件",这是政府要求,也是政府对中农再的政策。四是对中农再,政府要求是"保本微利",这就明确了中农再是一个金融机构,是一个公司,但不是利润利益导向,是保本微利,这就是政策导向,而政府又给予中农再以税收优惠,这也是一种政策体现,确保中农再的政策属性。五是中农再还有一项重要的职责,就是"承接国家机关支农政策",这是中农再所具有的政策性属性的一个明确支撑点。

四、要发挥好政策性和市场性的双重功能

中农再作为政府主导的商业性机构,既具有政策性功能,又具有市场性功能,从这一点上说,中农再契合了我国农业保险的属性。开展政策性农业保险,使之成为一个"准公共品"。因为不开展政策性保险,农业保险就难以为继,而政策性农业保险就是一个政策和市场的集合体,其方式是政府给予大部分保费补贴,运用保险这个市场的方法,来达到帮助农民规避农业风险的目的。我们可以延伸理解为,农业保险在中国(多数国家)既是政策的,又是市场的。说它是政策的,是因为政府补贴保费,有明确的政府目的(帮助农民);说它是市场的,是因为保险就是市场工具,运用了大数法则、杠杆原理、倍数效用,采取市场配置资源的方法,通过契约条款等。它既有政策属性,又运用了市场机

理。从本质上认识中农再的性质,它是中央政府设立的农业保险再保机构,承担着政府任务,采取的是市场方法,即使是今后转型成为政策性机构,无非是政策分量更重,但公司的法人治理、市场方法的运用不仅不能削弱,还要加强,使发挥市场配置资源的决定性作用和更好发挥政府的作用,在中农再得到完美的运用。

五、要坚持创新创造发展

中农再作为我国新建立的农业保险机构,尽管有中农再的"农共体"积累的经验可以汲取,有国外如美国、西班牙、加拿大、日本相关再保机构的做法可以借鉴,但是它作为一国政府主导的商业性保险机构,其经营方式、运作机制都难以照搬照抄,需要流程再造、机制翻新、理念更新、方法创新。从这个意义上讲,中农再如同一张白纸,没有历史包袱和传统束缚,可以描绘更新更美的图景。由此,要把创新发展作为动力源泉,把创造发展作为成功法宝。自2007年中央财政对农业保险保费实施补贴以来,中国的农业保险进入到跨越式发展的新阶段,取得了显著的成就,但仍然存在保障不充分、风险区划滞后、费率制定不科学、保险产品不足、财政补贴效用不充分、风险分散机制不完善、勘损理赔不精准不及时、服务粗放的问题。这些问题是农业保险机构面临的问题,自然也是中农再所面临的问题。坚持问题导向,坚持在发展中解决问题,这就是中农再创新、创造发展的最现实的课题。中农再作为顶端的、专司农业保险的机构,应通过创新创造发展,在农业保险的品种创新、机制创新、服务创新中有作为、有贡献,才能更好地发挥出农业保险的职能定位作用,担负起职责使命。

六、坚持把服务作为基本的经营理念

　　农业保险金融机构实则是金融服务机构,中农再尽管是农业保险的央企,同样具有服务属性,只是它服务的直接对象是农业保险的直保公司。要树立服务理念,把服务贯穿在工作的过程之中。通过服务赢得直保公司的信任和支持,通过服务畅通各个工作环节,形成一个再保和直保机构的共存、共生、共赢、共长的命运共同体。就服务而言,不仅要有良好的态度、办事的快捷,更为重要的是要加强对直保公司的科技服务、信息服务、政策服务,通过对直保公司的数据供给、技术供给、规范和制度供给、政策供给、风险分散的资金供给,帮助直保公司更好地发展,以使中农再真正成为政府农业保险政策实施的重要途径。由此,中农再要围绕国家确定的做好分散农业大灾风险,建立并管理大灾风险基金,参与收集、管理、运用农险数据信息,承接国家机关支农政策等四项任务,牵头组织开展农业风险评估和费率区划工作,建立科学的保费费率动态调整机制,以满足直保公司精准承保理赔的需求。要加强对保险数据、灾情数据的分析,提高数据的真实性,提高财政补贴的效率,防止保险过程中的道德风险。要开展农业保险的创新实验,为直保公司提供范式,以加强对农业保险的引导。要加强对农业保险机构的规范、规程研究,进一步规划推进农业保险的标准化。要积极开展农业保险发展和理论研究,为农业保险的发展提供更有力的决策支持和思想引导。

　　(2021 年 9 月 28 日　在中农再"十四五"发展规划研究座谈会上的发言)

第三篇　服务"十四五"规划
推进农业保险新发展

结合学习党的十九届五中全会精神,我讲讲在全面推进乡村振兴战略下如何把握好农业保险发展的大趋势,更好地发展农业保险,服务于国民经济和社会发展第十四个五年规划和 2035 年远景目标。

我主要讲三个问题:

一、对党的十九届五中全会精神的认识和理解

党的十九届五中全会是我党乃至我国历史上一次具有特别重要历史地位的会议。它的重要性体现在会议审议通过的《中共中央关于制定国民经济和社会发展第十四个五年规划和二〇三五年远景目标的建议》这一纲领性文件中。

(一)从整体上也就是从党和国家的全局上来理解党的十九届五中全会精神

我用一个字做一个表述,这个字就是"新"。"新"体现在以下几个方面:

1.我国发展进入到新阶段

这个新阶段以"十四五"规划为起点,我国在完成第一个百年奋斗目标后,开启了到完成第二个一百年奋斗目标的新进程。如果说第一个百年奋斗目标是实现全面小康的话,我们从第十四个五年规划开始,要朝着实现建设社会主义现代化强国进军。

2.确定了我国经济社会发展的6个新的目标

(1)经济发展取得新成效;

(2)改革开放迈出新步伐;

(3)社会文明程度得到新提高;

(4)生态文明建设实现新进步;

(5)民生福祉达到新水平;

(6)国家治理效能得到新提升。

3.全面坚持新发展理念

新发展理念包括"创新、协调、绿色、开放、共享"这五个方面,它在党的十九届五中全会上有新的内涵和要求。关键是五句话:坚持创新在我国现代化建设全局中的核心地位。推进区域协调发展和新型城镇化。推进绿色发展,促进人与自然和谐共生。实行高水平开放,开拓合作共享新局面。改善人民生活品质,提高社会建设水平。

4.构建新发展格局

即加快构建以国内大循环为主体,国内国际双循环相互促进的新发展格局。这是党中央审时度势的新认识、新判断、新方略,以及发展的新路径。这需要改变我们自改革开放之初抢抓全球化机遇,两头在外,实施出口导向,外向型经济的发展路径,调整为以扩大内需为战略支点,建立强大的国内市场为基础,实施高水平的开放,在新的形势、局势下(疫情)发展中国,强大中国。

（二）从农业农村的角度来理解党的十九届五中全会精神

在党的十九届五中全会的文件中,对农业农村有专章的表述,除继续强调了优先发展农业农村,把"三农"作为全党工作的重中之重之外,特别突出了"乡村振兴",着重点在"全面推进乡村振兴"。在以往"实施乡村振兴""推进乡村振兴"的提法上加了"全面"二字,意味着对乡村振兴要全面加力、全方位实施。不仅要在补"短板"上加大力度,而且要在"长板"上提质提标。全面贯彻实施"产业兴旺、生态宜居、乡风文明、治理有效、生活富裕"的 20 个字的方针。这也表明,"十四五"期间,乡村振兴进入一个新的发展阶段。

（三）从农业保险的角度来理解党的十九届五中全会精神

2015 年发布的"十三五"规划相关表述是"深化农村金融改革,完善农业保险制度","十四五"规划建议的表述是"健全农村金融服务体系,发展农业保险"。这次将"完善"改为"发展",我以为有着更为深刻的内涵:一是我国的农业保险还存在严重不足,发展仍是重点。二是发展就包含扩面、增品、提标。三是发展是一个动态的概念,要与时俱进,要创新。四是发展要实现高质量,发展要在服务上下功夫。这是"健全农村金融服务体系"和高质量发展是今后发展的主题的必然要求。

二、乡村振兴战略下农业保险发展的新趋势

（一）产业融合发展要求农业保险由第一产业向第二、第三产业拓展

一二三产业融合是现代农业发展的新趋势,是城乡融合发展的新

内涵、新动能,其实质就是以市场需求为导向,在农业第一产业与农业第二、第三产业建立联动和融合机制,发展种养业、农产品初级与精深加工业和农业生产性服务业,激发农村产业活力,提高农产品增加值,带动农民就业和致富,推动城乡融合发展。

我国农村一二三产业融合发展的基本构建是生产、加工、储存、流通、贸易直到终端消费的产业链。目前,其组织形态有:家庭农场,既生产又加工,还兼有储备、销售;农业产业化联合体,即以龙头企业为主导,以农户为基础,以生产合作社为连接形成从生产到加工的产业连接联合;农业合作社或是农业龙头企业,或是集中销售入社社员的农产品,或是以订单的形式收购农户的农产品进行加工与销售。另外,有的地方以建立农业工业加工园区的方式,实现农业一二三产业的融合发展。总之,农业一二三产业的融合发展已呈态势,并有扩大发展的趋势。由此产生大量的业态主体。这些主体的生产风险、质量风险、销售风险、消费风险可能会产生连带效应。由于风险的相关性和叠加性,一旦产业链的某一个环节出现问题,整个产业的发展都会受到严重影响。这就要求农业保险由第一产业向第二、第三产业拓展。因此,未来农业保险的发展应逐步由单一产品模式向能够保障农业生产经营全流程产业链和价值链风险的产品及模式发展,从而保障农业产业融合发展的健康及可持续。

(二)新业态需要农业保险降低风险

在国家政策的积极推动下,一些新技术、新业态加快向农业农村融合渗透,促进了各种要素的重新配置和交叉融合,发掘农业多种功能,开发乡村多重价值,推动农业生产、流通、服务等领域的新业态不断涌现,催生出了共享农业、休闲农业、创意农业、中央厨房、农商直供、私人定制等大量新业态,而且已经成为农村发展的新动能。如 2019 年全国休闲农业和乡村旅游接待人次超过 32 亿人次,营业收入超过 8600 亿元,成为农村重要的产业。

现阶段农村新产业新业态发展虽然"小荷才露尖尖角",目前又受到意想不到的新冠肺炎疫情冲击,但新业态之势不可阻挡,现代农业之潮磅礴,坚信依托农村绿水青山、乡土文化等独特资源优势,定能带动乡村的发展,带动农民增收致富。为了保障乡村新业态可持续发展,迫切需要农业保险紧紧围绕新业态的发展要求,进行保险产品的研发和投放,降低新业态的发展风险,为乡村新业态的健康发展提供坚强的后盾。

(三)现代农业产业园区需要农业保险提供保障

现代农业产业园区是农业产业化的高级形态,搞好现代农业产业园区的建设就是牵住了乡村产业振兴的"牛鼻子"。自 2017 年现代农业产业园建设工作全面启动以来,取得了积极进展,初步建立了梯次推进的工作格局、形成了多元化的投入渠道、探索了市场化的运行机制。中央财政拿出 50 多亿元奖补资金,批准创建了 62 个、认定了 20 个国家级产业园。各地迅速推行,目前全国各省财政安排 125 亿元专项投入,创建了 1000 多个省级产业园和一大批市县级产业园。各类市场主体积极响应,有近 100 家国家级龙头企业和近 500 家省级龙头企业入驻国家级产业园,一大批新型农业经营主体在园区内孵化成长。科技部从 2001 年开始建设国家农业科技园,至今已经建设了 8 批 278 个园区,这些农业科技园在新品种研发、新技术运用上成果显著,在引领带动本地区农业转型升级方面,发挥了积极作用,展示出广阔前景。

现代农业产业园、农业科技园等产业园区,包括不少县级建立的创业园区、加工园区,一头连着工业、一头连着农业,一边接着城市、一边接着农村,是城市人才、技术、资金等要素流向农村的重要载体,是返乡下乡人员干事兴业的重要平台。这些园区的发展也面临一系列风险,首先是技术风险。农业产业园区不断有新的品种、新的技术产生,其推广运用中不少面临一些不确定性。其次是市场风险。园区的产品如何顺利销售直接影响园区的发展,而市场的不确定性是园区发展的现实困扰。最后是融资风险。由于投资农业的回报周期长,在发展过程中还需要不断地注入资金,甚至还会有资金链断裂的风险,贷款难、贷款贵是一个现实的难题。因此,加强农业产业园区和农业保险的衔接,既能有效地保障产业园区的正常运营,又能让产业园区更好地起到农业产业示范带动作用,引领产业转型升级。

(四)生态环保是农业保险发展的新课题

近几年,我国以绿色发展理念为指引,发展循环经济,提高资源利用率,全力推进环境污染治理,同时加大自然灾害防治力度,生态环境恶化的势头得到有效遏制,人居环境质量得到明显改善。但是,由于人为因素和自然因素,始终制约着我国农村生态环保的发展,前者主要包括由于过度放牧、养殖污染、生活污水、废弃物、农药化肥施用过度以及自然资源的盲目开发利用等人为破坏造成的生态环境恶化,后者包括干旱、洪涝和台风等灾害事件造成的耕地荒漠化、森林、草原和湿地面积减少,生态环境保护依然面临极大风险。

生态环保是农业保险发展的新课题,探索通过农业保险的方式保障生态环保,一方面,继续提高耕地、森林等已具基础的农业保险,加快已经确定的草原保险试点。同时,由于我国湿地面积约8亿亩,位居亚洲第一、世界第四,湿地面临着盲目开垦、环境污染及生物资源过度利用等风险,同样需要采取保险的方式加以保护。另一方面,为了减少化肥、农药、农膜等化学物质在农业生产中的使用量,扭转粗放使用和过度利用的生产方式,迫切需要运用保险的方式在土地保护和农作物污染防治等方面发挥作用。

（五）高保障成为农户的普遍需求

乡村振兴,生活富裕是目的。农民增收是决战决胜全面建成小康社会和脱贫攻坚目标任务的重点难点。增加农民收入有必要发掘农民经营性收入的空间,但是近年来受农业生产成本的"地板"和农产品价格的"天花板"的双重挤压,还有很多农产品出现卖难问题,增收障碍较大。据权威调查显示,近些年农民种粮现金收益不断下滑,2014年全国三大主粮亩均现金收益为710.4元,2019年下降至542.7元,目前处于近10年来的低位区间。

增加农民的经营性收入,首先是帮助农民防范生产风险和市场风险,稳住农民发展生产的预期,努力筑牢农业内部增收基础。当前,一些农产品的生产处于零利润甚至亏损状态,迫切需要农业保险提供稳定的保障。但是,目前农业保险的保障水平还远不能满足预期。目前我国三大主粮作物平均每亩保费440元左右,仅是物化成本,如果受灾,保险赔偿有限。此外,大量地方特色农产品缺乏保险保障。有的地方即使开展了特色农产品保险,但品种少、覆盖率低、保障水平不高,难以满足农户的高保障需求。对农民和农业影响较大的羊、牛、鸡等畜产品,鱼、虾、蟹等水产品,苹果、柑橘、葡萄等水果,急切需要成为中央财政支持的农业保险品种。

（六）乡村治理能力现代化需要农业保险拓展新的功能

"治理有效"是乡村振兴的重要保障，是乡村治理能力和制度现代化的集中体现。随着乡村振兴战略的实施，我国乡村社会治理工作取得了初步成效。当前，乡村社会正在经历极其重大的社会转型过程，对农业保险的发展带来了新的挑战。主要表现为：第一，青年劳动力人口以农民工的身份大量流入城镇与城市，加速了乡村人口的老龄化进程。农业保险的投保主体以老年人居多，农业保险经营主体在基层更多需要跟老年人打交道。第二，乡村社会一家一户的农业生产方式，已日益转变为一家一户与农业大户、农业企业多元并存的生产方式。农业生产方式的多样化使农业保险标的稳定性下降。第三，乡村社会的成员结构发生变化，在传统农民之外，新型职业农民、农场主、农业新业态从业者、工商业者、个体户等群体日益扩大，使农业保险的服务对象更加多元。第四，乡村逐渐由单一的农业生产单位转变为种养加储销为一体的综合性村落（社区）单位。在这样的环境下，农业保险必须不断增强其社会治理的职能。2019 年发布的《关于加快农业保险高质量发展的指导意见》指出，农业保险对促进乡村振兴具有重要的作用，强调农业保险既要发挥经济补偿和风险管理功能，又要注重参与农村社会治理。实际上，社会治理是政府赋予农业保险的一项全新职能。就当前来看，农业保险具有的增信功能、契约功能、诚信原则等都将在社会治理中成为"社会的稳定器"。

（七）脱贫攻坚与乡村振兴有机衔接需要农业保险系上"安全带"

贫困地区的脱贫攻坚任务完成后，接下来就是要按照乡村振兴提出的总要求,借鉴脱贫攻坚经验,建立健全支持乡村振兴的政策体系,推动脱贫"摘帽"地区走向全面振兴、共同富裕。在脱贫攻坚与乡村振兴有机衔接的过程中,产业扶贫具有关键性的作用。但是,目前我国贫困地区的扶贫产业发展还比较脆弱,贫困户还存在返贫风险,需要农业保险为它系上"安全带",为纵深推进产业发展"护航"。原有针对贫困户的特殊保费补贴、对贫困地区发展产业的特殊金融支持力度仍然不能减,甚至还要加强,特别是为农户的产业扶贫项目提供创新型农业保险模式和产品,以及有针对性的全方位风险保障,使贫困户真正建立起"造血"功能。同时,要求保险经营机构及时转变工作方式,将贫困地区保险服务与乡村振兴相衔接,推动脱贫攻坚工作体系向乡村振兴平稳转型。

(八)新型农业经营主体的快速发展需要农业保险提供更大的支持

截至 2019 年年底,全国家庭农场超过 70 万家,依法注册的农民合作社 220.1 万家,从事农业生产托管的社会化服务组织 42 万个。他们不仅是农业先进生产力的代表,也是商品性农产品的主要提供者,是我国现代农业发展的生力军。加快培育从事农业生产和服务的新型农业经营主体是关系我国农业现代化的重大战略,对推进农业供给侧结构性改革、引领农业适度规模经营发展、带动农民就业增收、增强农业农村发展新动能具有十分重要的意义。新型农业经营主体还通过与小农户之间建立契约型、股权型利益联结机制,在带动小农户与现代农业的有机衔接中发挥重要作用。

新型农业经营主体的经济规模较大,面临的农业风险也较大,不仅在农业生产环节存在风险,而且在融资环节、农产品储存、流通、经营等领域都面临较多风险,对农业保险有强烈的需求。从融资风险看,新型农业经营主体普遍存在融资能力不足,内部资金供给还不能够满足农业规模化经营的资金需求。从生产风险看,为了提高产量,保障自身经济效益,很多新型农业经营主体更倾向于扩大经营规模,但是,规模大面临的风险也随之增加,包括将会面临更大的资金压力。从市场风险看,主要是价格风险,农产品价格的不确定几乎成为一种常态,这成为新型农业经营主体面临的最大困扰。因此,新型农业经营主体面临的多种风险,导致其对农业保险的依赖性更强,对农业保险保障水平的要求更高,对收入保险、农产品质量保证保险、土地流转履约保证保险以及对有助于解决融资问题的信用保证类保险等创新型险种的需求更迫切,对投保、定损及理赔等保险服务的要求更高。因此,农业保险应针对新型农业经营主体的新特点,加大力度开发多层次、高保障的农业保险产品,大力发展创新型保险产品,尤其是开发能够为其提供覆盖全流程、全要素的风险保障的综合性产品,加大针对新型农业经营主体的工作力度,提高农业保险服务效率和服务质量,形成一个更具生命力的广阔市场。

(九)农业保险需要科技的强力支撑

加快农业保险的科技深度应用,已经成为农业保险深化改革、加快农业保险高质量发展、增强农业保险服务现代农业和乡村振兴的内在需要和重要选择。一是发展农业保险科技,能够快速捕捉数字经济时代市场需求变化,有效感知、识别、监测和评估农业生产经营者面临的各类风险,及时增加和完善农业保险产品供给,满足不同农业生产经营主体多元化和多层次的风险保障需求。二是运用农业保险科技手段,构建"线上+线下"农业保险网络服务体系,能够延长网络服务渠道,扩大网络服务范围,并通过"线上"远程服务方式,开辟服务触达农户的全新途径,使服务下沉到村舍和分散的农户,提高农业保险服务可得性和及时性。三是利用现代科技成果来优化或创新农业保险产品形态、组织构架、业务流程、经营模式等,推动农业保险机构简化交易环节、开辟业务渠道、降低经营成本、优化盈利模式,使农业保险经营管理更加精准和智能,农业保险运营效率大大提升。四是加强农业保险有效监管的现实要求。运用现代信息技术建立政府农业保险监管大数据平台,能够汇集农业保险业务和农情灾情等大数据,远程智能监控农业保险业务流程操作,开展各类数据相互校验、大数据分析挖掘和服务效果评价,提供方便快捷、及时查询和公示等信息服务,有利于推动农业保险监管模式由事后监管向事前、事中监管转变,有效解决信息不对称问题,消除信息壁垒,缓解监管时滞,从而保障政府保费补贴的真实和可靠性,提高政府监管的及时和有效性,增强政府决策指导的科学和正确性,提升政府农业保险治理能力的现代化。

(十)助推乡村振兴需要农业保险全方位创新

适应乡村振兴战略对农业保险发展新的需求,需要农业保险创新发展,包括产品、技术、服务等各个方面。产品创新方面,包括扩展承保农作物的种类,在做好大宗农产品保险的基础上,研发特色农业保险品种;提高风险保障的层次,由保成本向保产量进而向保价格和保收入转变,由"自然风险单一保障"向"自然风险与市场风险双重保障"转变,开发符合农业龙头企业、专业合作组织等需求的保险产品;开办农业气候指数保险、价格指数保险、区域产量保险等具有标准化和透明性特点的险种。技术创新方面,可以采用GPS定位测量、地理遥感技术、自动气象站等高科技方法与设备,从而简化风险评估程序并扩大可保障区域;在风险管控技术方面,可利用防雹炮技术、人工影响天气技术、防病防疫技术等进行防灾减灾。服务创新方面,如保险公司与农技部门、气象部门等建立联动机制,把保险的经济补偿与农业生产防灾防损、农业新技术推广、农业信息发布等服务结合起来。又如,积极推进农业保险与信贷、担保等农村金融手段的结合与创新,促进农业金融协同发展,加强对现代农业发展的金融支持。

三、发展农业保险的若干要点(略)

太平洋保险近几年在农险方面走在全国前列,如积极开发农险创新产品和推广应用 e 农险新技术,不断增强农险服务水平和服务能力,为农业保险服务农业现代化和保险业助推脱贫攻坚工作,积极推动乡村振兴战略作出了积极的贡献。在"十四五"规划开局的新征程中,在乡村振兴战略的大背景下,农业保险已经步入千帆竞发、百舸争流的高质量发展新时期。衷心地希望、祝愿和相信太平洋保险在农业保险上能够立于潮头,多创新、多贡献,为中国农业保险的高质量发展作出新的贡献!

[2020 年 12 月 11 日　在太平洋产险 2021 年度农险工作会议上的主题演讲(节选)]

第四篇　加大政策支持力度
筑牢农业保险防护堤

　　党的十九大提出"中国特色社会主义进入新时代",把实施乡村振兴战略作为新时代发展的七大战略之一,把农业农村摆在优先发展的重要地位,为新时代农业农村的现代化指明了发展方向,注入了强大动力、描绘了光明的前景。这是以习近平同志为核心的党中央对"三农"工作提出的新战略、新部署、新要求,具有里程碑意义。第七届国际农业保险论坛,以中国农业供给侧结构性改革与农业保险创新发展为主题,对于贯彻党的十九大精神,努力开创农业、农村工作的新局面具有重要的现实意义。

　　当前,我国农业农村发展正进入一个"结构转型、方式转变、动力转换"期。2016年3月,习近平总书记在参加全国人大湖南代表团审议时明确提出,推进农业供给侧结构性改革,提高农业综合效益和竞争力,是当前和今后一个时期我国农业政策改革和完善的主要方向。这是对我国农业、农村发展形势的科学判断。农业保险对农业而言,处在供给端,如何创新农业保险,更好地适应农业现代化发展的新需求,是农业供给侧结构性改革的一项重要内容。

一、要充分认识到创新农业保险的现实紧迫性

自 2007 年中央财政启动农业保险保费补贴试点以来,我国农业保险迈入跨越式发展的新时期。农作物承保面积从 2007 年的 2.3 亿亩增加到 2016 年的 17.2 亿亩,约占播种面积的 70.2%,参保农户从 4981 万户次,增加到 2.04 亿户次。保费收入从 52 亿元增长到 417 亿元,年均增速 26.1%,提供风险保障从 1126 亿元增加到 2.2 万亿元,年均增速 38.8%,约占农业生产总值的 30%。但也要看到,一是保障程度仍然较低,2016 年三大主粮作物亩均保险金额为 368.96 元,只占生产成本的 40% 左右,离物化成本也有一定差距。对小农户"不解渴",对新型农业经营主体则是"不解忧"。二是保障的品种远不能满足农户需求,尤其是特色农产品,尽管各地保险品种在不断增加,但多数处于试点状态,没有广普化。三是赔付率不高,对农户风险损失补偿有限,2007—2016 年,农业保险平均简单赔付率仅为 69%。四是保险服务水平有待提高,基础信息和数据不完善,经营管理队伍不适应,道德风险比较高,影响了农业保险的效率和信誉。这些存在的问题都需要我们通过创新农业保险加以解决。

二、要把支持农业保险作为
政府重要的农业政策

这是由农业本身的性质所决定的,农业面临自然和市场双重风

险,所以它需要政府的支持和保护,因而农业保险作为一个防止农业风险的工具性手段,带有"准公共产品"的性质。即在政府的补贴支持下,保证其稳健运行,最终起到保护农业发展、保障农户收益的效应。这在世界上是一个通行做法。如像美国,自 2014 年以来,一项重大的农业措施是年减少对农业的直接补贴 50 亿美元,新增农业保险补贴 70 亿美元,保障范围从粮食作物扩大到花生、棉花、水果和蔬菜领域。党的十九大首次提出,要把农村农业放到优先发展的地位。我认为,鉴于农业保险所具有的风险防范、倍数效应、市场工具等多种功能,政府要加大对农业保险的财政补贴作为优先政策的首要选项,同时,改进农业补贴投入方式和调整现行农业直补方式,变为农业保险的间接补贴。既可以使政府和市场"两只手"同时发力,提高政府资金的效能,又可以起到规避世界贸易组织规则,防止"爆箱"风险。

三、要把物化成本全覆盖作为现阶段农业保险的首要目标

2015 年中央"一号文件"明确提出:"中央财政补贴险种的保险金额应该覆盖直接物化成本。"目前,我国的保障水平尚处于保物化成本的阶段,但多数省份尚未达到完全覆盖物化成本的标准。目前全国三大主粮作物保额平均只有 368.95 元。根据国家发展改革委成本调查数据测算,2015 年全国三大主粮作物物化成本为 425.07元,13 个粮食主产省三大主粮作物物化成本为 399.93 元,农业保险分别覆盖了物化成本的 86.8%、92.3%。当前一个时期,农业保险的

首要目标之一,就是按照农民愿保尽保的原则,实现物化成本全覆盖,确保农民一旦遭灾之后,能够具备兜底性的保障和恢复最基本的再生产能力。

四、逐步增加农业保险补贴品种,
不断适应新的发展要求

截至 2017 年,中央财政补贴品种从最初的 6 个品种扩展到 15 类关系国计民生的品种,虽然三大主粮作物的平均覆盖率超过 70%,但地域分布不均衡,有的地区接近 100% 全覆盖,有的地区则不到 30%。全国各地农业保险承保的农作物品种已经达 211 类,基本覆盖农、林、牧、渔各个领域,但覆盖率较低,远不能满足农户多样化的保险需求。2016 年,全国特色农产品保费近 10 亿元,相当于 2016 年全部农业保险保费 417 亿元的 2.3%,足见覆盖面之低。因此,有必要率先增加中央财政农业保险保费补贴的品种。比如,一是畜牧业品种。目前,猪肉占我国肉产量的 63.6%,羊肉、牛肉、鸡肉分别占肉产量的 5.11%、8.12%、21.17%。二是淡水养殖品种。青鱼、草鱼等前七大主体品种产量占全国淡水养殖鱼类总产量的近 80%。三是水果品种。苹果、柑橘两大水果品种占全国水果种植面积的 36%、水果产量的 29%。多数地方希望中央财政将这些品种扩大为农业保险保费补贴品种,以适应"粮经饲"三大农业发展新格局的需要。

五、创新完善"基本险+附加险"的多层次农业保险模式,满足小农户和新型经营主体的多元化需求

采取"基本险+附加险"的保险模式是一种满足不同经营主体对保险保障需求的新方式、新路径,值得倡导和推行。比如,中原农业保险股份有限公司在河南省,根据三大粮食作物的生产主体结构、农业成本要素、风险要素的变化,针对农户对风险保障的需求,开发了直接物化成本、准全成本、种植收入等 A、B、C 三款农业保险产品,形成一个保险产品系列,可由农户和新型农业经营主体自主选择,创造了同一保险标的多项款式的新方式,从 2015 年试点以来取得了一些难得的经验。湖南省、安徽省等省针对新型农业经营主体对保险的高保障需求,较大面积开展"物化成本保险+附加保险"试点,水稻每亩保险金额由 400 元提高到 800 元。黑龙江省农垦的阳光农业相互保险公司也开发出多档次保额的玉米保险产品,每亩保障金额从 405 元、460 元、515 元到 570 元,一共 4 个档次,由农户投保时自主选择。四川省对投保三大粮食作物的新型农业经营主体也增设了一档高保障水平保障产品。这些做法,都具有创新性意义。我们要加强这方面的总结,扩大这方面的试点,尽早建立"基本险+补充险"的定制化农业保险服务。主要把握好三个关键点:一是争取实现愿保尽保,尤其是对种植经济作物的农户、规模养殖的农户应尽快开发相应的产品和服务,尽量减少无保可投的空白领域;二是设计相对多层次、高保障、可选择的产品,不同需求的农户可以结合实际情况合理选择投保;三是政府视产品情况给

予适当补贴,考虑到规模经营主体商品化生产特点,自身承担的保费比例可以适当多一点,部分市场化程度高的产品还可以减少政府补贴比例。

六、把完全成本保险和收入保险作为粮食等重要农产品农业保险的方向性目标,提升对农业农民的保障水平

提高农业保险的保障水平,使之能覆盖完全成本以至保障收入,这是农业保险追求的目标。要优先在粮食生产功能区和重要农产品生产保护区"两区"范围内探索开展完全成本和收入保险。

当前一个时期,应把完全成本保险作为主导试点险种。一是完全成本保险具有很强的针对性,有助于解决农业保险保障水平低、对农民吸引力弱等现实问题。完全成本保险保额大大高于现行物化成本保险的保额,对农民的生产损失实现了全成本保障,不仅真正让农民在遭受严重灾害后能够得到较多赔偿,既可恢复生产,又能保障种粮农民的基本收入。二是完全成本保险是在完全保障物化成本的基础上,将地租和劳动力成本纳入保障范围,是在现行政策性保险和大灾保险试点基础上做加法,与已有的农业保险险种有很高的契合度。三是从本质上讲,完全成本保险隐含了土地、劳动力等生产要素的平均价格,体现了农民的物权收益和劳动力收益。既是在 2017 年开展大灾保险试点保障物化成本和地租基础上的"提标",又因融入了土地、劳动力投入后的全要素投入,是一种带有准收入性质的保险。四是完全成本保险与现有农业政策可以较好地衔接。实行完全成本保险,不影响现行的最

低收购价以及生产者补贴等政策的实施。

今后一个时期,要把收入保险试点作为未来发展的主要选项。从国际经验来看,美国自 1996 年开始实施农作物收入保险,2013 年美国的农作物收入保险的保费收入占联邦农作物保险总保费收入的 83% 以上,表明收入保险已成为美国农业保险的主导性险种。对于大宗农产品来说,通过收入保险管理自然风险和市场风险,可能是未来农业保险产品的主导形态,有助于实现维护国家粮食安全、确保农产品供应、保障农民收入等多重目标。确保粮食安全的关键是调动农民种粮的积极性,农民主要看收益。随着农产品价格形成机制改革的不断深化,为确保种粮农民收益稳定,可以加快研究探索建立种粮农民收入保险制度,由传统的政府直接干预市场向利用保险等市场化手段调控转变,通过合理设定收入保险保障水平,构建种粮收入安全网。

七、加大特色农产品保险的奖补力度,让保险惠及更多农民

发展地方特色优势农业,是助力脱贫攻坚、提升农产品市场竞争力、提高农业综合生产能力的重要举措,其面临的自然灾害与市场价格波动风险较之大宗农产品更为突出,迫切需要相应的农业保险产品保驾护航,也迫切需要中央财政加大支持和引导。从 2015 年开始,中央"一号文件"就连续三年对地方优势特色农产品保险中央财政以奖代补政策进行了部署,应该说中央有要求、地方有实践、农民有需求、机构有积极性。目前地方财政实行奖补的模式不尽相同,四川省财政部门

根据省内不同区域财力和民族地区分 20%—35% 四个档次对市县特色产品保险给予奖补。河南省、湖南省财政部门等依据市县特色保险财政补贴保费的 50% 给予奖补。上海市、广东省等地的保证保险多采取较大比例的保费补贴。下一步，应当立足于调动地方政府发展特色农业保险的积极性，坚持特色产品保险以地方为主的思路，中央财政对符合条件纳入奖补范围的险种，按照地方财政自行开展且实际到位保费规模的一定比例给予适当奖补，如果按照中央财政分东部、中西部给予 10%—30% 的奖补，目前地方财政用于特色产品保险的保费补贴约为 37.5 亿元，据此测算中央财政以奖代补资金不超过 10 亿元，即使地方再增长 1 倍，中央财政奖补资金为 20 亿元左右。如果按照这样的思路推进，农业保险的品种将会有所增加，会受到地方政府和广大农民的欢迎，会有更多的惠农政策的获得感，特色农产品也将会有一个更大的发展和提升。

八、建立和完善中国特色的农业保险大灾保险分散机制，增强农业保险体系运行的稳定性和可持续性

农业保险的大灾风险是农业保险经办机构的一个现实性风险，超高的赔付往往使农业保险机构难以承受。早在 2007 年，中央"一号文件"就提出建立农业风险防范机制。2012 年国务院通过的《农业保险条例》提出，"国家建立财政支持的农业保险大灾风险分散机制"。这为政府建立财政对农业保险大灾风险支持提供了法律依据，也成为一项法定责任。尽管目前我国农业保险大灾风险分散机制还未形成，但

相关工作正在推进中,如中国农业保险共同体(农共体)的发起成立,承保农业保险的再保险业务,迈出了农业保险灾害风险分散的重要步伐,北京市和上海市的做法,也具有机制性意义。

分层分散农业保险的大灾风险,是农业保险风险分散机制的核心,其要义是多方参与、风险共担、多层分散。以北京市为例,建立了政府主导、市场运作的政策性农业再保险机制。再保险机制规定,当发生巨灾时,让保险公司只承担160%以下的有限风险,超出部分的风险通过再保险合约转移到再保险公司,超出再保部分的由政府承担。一是凡是政策性农业保险品种,由政府集中投保,与再保险公司签订再保险合同,赔偿率超过160%时,启动再保险的赔付工作。二是按照"五十年一遇"的灾害水平,北京市确定了再保险赔付区间160%—300%的再保险方案,通过引入再保险机制,将这一风险区间转移至再保险公司,降低了直保公司的保险责任。北京市在2009年实行这一再保险制度,至2016年再保险保费支出2.1亿元,不仅分散了大灾(巨灾)风险,也使现有费率降低了31个百分点,如果没有这种系统的再保险机制,此期间的保费要增加6亿多元,无形中增加了政府和农户的保费支出,也可以理解为少付出保费6亿多元,由此取得的再保险杠杆效应是显而易见的。

调研中,大家普遍认为,设立中央层面的农业再保险机构非常必要。没有再保险,农业保险风险分散仅停留在保险公司的层面,成了风险分散的"断头路"。在中央层面统筹农业风险转移分散事宜,探索由政府兜底的制度性安排,是中国农业保险需要创新和完善的一项重要任务。

九、大力提高农业保险科学化
管理水平,在精准上下功夫

一是加强保险公司自身建设。农业保险公司要立足于农民、服务于农业,把"懂农业、爱农村、爱农民",精于保险、提高效率作为重要的标准,并加以考核,不断加强业务能力建设,强化基层服务体系建设。二是建立严格的农业保险机构准入退出制度,探索设置更高的市场准入门槛,建立以合规经营和服务能力为核心的动态考评机制和综合指标体系,既防范道德风险,又提高业务水平。三是增加保险产品的供给和建立科学的费率,鼓励保险机构开发多品种、多档次保额的产品供农户自主选择,建立科学的费率厘定、审核、纠偏机制,对多年不出险的农户给予降费或无赔款优待等措施。四是强化农业保险基础与监管能力建设,加强信息共享平台建设以及农业基础数据、灾害风险数据建设,建立全国统一的农业保险信息管理系统,加强农业保险监管机构建设,提高监管水平。农业保险关乎千家万户的切身利益,是重大的惠民工程。农业保险关乎国家粮食生产的安全和农产品供给的稳定,是农业发展的防护堤。创新农业保险成为政府部门和保险工作机构共同的任务,大家一同携手,推进中国农业保险更好地服务农业、走进农村、惠及农民,为全面建成小康社会和实现两个一百年奋斗目标共同奋斗!

(2017 年 11 月 17 日　在中航安盟第七届国际农业保险论坛上的主旨演讲)

第五篇　适应创新发展新需求
　　　　做大做强特色农业保险

　　中航安盟保险公司每年举办一次国际农业保险论坛,至今已是第八次,这本身就表明对农业保险的高度重视,这是值得特别予以赞赏的。

　　中国特色社会主义进入了新时代,这是我国发展新的历史方位。党的十九大报告指出,实施乡村振兴战略,坚持农业农村优先发展,加快推进农业农村现代化,由此开启了中国农业农村发展的新时代。第八届国际农业保险论坛聚焦农业保险发展这一重大主题,是落实党的十九大精神、贯彻习近平总书记关于"三农"主要论述的具体行动,具有重要的现实性意义。我主要从充分认识农业保险创新发展的重要意义、创新发展特色农业保险的现实必要性,以及推动中国农业保险持续健康发展等三个方面,谈一些意见。

一、充分认识农业保险创新发展的重要意义

　　(一)创新发展农业保险,是加快农业农村现代化发展的新要求

　　党的十九大报告强调,要建立健全城乡融合发展体制机制和政策

体系,构建现代农业产业体系、生产体系、经营体系,促进农村一二三产业融合发展。

从生产结构来看,近年来,我国农业结构调整取得较大进展,"粮经饲"协调发展的"三元结构"正在加快构建,两年累计调减籽粒玉米种植面积近 5000 万亩,大豆种植面积增加 1600 万亩,畜牧养殖规模化程度持续提高,规模化养殖生猪存栏占全国生猪存栏总数的比重为 62.9%,家禽存栏占比达到 73.9%,绿色、生态、优质、安全的农产品生产和供给明显增加。从产业体系来看,随着农业农村资源价值的逐步显现,城乡要素开始重新配置和整合,农业农村成为投资热土,第一产业固定资产投资持续高速增长,以休闲农业、乡村旅游、农村电商、农产品精深加工为代表的农村新产业新业态蓬勃兴起,返乡下乡创业创新成为新的热潮,一二三产业深度融合发展,为农业农村发展注入了新的生机和活力。从经营主体来看,这些年,农业适度规模经营发展比较快,全国土地流转面积占家庭承包耕地总面积的比重超过 35%,多种形式适度规模经营面积占比超过 30%,家庭农场、农民合作社、农业产业化龙头企业等各类新型农业经营主体竞相发展,新型农业经营主体数量达到 280 万个,新型职业农民不断壮大,总数超过 1270 万人,成为农业农村现代化发展的引领力量。

与传统农业相比,现代农业的规模化经营、市场化程度、产业化水平不断提升,大批涌现出的新产业、新业态、新主体,迫切需要农业保险不断创新发展,为现代农业发展提供更多层次、更高水平的保障。

(二)创新发展农业保险,是农业供给侧结构性改革的重要内容

党的十九大报告提出了未来几年经济政策要以深化供给侧结构性

改革为主线。习近平总书记强调,推进农业供给侧结构性改革,提高农业综合效益和竞争力,是当前和今后一个时期我国农业政策改革和完善的主要方向。长期以来,以农业直补为主的农业支持政策,对稳定重要农产品供给和保障农民收入,发挥了重要的历史性作用。但是,在农业市场化和开放程度不断深化的背景下,就需要根据新的形势不断调整完善财政支农政策,充分发挥市场配置资源的决定性作用。借鉴发达农业国家的做法,以及我国业已进行的大量实践表明,运用农业保险这种市场化工具,将相当的农业直补改为农业间接补贴,来配置政府的财政资源,运用市场的方式防范农业风险,稳定农业生产,保障农民基本收益,这样既可以使政府和市场"两只手"同时发力,提高财政补贴资金的效能,又可以防止"黄箱"补贴"爆箱"的风险,自然成为农业供给侧结构性改革的一项有效举措。

(三)创新发展农业保险,是防范农业风险的迫切需要

这些年,特色农业产业发展很快,农民的收入有较快增长,随之出现的一个问题是价格风险突出。特别是大量家庭农场、农民专业合作社的兴起,使这种风险积聚,使某些经营主体难以承受,随之出现了一些农业企业毁约"跑路"的现象。以2018年为例,食糖价格同比下跌了16.8%,跌破6000元/吨的成本线,制糖企业出现大面积亏损。同时,粮食等大宗农产品国内外价差较大,对国内农产品市场运行影响也在加大。从鲜活农产品和小宗农产品来看,生猪产能阶段性过剩,上半年生猪价格较年初下跌30.7%,养殖场户亏损面达89.1%。部分鲜活农产品出现滞销,广西壮族自治区荔枝2018年增产48%,批发价比2017年下跌超过70%。这些都是中国农业发展面临的新的现实,农业保险比之以前显得更为紧迫和重要。2017年,福建省等3个省简单赔

付率超过 100%,内蒙古自治区则达到 141%。这表明农业保险确实是应对农业风险的"防护堤"、保障农民收入的"稳定器",是现代农业发展的一个大方向、大趋势、大政策。

二、要把创新发展地方特色优势农产品
保险作为一项现实紧迫的任务

(一)增加农民收入,要加快发展地方特色优势产业

习近平总书记指出,农业农村工作,说一千、道一万,增加农民收入是关键。新时代的农民光靠一亩三分地,还是土里刨食,赚不了几个钱,虽然温饱不愁,但是难以从根本上解决增收致富的发展问题,特别是现在粮食价格下跌、成本不断增加,"两头挤压"更是压缩了农民收入空间。提高农民的经营性收入,更多要靠发展地方特色优势产业。2017 年,全国粮食作物播种面积 16.8 亿亩,占农作物面积的 68%,如果刨去豆类和薯类等作物,谷物种植面积占粮食作物的 83%。这几年,我去贵州调查,省里大力发展区域性特色产业,重点扩大蔬菜、茶叶、食用菌、中药材、精品水果等优势特色产业规模。2014 年年底,贵州省粮经比就达到了 49∶51,经济作物就占据了主体地位。据省里的同志介绍,2018 年贵州省粮经比达到 35∶65,经济作物面积占种植业面积的比重提高到 65%以上。其中,蔬菜 2000 万亩、产值 1300 亿元,投产茶园稳定在 560 万亩以上、产值 430 亿元,食用菌 20 万亩、产值 150 亿元,中药材 680 万亩、产值 165 亿元,水果 575 万亩、产值 150 亿元。以贵州省 2017 年 1932 万农村人口计算,人均已达 3.8 亩以上经

济作物,如以每亩 1000 元的纯收入计算,人均纯收入就超过 3000 元,远远高于种粮收入。这种情况,在全国已不是个别现象,大力发展优势特色农业产业是一个普遍的趋势,尤其是在贫困地区更是脱贫致富的重要抓手。

(二)发展地方特色优势产业,迫切需要农业保险保驾护航

发展地方特色优势产业前景广阔,同时也隐含着更大的自然风险和市场风险,这是因为,无论是种植业或养殖业,都有一个业态培育成熟的过程,需要逐步适应其自然条件,也有一个市场的培植过程,这本身就带有一定的不确定性,带有一定的风险性,我们可以从一些地方特色农产品保险赔付率巨高的现实,来印证这种基本的估计,也借以证明农业保险的紧迫性。比如,2016 年湖北省仙桃市黄鳝养殖保险赔付率 495%,武汉市的冬瓜价格指数保险赔付率达到 543%。黑龙江省农垦的杂粮杂豆价格保险赔付率达到 456%,其中高粱赔付率为 733%、谷子赔付率为 893%、芸豆赔付率为 1922%、白瓜籽赔付率为 2277%。2018 年 1—5 月,我国生猪价格保险保费收入 3.57 亿元,同比增长了 5 倍,累计赔款 2.92 亿元,增长了 10 倍多,全国赔付率达到 82%,比2017 年全年高出近 50 个百分点,最高的陕西省赔付率高达 1874%。这些都表明特色农产品更需要农业保险,以帮助推进农民持续增收,推进特色农业健康发展,爬坡过坎,走向稳定业态。

(三)地方特色农业保险覆盖面小,是一个普遍存在的现实性问题

总体来看,中央财政补贴的品种覆盖率较高,但多数没有政府补贴的地方特色优势品种覆盖率较低。目前,全国三大主粮作物保险保障

的广度已经达到较高水平,平均覆盖率超过 70%,内蒙古自治区、辽宁省、浙江省、安徽省等地接近 100% 全覆盖。与传统粮食作物相比,这些年,各地特色农产品保险发展速度很快、势头很好,但与巨大的需求空间相比,仍有很大的发展潜力。比如,湖北省是水产养殖大省,农户对小龙虾、鱼类等特色农产品保险的需求很大,全省承保面积仅为4.74 万亩,覆盖率还不到 0.5%。新疆维吾尔自治区几乎覆盖全疆农牧区的 2100 多万亩林果、4000 多万只羊基本没有保险。

(四)加大对地方特色优势农产品保险的政策支持,要成为一种政策取向

2017 年,地方特色优势农产品保费收入 81.2 亿元,同比增长31.8%,但仅占总保费收入的 17%,发展空间巨大,迫切需要中央财政加大支持和引导。

1. 加大中央财政以奖代补政策支持力度

目前,中央财政中重点支持的关系国计民生和粮食安全的有 3大类 15 个保险品种,地方财政支持探索的农产品保险有 200 多个产品的试点,相比美国纳入联邦作物保险支持范围的农作物多达 150多种,我国中央财政支持的农业保险品种覆盖范围还很窄。虽然有"中央保大宗、地方保特色"的责任划分,但地方对特色农产品保险的支持力度普遍不足,尤其是以农业为主的地区,难以拿出更多资金支持大宗粮食作物以外的农业保险,限于缺乏系统的政策支持,很多新的险种多数也处于局部的试点状态,规模效应和实践效果还有很大差距(上面讲的 200 多个品种,只是点,不是面,可能一个品种只是1 万亩,或是一个县的区域)。从 2015 年开始,中央"一号文件"就连续三年对地方优势特色农产品保险中央财政以奖代补政策进行了部

署,应该说中央有要求、地方有实践、农民有需求、机构有积极性,迫切需要加快出台中央财政对地方特色优势农产品保险的以奖代补政策,按照地方财政自行开展且实际到位保费规模的一定比例给予适当奖补。

2.地方要把特色优势农产品保险作为一项重点任务

发展地方特色优势农产品,主导权在地方,是农民经营性收入的重要来源,这自然成为地方政府的一项重要责任。目前有不少地方财政对特色优势农产品实行了奖补政策,主要的做法是,省、市、县按照不同的比例分担保费补贴,在这方面四川省、湖南省、河南省、甘肃省创造了比较成熟的经验,值得借鉴。对此,省、市、县都应因地制宜确定当地的特色优势产业,相应确定财政支持的品种,形成一个从上到下的地方特色农产品保险补贴的分级支持体系。

3.保险公司要主动作为,推动特色农产品保险不断取得新进展

农业保险公司要登高望远,相比大宗农产品,区域性特色农产品发展更为快速、潜力更为巨大,越来越成为乡村振兴产业兴旺的重要内容。农业保险要面向现代农业发展的广阔空间,围绕这一领域做好服务,"做大蛋糕"。保险机构要抓住机遇、主动作为,聚焦特色优势产业兴旺的发展需要、瞄准新型农业经营主体的实际需求,敢于创新、敢于实践、敢于作为,主动争取地方政府的支持,加快创新特色农产品保险并扩大覆盖范围,合力做好特色农产品保险这篇大文章。实际上,这既是肩负社会责任的体现,也是拓展农业保险业务的需要。我们设想,保险机构的主动作为把特色农产品保险的经验创立了,就会更好地推动国家惠农政策的落实、财政奖补政策的跟进,促进农业保险更好更快地发展。

三、推动中国农业保险持续健康发展

（一）要把"增品、扩面、提标"作为发展农业保险的主要任务

这里既有扩大保险的保障广度问题，又有提高农业保险的保障深度问题。"增品"，就是要扩大农业保险的品种，从广泛的意义上讲，应该是农业所涉及的品种，农民所种养的项目有保险需求的，都应纳入农业保险的品种范畴。就全国性而言，与农民和农业影响较大的羊、牛、鸡等畜牧业，青鱼、草鱼等淡水养殖业，苹果、柑橘等水果业，急切需要成为中央财政支持的农业保险品种。"扩面"，就是扩大农业保险品种的覆盖面。就粮食作物而言，有的地区接近 100% 全覆盖，有的地区则不到 30%，应予以迅速改变。对一些地方特色农产品的保险试点，实践证明是成功可行的，应分类分项加快复制推广。"提标"，就是要提高保费标准和服务水平，加快解决保险"解忧""不解渴"的状况。在把物化成本全覆盖作为首要目标的基础上，要把完全成本保险和收入保险作为粮食等重要农作物保险的方向性目标，加快试点，扎实推进，提升对农业农民的保障水平。

（二）要把"基本险+附加险"作为发展农业保险的可行路径

近些年来，多种形式的适度规模经营蓬勃发展，一大批家庭农场、种养大户、专业合作社等新型农业经营主体应运而生。这些新型农业经营主体对农业保险的基本诉求是，希望提高保费和保额。"基本险+附加险"的模式为满足这种新的需求，探索了现实的路径。即将某一农作物设定一个基准的保障额度，然后在这个额度以上分加不同的保险额度，形成"1+N 档"保险模式，政府原则上对基本险给予补贴，对

N 档视情况给予不同程度的补贴支持。这种保险模式满足了不同农业经营主体的需求,特别受到新型农业经营主体的欢迎,成为中国农业保险的一个特色,也是一条可行路径,值得推行。

(三)要把科技创新作为推动农业保险持续健康发展的重要方向

一是要加大对农业保险科技创新的财政投入,鼓励保险公司探索运用物联网、大数据和人工智能等新技术,不断创新农业保险服务模式,开发更多符合农民需求的产品,做好对农民的理赔服务,努力解决农业保险还面临的信息不对称和经营成本高的问题。二是要增加保险产品的供给和建立科学的费率,鼓励保险机构开发多品种、多档次保额的产品,供农户自主选择,建立科学的费率厘定、审核、纠偏机制,对多年不出险的农户给予降费或无赔款优待等措施。三是要强化农业保险基础与监管能力建设,加强信息共享平台建设以及农业基础数据、灾害风险数据建设,建立全国统一的农业保险管理系统,加强农业保险监管机构建设,提高监管水平,推动农业保险持续健康发展。

农业保险的持续健康发展,关乎乡村产业的繁荣兴旺,关乎脱贫攻坚的如期实现,关乎亿万农民的切身利益,是现代农业发展的"稳定器"和"助推器",是重大的强农惠农安农工程。2018 年是贯彻落实党的十九大精神,实施乡村振兴战略的开局之年,推进农业农村现代化前景广阔、催人奋进,筑牢新时代农业保险的"防护堤",肩负使命、大有可为。发展农业保险,需要加强党的领导,需要政府的支持、行业的努力、农民的参与,让我们一道,共同谱写新时代农业保险的新篇章!

(2018 年 8 月 17 日　在中航安盟第八届国际农业保险论坛上的主旨演讲)

第六篇 把握好农业保险高质量 发展的若干关节点

中航安盟第九届国际农业保险论坛作为陕西省第二十六届杨陵农高会的主要论坛,且主题为农业保险高质量发展,具有很强的现实针对性。2019年5月,由习近平总书记亲自主持,中央深改委对农业保险高质量发展的问题进行了专门的研究,10月由财政部等四部委专门印发了《关于加快农业保险高质量发展的指导意见》,我读了以后感到这个文件是一个纲领性的文件,内涵很丰富,政策的含金量很高,导向性也很强,可以说对农业、农民是一个福音,对我们从事农业保险的行业、企业是一个利好。

现在的问题是要认真地理解把握好这个文件,真正去贯彻落实好这个文件。结合我个人的体会和调查研究掌握的一些材料,我今天的演讲题目是"把握好农业保险高质量发展的若干'关节点'",不是关键点,是"关节点",一共十个方面。

一、高质量发展是农业保险发展的新要求

为什么要把这个问题作为一个关节点来讲呢? 实际上这是站位问

题。为什么农业保险要高质量发展？总的来讲，以党的十九大为标志，中国的经济发展进入了高质量发展的新阶段。我们的经济发展都要以高质量发展来定位、来做决策、来制定政策，农业保险高质量发展尤其如此。

农业保险本身是农业经济发展的一项重要内容，同时，我们从供给侧的角度来讲，农业保险是农业的一种供给，这种供给的质量如何，影响着农业发展的质量。

正是这种新的要求，中央对农业保险的问题做了专门研究，这个文件开宗明义就是高质量发展。为了更好地理解这个问题，我们可以做一点历史的回顾。中国的农业保险是从 2007 年真正开始的，历史上可以追溯到 20 世纪 30 年代，当时南京金陵农学院开展了农业保险，后来断断续续，新中国成立以后也开展了，因为开展的是计划经济，不是市场经济，根本开展不起来，真正全面开展起来是 2007 年中央财政开始对农业保险进行保费补贴。应该说农业保险发展到现在是一个跨越式发展的阶段。为什么是跨越式发展呢？因为每年农业保险的保费增长速度超过了 20%。

到 2018 年，农业保险的风险保障总额达到了 3.46 万亿元，农业保险已经覆盖了所有的省区，承保的农作物达到了 272 种，尤其是玉米、水稻、小麦三大主粮作物的覆盖率超过了 70%。

从保费的规模来讲，中国现在已经是世界第二大农业保险国，第一是美国，第二就是我国。当然，我国人口比较多，面积比较大，人均来讲不一定是第二，但是从保费规模来讲，我们现在是第二大国。特别是种植业，主要是粮食种植保险保费 2018 年达到了 391.4 亿元，约为同年美国保费数额的 60%，高出了日本、加拿大、印度、土耳其这些农业大国。

尽管如此,我们还有一个定位,就是中国农业保险仍处于初级发展阶段,还存在制度方面、机制方面诸多的问题。特别是我们的保障水平还比较低,因为现在绝大多数的农业品种还处于物化成本保险的阶段。

所以,我们要有一个基本的共识,就是下一阶段中国的农业保险进入到既要坚持量的扩张,更应该注重质的提升的新的阶段,特别是要把提质作为农业保险当前和今后一个时期的主攻方向,走高质量发展的路子。

二、要把握农业保险高质量发展的核心要义

这个核心要义是什么呢?《关于加快农业保险高质量发展的指导意见》有三句话,第一句话是完善农业保险政策,第二句话是提高农业保险的服务能力,第三句话是优化农业保险的运行机制,这实际上也就是三个关键语。三个关键语里面有三个关键词,一个是完善,一个是提高,一个是优化,怎么完善、怎么提高、怎么优化呢? 我认为,政策上主要是补"短板",服务上主要是下功夫,机制上主要是抓改进、抓改革。围绕这三句话,我再讲点意见。

关于完善相关政策。为什么要完善相关政策呢? 因为农业保险在中国,或许在世界上都是一个通行的做法,即农业保险是政府发展农业的一个政策,被列入政府支持农业的政策体系中。从全国来看,与农业保险相关的政策还存在诸多的不充分、不完善,首先是农业保费的补贴标准不高,补贴的品种不多,现在中央财政保费补贴品种还只有 16 个。二是上级政府对下级政府的农业保险工作缺乏刚性的要求,这是很重

要的一个问题。因为没有刚性要求,就没有责任考核,没有责任追究,落实起来就会打折扣。三是财政方面还没有制定农业保险大灾风险准备金的管理办法,没有制定统一的政策性农业保险招标管理办法,缺乏财政补贴监督机制。监管方面没有完全建立起完善的保险公司准入及退出机制,还没有制定出把高科技应用于保险领域的,如承保、勘损的标准和方法,这都是政府政策性的问题,今后应该作为完善政策的内容。

关于提高服务能力。为什么提高服务能力?对于农业保险来讲,核心是服务,关键是能力。运用保险的工具来服务农民、服务农业、服务农村,是我国农业保险的基本定位。而服务的着力点在于能力,能力高不高、能力强不强,是衡量农业保险质量的一个基本标准。因此,农业保险高质量发展必须在提高服务能力上下功夫。

关于优化农业保险运行机制。从中国农业保险制定的政策性文件来讲,优化机制是第一次提出来的,这说明什么问题呢?说明中国的农业保险是一个长期的政策,而不是一个短期的行为,它作为一个长期要坚持的农业发展方针,需要建立起相应的体制、机制。这个体制、机制从政府的角度来讲,就是如何发挥好政策的引导作用、工作的导向作用、市场的监管作用和社会的动员作用。从公司的角度来讲,就是如何遵从市场规律、自主开拓市场、主动作为、依规依法、稳健经营。从农民的角度来讲,就是如何根据自己生产的需求,为防范风险、自觉自愿地投保及守约。这是三个不同的参与主体,应该明确各自定位和边界,最后要构建起政府、保险机构及农户等农业保险参与者之间的互动、联动、可持续的良性关系,形成相应的机制、体制。

三、要高度重视农业保险工作中
存在的诸多问题

我们还是要坚持问题导向,提高农业保险高质量发展的针对性。

(一)农业保险保障不充分

品种少、覆盖面窄、标准低,这是一个带有普遍性的问题。关于保障深度问题,目前保障深度不够,棉花、小麦、水稻、甘蔗等重要农产品的保障深度在30%—45%。相比美国来讲,美国的玉米、棉花、大豆、小麦的保险保障深度都在80%以上,棉花达到了91%,这是很大的一个差距。

从一个国家来讲,保障深度的问题,就是单位的保额比较低。现在全国水稻保额大概就是400元,有的省保额才200元,而实际的完全成本都超过了1000元。

另外,是农业保险承保的品种比较少,这些年我们绝大多数省都在努力搞特色农产品的保险,尤其是脱贫攻坚以来,加大了特色农产品保险的力度,但也不过272种。实际上在全国范围内,详细划分大概有700多种农作物产品。现在以粮食为主的大宗农作物保险的保费总收入占80%以上,其他品种只占保费的20%。这说明两个问题:一个是保的面很小;一个是保的品种不够,这是第一个问题。

(二)农业保险保障不平衡,品种和区域的差异很大

第一个是产品之间的保险保障水平不平衡,一些主要的农作物如

粮食已经达到了 25% 的保障水平,但是像花生也是大宗农产品,只有 8% 多一点,品种之间很不平衡。特别是畜牧业,这几年生猪保险有很大的提升,但是羊和肉牛保障的水平不到 1%。比如,陕西省整个果业的保障水平高于全国 7 个百分点,但是畜牧业低于全国三四个百分点,陕西省本身也是一个畜牧业大省,这是今后需要努力的一个方向。第二个是区域间的农业保险保障问题也不平衡。可以这样讲,农业大省往往是保障的小省。

(三)风险区划滞后,费率的制定不科学

现在世界保险发达的国家,农业保险的风险是以区域来划分的,这比较科学。比如瑞典就是将农业生产区域划分为一类风险区、二类风险区。现在我们是以省为单位来确定费率,意味着一省范围内是一个风险区间,这是不科学的,因为中国的省大,自然状况区别很大,但费率是一样的,灾害少的地方的农民投保就没有多少积极性,如果有不同的费率水平,灾害少的地方费率低一些,老百姓就觉得合理,愿意投保。

有一个很典型的例子,江苏省和贵州省的油菜籽保险的费率都是 4%,但赔付率却不同。贵州省赔付率达到 101%。也就是说,保险公司肯定要赔钱的,而江苏省才多少? 才 14%,几乎没有赔付。为什么会发生这种情况? 这就与费率有关,江苏省和贵州省实行同样的费率,江苏省这个地方灾情小,贵州省高山地区灾情很大,就造成了上述情况。风险区划和费率紧密相连,要制定科学的费率,就首先要有科学的风险区划。

（四）农业保险运行机制不健全，不适应现代农业生产体系的要求

1.保费补贴固化

中央财政 2007 年给省里补贴的保费比例到现在没有什么变化，这种固化使激励作用衰减，或者说边际效应递减。还有补贴的方式单一，实际上应该有经营管理费用的补贴，我国没有，但美国是有的。这从机制上讲是一个问题。

2.大灾的风险分散机制还不完善

现在遭受大灾，有限度的灾情，保险公司就赔了，但是毁灭性的灾害，如赔付率高达 300 以上时怎么办？应该有一个政府要兜底的大灾管理办法的机制，我们现在没有建立起来。现在采取的是救灾补助的办法，特大灾害后，往往是领导来了，一看灾害损失很大，给你补助灾害损失，财政拨付。设想一下，如果事先拿这部分钱买了一个大灾的保险，其功效要大于财政直接拨付的数额，也减少了政府管理的成本。

3.农业保险管理体制与整个农险市场的发展不是很匹配

对农业保险进行赔付这些传统的办法以及以往的制度已经不适应现在的要求。因为运用了高科技，如电子签单，但如果还是按照传统的程序作要求，就会造成过高的时间成本和人力成本。

4.信息共享的机制不健全

比如，对农户的种植保险，农民说原来就是 5 亩地，但保险公司测定后只有四亩七分，依据在哪里？土地确权以后的数字才是有法律效力的，但是政府有关部门不提供这个数据，就增加了很大的成本，还造成一些纠纷，这都属于工作当中应该解决的问题。

还有气象数据,作物是否受灾,气象局的数据是最权威的、具有法律效力的。但没有建立起相应的提供渠道,更没有建立起完整的数据链。

5.农业保险的市场环境有待于进一步规范

现在全国进入到农业保险市场的公司有33家。目前有两个突出的问题:一是地方政府对农业保险公司进入到当地的市场缺乏科学的管理机制,进入和退出的机制很不完善。二是公司与公司之间恶性竞争,使这个市场显得有些无序,需要认真解决。

6.逆选择及道德风险问题仍然比较突出

从老百姓角度上讲,受灾风险比较大的地方就投保,而风险小的地块不投保,这是一种情况;有的是假投保,这个问题也是很突出的。最近在四川省德阳市生猪保险赔付上发生了一个大案,就是基层干部串通养殖户,通过虚假招标,将死猪放在冰柜里面,重复计算,一头死猪变成几十头,是一起恶劣的道德风险案例。

另外,还有让保险公司事先垫付保费问题、协议赔付问题等。

7.农业保险服务比较粗放,行业服务意识比较薄弱

我多次讲,一些农民反映,农业保险公司找农户投保的时候,农民都是"爷爷",要赔付的时候都成了"孙子"。农民的话有点极端,但反映了农民对农业保险的满意度不高。我们要对勘损不及时、计算不准确、赔付时间过长等问题予以高度重视。

8.基层服务网络不完善,农险队伍建设仍然需要加强

这个问题带有普遍性,一说大家都明白,不说具体数据了。保险机构的负责人应有一种解决的紧迫感。

四、"扩面、增品、提标"仍然是农业保险
高质量发展的总方向

"扩面、增品、提标"这六个字仍然写在了高质量发展文件的导言部分,为什么? 因为这六个字反映整个农业保险发展的基本规律和我们总的方向。可以说,坚持好这个方向,应该与时俱进,永远在路上。大家一定要知道农业保险这六个字——"扩面、增品、提标"。扩什么面? 就是要扩大覆盖率,因为我们现在农业种植作物保险的覆盖率是70%;增品,增什么品种? 现在才272个品种,我们农业有700多个品种;提标,就是标准太低,现在保的水平还停留在物化成本,还不是完全成本,更不是收入保险。因此,可以说这是我们要不断坚持的一个方向,是一篇永远都需要做的文章。

如果从全国来讲,现在16个主导型的中央财政补贴的品种,目前部分省有两个特色品种的中央财政奖补,农业专家的意见是中央财政补贴的品种应该有所增加了。比如苹果、柑橘作为果业,覆盖面是很广的,淡水鱼覆盖面也是很广的,包括羊、牛、鸡,这些畜牧产品存栏量都很大,这些应该成为农业保险中央财政补贴增品的努力方向。

提标的问题,这次文件专门讲了,今后收入保险要成为重要的险种,这是努力的方向。提标,从陕西省来讲,苹果应该是一个重点。甘肃省苹果保险可以作为一个范例,现在每亩保费多少? 4000元,这是很了不得的事情,实际上是完全成本保险了。

五、高保障是农业保险高质量
发展的重要目标和形态

农业保险要保障农业发展,保障农民的收入,防范农业的风险。整体来讲,我国农业保险的覆盖面还不错,从保障的广度来讲,已经进入到世界的前列了,达到了80%。但是,我们保障的深度,就是高保障的问题是不够的。从保障深度上讲,种植业在2018年只有14%,只相当于印度和菲律宾水平的40%左右,这就要求我们要有紧迫感。下一步是要在这个方面多努力,有几个选择方向,一个是完全成本保险,2018年已经在全国20多个稻谷、小麦、玉米的生产大县试点,开展完全成本保险,完全成本保险包括地租、物化成本和劳动力成本,这实际上是准收入保险,如果成功了,全国推行,保险金额能够由三四十元提高到1000元,这是第一个选择方向。第二个保险就是收入保险,现在也有很多试点。第三个就是"基本险+附加险",一部分是政策性保险,另外一部分是商业险,由农户自己选择,新型农业经营主体有这种需求,国元、中原、阳光农等农业保险公司已经开展了较大面积的试点,为农户所欢迎。这也是一种类型的高保障,是我们选择的一个方向。第四个就是已经开始的"保险+期货"。从本质上讲,这是一个产量险和价格险的组合,约定一个价格,这个价格通过保险公司再到期货市场来分散风险,获得相关的收益。这就是今后在高保障上要选择的几个方向。

六、一体化发展是农业保险
高质量发展的新形式

为什么一体化是今后发展的新形式？这是由农业保险或者说保险所具有的风险防范、倍数效应、杠杆作用、增信功能等多种属性所决定的，特别是乡村振兴战略的推出，农业新业态的发展，使农业保险也将呈现出一个多元化、立体化、一体化的态势。

（一）产业融合促进了农业保险的多元化和一体化

主要是一二三产业融合发展，这是现代农业发展总的趋势，将会构建起生产、加工、储存、流通、贸易一直到终端消费的产业链和价值链，这样就会产生大量新的业态主体，存在生产风险、质量风险、销售风险，而且会产生一种联动效应，这是未来农业保险发展的方向，逐步地由单一产品模式向能够保障农业生产经营全流程风险的综合性"一揽子"组合产品以及模式发展。特别是随着我国农业现代化园区、田园综合体的兴起，进而又推动了特色小镇的出现，使现代农业成为板块化的一种趋势已经明显地显现出来，这就使农业保险综合化、一体化的发展具备了客观的条件，也有了现实的需求。

现在已经有保险公司在做这个试验，比如说中国人民保险集团，就提出了一份保险保全面、一张保单保全家的新理念。我去甘肃省调查，他们提出了"一户一保、一户一单、一户一赔"。在山东省威海市文登区，它在建立"六+N"的一个中国农业社区化服务的板块模式，这个模式涵盖土地流转、农村劳务、乡村旅游、土地托管、生产管理、产品销售的全产业链,进而提出农业社会化服务"经营主体+保险+担保+银行+政府"的综合发展模式中国太平保险集团参与了这个体系的设计和建设。总之,这都是一些新的情况,用农业产业链带动保险链一体化的发展。

(二)保险与防险的一体化

过去,保险就是对灾损进行赔偿,现在有的公司实践不仅仅是一个灾后的赔付,而是关口前移,保险公司通过保费来提前防灾,减少损失,这样反而减少了灾害损失和赔付,对农民和保险公司都是"双赢"的。所以,新疆维吾尔自治区政府专门发了一个文件,所有保费拿出4%做防灾,以省为单位做的这件事,在全国是走在前面的。中航安盟财产保险有限公司在阿坝地区森林保险几乎实现了全覆盖,他们和政府合作,结合扶贫聘请护林员,这个事情了不得,用保费聘用了2180人,跟政府的护林员数量几乎相等。其作用在于及时发现火警,大大降低了森林风险,这种保险和防险一体,是一个创新。

(三)开展"农业保险+",实现农业保险与其他业务部门合作的一体化

这是《关于加快农业保险高质量发展的指导意见》首先提出的,这是一个新的概念,也是一个新的模式。我认为,这种创新对于参加的各方主体都是一个利好,它反映的是一个更深、更新的理念。目前,也有一些直接的经验,比如说江苏省,就是政府和保险企业进行共保,各拿50%的保费,有利润按比例分成,赔付按比例支付赔款,值得总结。

从现在农业保险的模式来讲,现在已经有了"订单+保险",这就是

"保险+";也有了"订单+保险+期货""保险+担保+信贷",这都是"保险+"。从本质上讲,它是由农业保险本身的属性派生出的功能,尤其是农业保险的增信功能,用保单质押,就解决了农民缺少担保的问题。当然,现在有新的法律是支持土地承包权作质押的,但是它是以标的物的产出作为对应的,数量很小。对于一些投入大、产出高的农作物,资金需求量大,土地质押满足不了融资需求,有保险保单作抵押,可以满足农户的资金需求,如果加上担保公司,再加上政府支持,这些问题可以迎刃而解。还有的地方由政府牵头,与保险、担保公司、银行按比例投入一定资金,建一个风险基金,作为资金池,滚动积累,风险分担,对解决农民融资难的问题也是一条新路。所以,"农业保险+"也是有无限的文章可以做的。

七、加大政府政策支持是农业保险高质量发展的重要保证

第一个就是定方向,每个省每年对农业保险都应该有一个规划,这就是定方向。第二个要给点钱,因为农业保险本身是政府的政策工具,现在美国用于农业防灾的资金大概90%的钱都放在农业保险上,通过保险市场发挥作用,它有倍数效应。第三个要抓管理,政府要抓管理,解决逆向选择、不道德的行为要靠政府。第四个要搞社会动员,政府对农民来说是最大的信任体,农业保险公司在基层人力不足,加之,村里给农民做工作,村支书和村主任说话比农险机构的基层人员或协保员管用,这就是政府的优势。

八、加强协同是农业保险高质量
发展的机制性要求

协同主要是政府、保险公司和农户三方主体。第一个是政府和保险公司要有良性互动，从政府来讲，一定要认识到保险公司在农村从事农业保险、服务农业，是运用市场办法来落实政府的政策。对于保险公司来讲，没有政府的支持，其效果是打折扣的，保险公司要多寻求政府的支持，政府要多给力，但不干预保险公司具体的经营活动。第二个是保险公司之间的协同。现在30多家保险公司，除需要建立通过竞争准入和退出机制、择优选择以外，还有一个很重要的途径，就是加强公司之间的合作，通过共保体来解决保险的难题。这方面有很多成功的案例。比如有的险种或产品，数额大，或者是创新产品，谁做都有不确定性风险，几个公司组成一个共保体，有风险大家担，有利大家共享。第三个就是保险公司与业外机构的协同。要突破保险公司自身的边界，实现与银行、担保、期货、企业等其他信用主体和市场主体的合作。所以，应该有协同合作，共担发展这样新的理念，这也是解放思想。

九、提高服务能力和水平是农业保险
高质量发展的核心指标

第一，农业保险公司就是搞服务的，就是服务公司，这是基本的定位。

第二,服务的关键在哪里?就是要树立服务的情怀。

第三,要看到农业保险的服务是政策服务,实际上是政府政策的替代,担负的是政府服务农民的政治责任,所以要把服务搞好。

做好服务的关键是能力,但普遍存在的是能力不够,一是人少。二是不懂得服务,不懂得服务首先是没有农民语言,跟农民不能对话,说的不是农民的话,农民怎么能接受你呢?三是不懂得农业保险、金融的一些基本规范和知识。

另一个就是怎么提高服务?除了情怀、态度、立场之外,就是要提高应用科技的水平。农业要智能化,农业保险更要智能化,一个是精准,一个是效率。从科技来讲是解决两个问题:一个是发现能力;一个是计算能力。发现能力是什么呢?例如,这是不是一头死猪,这里是不是受了灾;计算能力就是损失的数量和程度。运用传感器、无人机、大数据、云计算等,精准了速度就加快了,这个既可以减少时间成本,也可以减少社会成本,减少纠纷。总体来说,做好服务就要求农业保险公司的同志们,要热爱农民、懂得农民,更好地服务农民。

十、创新是农业保险高质量发展的动力源泉

可以说,随着农业保险高质量发展征程的开启,农业保险进入到一个创新的新时期,需要各农业保险机构有敢为天下先的精神和勇气,大胆创新、勇于实践、敢于承担,把创新的过程变为一个推动农业保险高质量发展的过程,政府也应该支持创新,建立容错的机制,鼓励创新。

中航安盟是一家负责任、敢于创新的公司,在农业保险如何防险、

高科技手段的运用,特别是草原保险上都走在全国的前列,希望一如既往地不断取得新的成就,为农业发展、保障农民收入、防范农业风险作出新的贡献。

（2019 年 10 月 22 日　在中航安盟第九届国际农业保险论坛上的主旨演讲）

第七篇　新时代农业保险要有
新作为、新发展

中国特色社会主义进入了新时代,这是我国发展新的历史方位。党的十九大报告指出,实施乡村振兴战略,坚持农业农村优先发展,加快推进农业农村现代化,由此开启了中国农业农村发展的新时代。由南开大学农业保险中心举办的这次学术年会选择在农业大省河南省召开,以"新时代中国农业保险的发展"为主题,这是落实党的十九大精神、贯彻习近平总书记关于"三农"重要论述的具体行动,具有重要的现实意义。

一、增强信心,新时代为农业保险
发展开辟了新的广阔前景

(一)发展农业保险,是农业供给侧结构性改革的重要内容

党的十九大报告提出了未来几年经济政策要以深化供给侧结构性改革为主线。习近平总书记强调,推进农业供给侧结构性改革,提高农

业综合效益和竞争力,是当前和今后一个时期我国农业政策改革和完善的主要方向。长期以来,以农业直补为主的农业支持政策,对稳定重要农产品供给和保障农民收入,发挥了重要的历史性作用。但是,在农业市场化和开放程度不断深化的背景下,就需要根据新的形势不断调整完善财政支农政策,充分发挥市场配置资源的决定性作用。借鉴农业发达国家的做法,以及我国业已进行的大量试验表明,运用农业保险这种市场化工具,将农业直补改为农业间接补贴,来配置政府的财政资源,运用市场的方式防范农业风险,稳定农业生产,保障农民基本收益,这样既可以使政府和市场"两只手"同时发力,提高财政补贴资金的效能,又可以防止"黄箱"补贴"爆箱"的风险,自然成为农业供给侧结构性改革的一项有效举措。

(二)发展农业保险,是防范农业风险的迫切需要

这些年,我们突出的感受是,农业加快发展,粮食连年丰收,农民收入持续高于城镇居民收入增幅。同时,农业所面临的自然风险和市场风险加大,"将(姜)你军""算(蒜)你狠"成为网络流行语,农民杀奶牛、杀母猪、倒牛奶、砍果树的事件常见于报端。前几年,辽宁省、内蒙古自治区的干旱使粮食大面积减产,也为全国所关注。大量家庭农场、农民专业合作社的兴起,使这种风险积聚,使某些经营主体,难以承受,随之出现了一些农业企业毁约"跑路"的现象。这些都是中国农业发展面临的新的现实,农业保险比之前已经显得更为紧迫和重要。2017年,福建省等 3 个省简单赔付率超过 100%,内蒙古自治区则达到 141%。表明农业保险确实是应对农业风险的"防护堤"、保障农民收入的"稳定器",是现代农业发展的一个大方向、大趋势、大政策。

（三）发展农业保险，是推动农业高质量发展的必然要求

党的十九大报告提出把中国经济由高速增长阶段转向高质量发展阶段作为总的要求。农业农村同样必须遵循高质量发展的大逻辑，要不断推动农业由增产导向转向提质导向，走质量兴农之路，实现由农业大国向农业强国的转变。从农业保险自身的角度分析，农业保险是现代化农业经济体系的重要内容，是提高农业质量效益和竞争力的一个内涵性指标。农业保险覆盖的广度和保障的深度，是农业保险体系是否成熟的重要标志。目前，我国农作物保险覆盖的面积超过 70%，在广度上已经接近发达国家水平，农业保险保费收入位居全球第二、亚洲第一。可以说，我国已经是农业保险大国，但仍然处于发展的初级阶段，我国的保险深度仅为 0.66%，与美国 7% 的水平相比，差距还很大。这种差距，不仅是农业保险的差距，也折射出农业经济发展的质量以及农业经济现代化的差距。只有继续加快发展农业保险，创新完善农业支持政策体系，才能更好地满足农户多样化的保险需求，更好地适应农业高质量发展的要求。

二、总结新鲜经验，促进中国 农业保险创新发展

自 2007 年中央财政启动农业保险保费补贴试点以来，我国农业保险完成了发达国家几十年甚至上百年走过的历程，进入了跨越式发展的新阶段。近年来，在中央财政扶持下，各地不断加大对农业保险的支持力度，开展了多种形式的创新和实践，形成了一批区域性的样本和模

式，为进一步深化农业保险发展，积累了大量宝贵的经验。今后，农业保险发展不仅有经验规律可遵循，也有典型模式可参照，还有案例范式可选择。认真总结这些经验，在全国复制推广这些范式或模本，必将在更大范围内推动农业保险的新发展。

（一）建立了较为完备的法规政策体系，形成了在顶层高端推进农业保险发展的大格局

早在 2002 年，第十届全国人大常务委员会第三十次会议通过了修订后的《中华人民共和国农业法》第 46 条规定："国家逐步建立和完善政策性农业保险制度。"2013 年国务院又颁布了《农业保险条例》，使农业保险进入了法制化轨道。在政策支持层面，自 2004 年以来中央连续发出的 15 个指导"三农"工作的"一号文件"，每年都涉及农业保险，既有政策性的规定，又有实际的举措。特别是党的十八以来，指向更为鲜明。2016 年的中央"一号文件"提出，要把农业保险作为支持农业的重要手段，扩大农业保险覆盖面、增加保险品种、提高风险保障水平。2018 年提出了探索开展稻谷、小麦、玉米三大粮食作物完全成本保险的创新型试点。根据中央要求，地方也出台了不少相应的政策。这些都表明，我们已基本具备了农业保险发展的法律和政策条件以及环境，问题的关键是如何推进落实。

（二）政策性农业保险成为主导，形成了"中央财政+地方财政+农民"三方共担保费的普遍性模式

目前，我国实行的是"低保费、低保障、广覆盖"的农业保险政策，这是立足于"大国小农"这一基本国情农情，从经济社会发展阶段出发形成的一种框架性安排。目前，中央财政补贴品种从最初的 6 个品种

扩展到 15 类关系国计民生的品种,全国各地农业保险承保的农作物品种已达 200 多类,基本覆盖农、林、牧、渔各个领域。2017 年农业保险承保主要农作物达 21 亿亩,约占全国播种面积的 84.1%。地方特色优势农产品 2017 年保费收入 81.2 亿元,同比增长 31.8%。从近 10 年的保费收入结构来看,中央财政补贴约占 37%、地方财政约占 35%、农民缴纳约占 28%。2017 年,在全国 200 个产粮大县启动农业大灾保险试点,中央财政对中西部省份和东部试点县的保费补贴比例分别提高到 47.5% 和 45%,又提供了政策性农业保险政府补贴新的范式。这种加大财政支持力度、多方共担保费的普遍性模式,为增加财政补贴品种,推进农业保险更广领域、更深程度的发展,提供了可行的路径选择,大有可为。

(三)农业保险险种、品种试点呈现蓬勃之势,形成了农业保险各类主体竞相发展的局面

1.高保障产品创新

为服务新型农业经营主体,各地积极开展高保障保险产品试点,探索"基本险+附加险"模式。例如,中原农险在河南开发了玉米、小麦、水稻直接物化成本、准全成本、种植收入三款保险产品。湖南省、安徽省等省针对新型农业经营主体,将水稻每亩保险金额由 400 元提高到 800 元。这些模式,既照顾到了量大面广的小农户,也充分考虑到了这些年发展起来的规模化主体,满足了不同经营主体的多元化、多层次需求。

2.价格类、收入类和指数类创新

价格保险试点已在全国 31 个省、自治区、直辖市全面启动,试点品种 4 大类 50 余种农产品。河南省、黑龙江省、吉林省分别开展了小麦、

水稻、大豆收入保险试点。湖北省、海南省等20个省份研发了68个天气指数保险产品。黑龙江省、广东省开展了财政巨灾气象指数保险试点。这些试点创新都富有价值,成效也在显现,为面上逐步推开蹚出了新路子。

3. 农业保险功能扩展创新

辽宁省、吉林省、山东省等12个省份开展了"保险+期货"试点,陕西省、广东省、安徽省等26个省份开展了"农业保险+涉农信贷"试点,人保集团在河北省、江西省等23个省份选择部分贫困地区开展"险资直贷"试点,上海市针对新型农业经营主体实施"互联网金融+品牌抵押贷款"创新项目。这表明,农业保险的增信功能,在农业领域有着巨大的潜力和需求,是解决农业贷款难的便捷途径。

4. 经营模式创新

例如,中国农业再保险共同体有32家成员公司,初步建立了以农共体为主体的农业再保险体系,北京市建立农业保险大灾风险分散机制,创立了农业再保险的"北京模式"。湖南省多层面建立特色农业保险保费补贴制度。四川省开办土地履约流转保证保险。阳光农险坚持"保、防、救、赔"相结合,在黑龙江垦区促进防灾减损增效。中航安盟在四川省"三州"地区开展防灾救灾体系建设。浙江省、福建省等地开展互助保险。上海市、黑龙江省开展农产品质量保证保险。宁夏回族自治区试点"脱贫保"项目。

总体来看,上述试点创新,尽管时间有长有短,规模有大有小,但面向产业需要、瞄准农民需求,都取得了阶段性成果,这些创新集合起来就形成了农业保险发展的集群效应,立体化地展示出我国农业保险未来的广阔前景。

三、加大工作力度,推动中国农业保险持续健康发展

(一)要加大对农业保险的政府支持力度

这是由农业本身的特性所决定的,农业面临自然和市场双重风险,所以它需要政府的支持和保护,因而农业保险作为一个应对农业风险的工具性手段,带有"准公共产品"的性质,即在政府的补贴支持下,保证其稳健运行,最终起到保护农业发展、保障农户收益的效应。这在世界上是一个通行做法。与美国等发达国家比较,我们还有不小差距。党的十九大首次提出,要把农业农村放到优先发展的地位,我认为,鉴于农业保险所具有的风险防范、倍数效应、市场工具等多种功能,政府要把加大对农业保险的财政补贴作为优先政策的首要选项,逐年大幅度增加财政用于农业保险的补贴资金,逐步满足农户对农业保险的需求。

(二)要把"扩面、增品、提标"作为发展农业保险的主要任务

农业保险"扩面、增品、提标"是一个长期的目标,成为发展农业保险的重要任务。"扩面"是因为农业保险的覆盖面不高,我国除三大粮食作物农业保险覆盖面总体上超过了70%外,其他多数农业保险品种覆盖面严重不足,有的不足30%。"增品"是因为农业保险的险种不多,尽管就全国而言农业保险已涉及近200个农业品种,但多数的农业品种没有保险,就全国而言,突出的有苹果等水果,鸡、淡水鱼、海水养殖等养殖业,还有巨大的需求。"提标"是因为农业保险的保额不高,主要

是保物化成本,与美国农业保险是以收入保险为主还有很大的差距,要真正使农业保险起到稳定农业产业发展,保障公民收益,还要付出极大努力。当前要把完全成本保险和收入保险作为粮食等重要农作物保险的方向性目标,加快试点,扎实推进,提升对农业农民的保障水平。

(三)加强农业保险的自身建设

一要不断加强业务能力建设,强化基层服务体系建设。农业保险公司要立足于农民、服务于农业,把"懂农业、爱农村、爱农民",精于保险、提高效率作为重要的标准,并加以考核。二要增加保险产品的供给和建立科学的费率,鼓励保险机构开发多品种、多档次保额的产品供农户自主选择,建立科学的费率厘定、审核、纠偏机制,对多年不出险的农户给予降费或无赔款优待等措施。三要强化农业保险基础与监管能力建设,加强信息共享平台建设以及农业基础数据、灾害风险数据建设,建立全国统一的农业保险信息管理系统,加强农业保险监管机构建设,提高监管水平。

农业保险的持续健康发展,关乎乡村产业的繁荣兴旺,关乎脱贫攻坚的如期实现,关乎亿万农民的切实利益,是现代农业发展的"稳定器"和"助推器",是重大的强农惠农安农工程。2018 年是贯彻落实党的十九大精神,实施乡村振兴战略的开局之年,推进农业农村现代化前景广阔、催人奋进,筑牢新时代农业保险的防护堤,肩负使命、大有可为。发展农业保险,需要加强党的领导,需要政府的支持、行业的努力、农民的参与,让我们一道,共同谱写新时代农业保险的新篇章!

(2018 年 6 月 20 日　在南开大学农业保险研究中心 2018 年年会上的主旨演讲)

第八篇　在总结和创新中推动农业保险高质量发展

本次研讨会的主题是"推进农业收入保险发展暨农业保险高质量发展回顾与展望",选题与国家大政方针和行业热点高度契合,是一次难得的研讨盛会!下面,我结合本次研讨会的主题,与大家交流。

一、我国农业保险高质量发展回顾

(一)农业保险保费保持了高速增长的势头

自 2007 年中央财政对农业保险进行补贴以来,我国农业保险进入跨越式发展的新时期,保费收入从 2007 年的 53.33 亿元增长到 2020 年的 822.8 亿元,年化复合增速 23%,目前已成为世界第一农业保险大国,其业绩令人鼓舞。特别难能可贵的是,2020 年在新冠肺炎疫情肆虐的情况下,保费再次提升,增速达到 23%。

(二)农业保险保障水平持续提高

从数据上来看,2018 年保障水平(也就是保险金额与农业总产值的比值)为 17.9%、2019 年为 18.9%、2020 年为 23.5%。《关于加快农业保险高质量发展的指导意见》提出"到 2022 年农业保险深度达到 1%,密度达到 500 元/人",据统计 2018—2020 年我国农业保险深度分别为 0.85%、0.95%、1.09%,2022 年预计将达到 1.31%;2018—2020 年农业保险密度分别为 276 元/人、344 元/人、450 元/人,2022 年预计将达到 600 元/人,可以说《关于加快农业保险高质量发展的指导意见》确定的目标应该是可以顺利实现的。

(三)农业保险创新方兴未艾

这些年,农业保险产品和服务出现了不断升级与创新的局面。在产品模式上,既有大灾保险、完全成本保险、收入保险、气象指数保险、价格指数保险、区域产量保险、地力指数保险、质量安全保险、巨灾保险、"基本险+附加险"、违约责任险等创新险种,提升了风险保障水平;在服务方式上,既有保险加防险的新理念的实践与运用,又有"一户一保、一户一单"的保险新样式,以及电子签单、App 应用的线上服务,也有与信贷、期货等多种金融工具融合的"农业保险+";在科技赋能上,卫星遥感、无人机、人工智能、大数据、云计算等信息技术在农业保险领域推广的运用,为精准高效承保、查勘定损,以及理赔开辟了有效路径。

(四)农业保险的理论建设得到加强

一是自《关于加快农业保险高质量发展的指导意见》发布以来,成立了多家专门从事农险研究的机构。2019 年太平洋保险与安信农险筹建的太安农险研究院正式挂牌;2020 年中国农业大学设立了国家农业农村保险研究中心;2021 年,中国农业风险管理研究会专门建立了农业风险研究院;据了解,中农再也正在筹备成立研究院。二是各种论坛、研讨会正成为一种常态。中国农科院定期召开的中国农业保险论坛已成为一种机制性论坛;中国农业风险管理研究会近年来多次举办农业保险的研讨会;太安农险研究院几年来每年都举办农险管理国际论坛,发布《中国农业保险保障研究报告》和 e 农险技术新版本;中航安盟已坚持主办了九届国际农业保险论坛;中农再成立之时就举行了高峰论坛,并且将作为主要品牌打造。这些大批研究成果,推动了农业保险理论建设的加强。

(五)农业保险在脱贫攻坚中发挥了不可或缺的作用

2020 年我国脱贫攻坚取得了全面胜利。农业保险通过对贫困农户设立专项保险产品,开展减免保费、降低费率等措施,帮助农户减贫脱贫。据统计,脱贫攻坚战的五年里(2016—2020 年),农业保险累计为 1.13 亿户次建档立卡贫困户和不稳定脱贫户提供风险保障 1.01 万亿元,累计为 3271 万受灾农户支付赔款 251.88 亿元。我于 2021 年到安徽省调研水稻完全成本保险,两年试点期间户均赔付 5361 元,这些赔款能够使一个三口之家在基本劳动收入(2000 元左右/人)的基础上家庭年收入达到 1.1 万余元,可以有效帮助贫困种粮农户脱贫、防止贫困边缘农户返贫。农业保险对受灾种粮农户起到了稳收益、助脱贫、防返贫的多重效应。

二、农业保险按照高质量发展的要求存在的几个主要问题

(一)农业保险还不能满足农业、农村、农民的需求

一是高保障的品种少,除了"三大粮食作物完全成本保险和收入

保险"等少数产品保障程度较高,可以达到种植收入的85%左右以外,其他农业保险品种更多是物化成本保险,保额只占农作物种植总成本的36%—50%。二是覆盖率低,粮食作物农业保险在全国的覆盖率为75%左右,有的省覆盖率不足60%(河南省)。养殖业农业保险全国覆盖率不到50%,在有的省覆盖率不足20%(黑龙江省)。很多保险品种还处于试点阶段,没有由点形成面,很多农户无法参与。农业保险承保的品种仍然较少,全部品种不过270多种。实际上全国详细划分大概有700多种农作物产品。尤其在县一级,大量有利于乡村振兴和巩固脱贫成果的农业项目,多数都没有被纳入农业保险当中。

(二)农业保险仍然粗放,离以精准为核心的高质量要求,还有很大差距

突出表现在,风险区划滞后,费率的制定不科学。现在绝大多数保险品种是以省为单位来确定费率的,意味着一省范围是一个风险区间,这是不科学的。2021年4—5月,我组织开展了"三大粮食作物完全成本保险和收入保险"调研。调研发现,虽然按照试点文件要求,应该以试点县为单位确定保险费率。但除内蒙古自治区外,其余5省都是全省范围采用统一费率。农户对这种做法不予认同,在实际中已影响农户参保的积极性。例如,湖北省枣阳市2019年和2020年水稻完全成本保险试点中,规模农户的参保数量从2019年的644户下降到2020年的256户,导致2020年该县水稻完全成本保险的覆盖率仅为51%,调研了解到规模农户参保数量下降的一个重要原因是部分地区的种粮大户认为其风险水平要低于现有费率水平。其他地方也发现了类似现象。

（三）农业保险的机制建设还有很大差距

财政资金补贴缺乏激励机制。现在的财政保费补贴比例按照区域划分,中央财政对中西部及东北地区补贴高于对东部地区补贴。这种区别是基于地方财力而言的,有其合理性,但一是缺乏省与省之间的细分,因为即使中西部地区其各省的经济和财力水平也有较大的差异。二是没有把地方政府对农业保险的重视程度,险种的覆盖率以及农业保险工作的业绩作为重要因素,不能形成一种正向激励。

信息共享的机制尚未建立。目前农业保险相关数据信息分散在不同部门,如土地确权、地理信息、气候气象、价格产量、保险业务、空间遥感等数据分别在农业农村、国土资源、气象、发展改革、保险监管、航空航天等部门。各地区部门之间的信息也是分散的。信息共享机制不建立,农业保险勘损及赔付的及时性就会降低,效率也会打折扣,也不可能精准,农业保险"协同推进"的原则也难以落实。

大灾风险的分散机制亟须建立。大灾风险的分散机制是健全农业安全网和实现农业保险高质量发展的重要保障。尽管中农再作为国家层面的再保险机构已经成立,但目前风险共担、多层分散的大灾风险分散机制还没有建立,应当加快推进。

（四）基层队伍建设的机制尚未建立

当前各农业保险从业主体的基层队伍建设仍然薄弱,专业人员配备不够且普遍性缺乏统一、规范的聘用标准,处于最前端的协保员也缺少相应的规范培训。由于基层工作人员对农业保险政策、保险条款以及操作规范不熟悉,对农业保险理解宣传不到位,对做好农业保险服务也缺乏足够的认识,一定程度上影响了农业保险的高质量发展。

（五）服务能力依然不足

尽管农业保险基层网点建设有所加强，但是与高质量发展的要求相比还有不小的差距。除人保财险在乡镇一级建立了保险服务部外，多数保险机构尚未健全保险服务网点。据了解，1 个服务部平均 2—3 个工作人员，服务范围要覆盖 2—3 个乡镇，难以满足实际工作需要。近年来，各保险机构积极探索无人机、卫星遥感等科技手段的运用，但遥感影像反演解析、无人机影像拼接和灾害等级评估等关键技术的应用仍然不够充分，影响了服务能力的提升。

三、进一步推进高质量发展的几点看法

（一）坚持将"扩面、增品、提标"作为我国农业保险高质量发展的基本方针

当前农业保险与服务"三农"的实际需求仍存在较大差距，推动我国农业保险高质量发展要坚持"扩面、增品、提标"的基本方针。一是各地试点的农险品种要加速扩面，要不断提高覆盖率、农户参与率，加快形成以点及面的带动效应。二是对标乡村产业振兴、地方特色农产品做强做大，农村一二三产业融合发展需求，加快推进农业保险产品研发，增加农险产品供给，力争农业保险对我国 700 多种农产品形成更广覆盖，将有利于保障农民收益、巩固扶贫成效、促进乡村振兴的农业项目尽可能纳入农业保险的险种当中来。三是农险"提标"的总方向应是发展高保障险种，向收入保险着力。但要全面理解高保障的内涵，我

们追求的高保障应与我国农业市场化程度相符合、与我国财力水平相匹配。从我国的国情、农情来看,收入保险是高保障险种,完全成本保险同样也是高保障险种。

(二)全力做好三大粮食作物完全成本保险和收入保险,确保国家粮食安全

2018年,财政部、农业农村部、银保监会印发《关于开展三大粮食作物完全成本保险和收入保险试点工作的通知》,在全国选择了6个省份开展三大粮食作物完全成本保险和收入保险试点。两年来,试点险种在稳定粮食生产、保障农民种粮收益、防止种粮农户返贫等方面取得了显著成效。2021年为落实习近平总书记要扩大三大粮食作物完全成本保险或收入保险范围的指示精神,国家已确定在60%的产粮大县开展完全成本保险和种植收入保险。这是一项十分重要的政治任务,要做好这项工作,需着重抓好三件事:

1.以精准科学为原则合理确定保险保额和保费

科学风险区划和精准费率厘定是确定保费、保额的核心,是影响完全成本保险和收入保险试点成效的主要因素。鉴于该项工作的重要性,在扩大完全成本保险和收入保险试点中要改变"一省一费"的粗放模式,推进农业保险精准化。一是试点县要全面实施农业保险风险区划工作。参照国家相关部委发布的农业生产风险地图和农业保险纯风险费率表合理确定县级风险等级,有条件的县可将风险等级细化到相同风险条件的乡镇。二是要科学厘定费率。根据农业保险风险区划结果,结合以往农业保险赔付情况合理确定保险费率,不同风险区费率应有差异,同一风险区采用统一费率,费率水平原则上要精确到小数点后两位。三是要合理确定保额。完全成本保险保额原则上应以县为单位

分别确定,保险金额不能超过当年相应品种产值的80%,具体测算依据为国家发展改革委《全国农产品成本收益资料汇编》或本省物价部门、农业农村部门正式发布的当期数据。收入保险保额按照产量乘价格进行测算,其中产量参照过去5年历史平均产量确定,价格应依据收获月份的期货价格来确定,保额不能超过当年相应品种预期收入的80%。

2.加快制定农业保险查勘定损技术规范

目前存在两个方面的突出问题。一是缺乏一个具有可操作性的灾损评定标准。二是查勘定损人员素质参差不齐,农民往往不认同灾损评估结果,容易发生纠纷。因此,一是在中央部委层面尽快出台新的农业保险承保理赔管理办法,制定农业保险查勘定损业务操作流程规范;二是县级应以农业部门为主研究制定适合本地区农业保险核灾定损技术指南或操作手册;三是要规范农业保险查勘定损队伍建设,人员应由政府部门进行审定,组织开展相关技术培训,合格后颁发相关资格证书,提高其定损的权威性。

3.加大推进力度

三大粮食价物完全成本保险和收入保险试点取得了很大的成效,收到了预期的效果,明年要扩大覆盖面,如何能使之顺利推进,确保粮食安全,确保种粮农民受益,还需加大工作力度。对地方党组织和政府部门来讲,要把完全成本保险和收入保险作为确保粮食安全农民收益的一项重大政策举措,作为一项政治责任,切实宣传农民,组织农民参加粮食作物保险,真正让政府的普惠政策落实到农民身上,实现稳定粮食生产,保障种粮农民收益的目的。保险机构要牢固树立"三农"意识,加大服务力度,在承保、理赔上方便农民,规范操作,保障农民权益。

（三）大力运用科技手段,促进农业保险精准、高效

科技是推动农业保险精细化和精准化不可或缺的力量。我引用三个案例:一是 2020 年 6 月湖北省公安县遭受连续强降雨,全县水稻大面积受灾。人保财险公司应用卫星遥感成像结合无人机测定,用 7 天时间完成了原本需要 30 天的全县 8.69 万亩受灾水稻核定,且准确性和传统人工方式基本一致。二是太平洋财险公司在湖北省沙洋县 2020 年水稻完全成本保险承保中,在承保标的采用"e 农险"无人机航拍测亩技术,承保工作周期从 90 天缩短为 30 天,验标成本从 0.38 元/亩降为 0.13 元/亩。三是河南省近两年引入第三方机构,通过卫星遥感影像对保险机构承保数据进行核验,有效发现承保、赔付虚假问题,累计节省财政补贴资金近 3 亿元。这些均表明,科技运用在农险领域大有可为,前景广阔,必须走科技农险之路。要加大农业保险业务经营中科技应用力度。鼓励保险机构在农业保险承保理赔实践中以更大力度运用无人机、卫星遥感等科技手段来提高精准性,要特别关注勘损环节出险面积和灾损程度科技测度的准确性和及时性问题,政府部门要协调有关方面,解决好遥感影像反演解析、无人机影像拼接和灾害等级评估等关键技术的应用,提高农业保险灾损科技评估结果的权威性和认可度。

（四）坚持创新理念,开创农业保险的新局面

进入新时代,首先要坚持新发展理念(创新、协调、绿色、开放、共享)。创新是摆在第一位的。农业保险尽管取得了跨越式发展,其成效显著,但仍然存在保障不充分、风险区划滞后、费率制定不科学、保险产品不足、财政补贴效用不充分、运用机制不健全、风险分散机制不完善、勘损理赔不精准、服务能力不足和粗放等问题。这些问题大多是发

展中的问题,如何在发展中解决,主要的动力来自创新,主要的办法来自创新。需要农业保险创新发展,包括产品、技术、服务等各个方面。

产品创新,包括扩展承保农作物的种类,在做好大宗农产品保险的基础上,研发特色农业保险品种,要提高风险保障的层次,由保成本向保产量,进而向保价格和保收入转变,由自然风险单一保障,向自然风险与市场风险双层保障转变,开发符合新型农业经营主体需求的保险产品,开办农业气候指数保险、价格指数保险、区域产量保险等具有标准化和透明性特点的险种。

技术创新,前面已经讲过,从创新的角度,就是要确立起这样的观念,在"三农"领域利用农险机构的资金、技术、人才优势,率先走出一条数字农险、智能农险的路子。

在服务创新方面,与保险公司与农机部门、气象部门建立联动机制,把保险的经济补偿与农业生产、农业新技术推广、农业信息发布等服务结合起来。比如积极推进农业保险与信贷担保等农村金融手段的结合与创新,促进农业金融的协同发展,加强对现代农业发展的金融支持。

(五)加强基层网点和队伍建设,着力提高农业保险的服务水平

通过多年努力,农险基层网点和队伍建设取得了长足发展,但仍然存在基层网点不足、队伍建设力量不足、专业水平不高、服务粗放、查勘定损不精准、赔付不及时、农民获得感不强等问题,反映比较强烈。

一是加强专业队伍建设。据初步调查,中国农业保险县一级机构应配备专职人员 29269 人,实际配备了 18011 人,缺口达 40%。27 家保险公司的农险专职人员,有农学专业背景的不到 50%,因此应配备足够的专业人员,做到有人服务、能够服务。二是农业保险经营机构要

切实履行银保监会相关要求,在有业务的乡镇必须设立"三农"服务站。应借鉴人保公司辽宁省义县的经验,在覆盖范围广、带动能力强的中心乡镇设立保险公司五级机构——农业保险营销服务部。三是要加强乡镇农村金融保险服务体系建设,甘肃省在乡镇、村一级都建立专门的金融服务站室,为我们提供了范式。辽宁省铁岭县的做法可资借鉴,该县依托乡镇经管站在全县所有乡镇建立农业保险推广站,保险公司派人入驻,合力推进农业保险工作,夯实农村金融保险基层服务力量。四是规范农业保险协保员队伍建设,解决协保员合理取酬问题。从实际效果看,由村"两委"负责人担任协保员效果比较好,其协办经费可按照辽宁省的办法,保险公司首先将协办费用拨付给乡镇经管站,乡镇经管站根据各村协保员的工作量,将支付给村级协保员的费用拨付给村委,村委将其作为日常工作经费开支。五是要树立"三农"服务意识。要确立农险姓"农",热爱农业,心系农民,把农险服务作为一种政府的惠农工具,通过农险把党的惠农政策阳光播洒到农民身上。

乡村振兴的全面推进,农业现代化的着力实施,为农业保险展示了广阔的前景和舞台,需要我们总结经验,推广成功的试点模式;需要我们积极创新,在适应乡村振兴新的发展、新的需求上有新的保险方法和保险品种;需要我们坚定信心,攻坚克难,在解决精准、精细,提高农业保险质量上有新的作为;需要我们加强理论研究,在中国特色农业保险的理论研究上有新的成果。时代赋予了我们难得的研究、做事的机遇和天地,希望大家把握机遇、勇于担当,为推动中国农业保险高质量发展贡献应有的力量!

(2021年9月24日　在南开大学农业保险研究中心2021年学术年会上的主旨演讲)

第九篇　大力发展农业保险
推进乡村振兴战略

　　党的十九大报告指出,实施乡村振兴战略,坚持农业农村优先发展,加快推进农业农村现代化,由此开启了中国农业农村发展的新时代。发展农业保险,是落实党的十九大精神、贯彻习近平总书记关于"三农"重要论述、推进乡村振兴战略的具体行动,具有重要的现实意义。下面我就加快农业保险的转型升级,推进乡村振兴战略,谈几点体会和看法。

　　我国农业保险早在 1934 年就有试办,1949 年 10 月 22 日,几乎与中华人民共和国同时成立了中国人民保险公司,1950 年就开始试办农业保险,但几经曲折,至 2004 年中央"一号文件"明确要加快建立政策性农业保险制度,开启了农业保险加快发展的进程,特别是 2007 年中央财政在四川省等地开展农业保险保费补贴的新政策实施以来,我国农业保险完成了发达国家几十年甚至上百年走过的历程,进入了跨越式发展的新阶段。尽管我国农业保险取得了显著成效,但与实施乡村振兴战略、加快推进农业农村现代化的要求相比,与发达农业国家相比,我国农业保险发展仍然处于初级阶段,还有很大的发展空间。创新没有止境、永远在路上,发展没有完成时、只有进行时。特别是我国发展进入新时代的历史方位的大背景下,要求农业按照高质量发展的要求,从以往的规模扩张向质量提升转变;由生产导向,向消费导向转变;由政府为主推进,向政府支持和市场拉动同时着力转变。农业保险要充分发挥"稳定器"作用,筑牢现代农业发展的"防护堤",主动适应农业发展新的风险特点和新的风险需求,为农业农村现代化和乡村振兴保驾护航。

(一)建立健全法规政策体系

在法律法规层面,早在 2002 年,第十届全国人大常务委员会第三十次会议通过了修订后的《中华人民共和国农业法》,提出国家逐步建立和完善政策性农业保险制度。2013 年颁布《农业保险条例》,作为一部专门性法规,为农业保险的运行提供了法律依据。但是,随着这些年农业保险跨越式发展,保险种类不断创新,保险品种更加多样,对农业保险高层次、多元化的需求,以及大灾分散机制、道德风险和逆向选择、费率厘定和勘查定损的方法问题,尤其是政府对政策性农业保险的责任,都需要有更高的权威性,以法律的形式予以规定。鉴于条例所限,适应新的形势、新的发展要求,需要加快推动出台《农业保险法》,同时相应地颁布有关条例,以构成农业保险的法律规范制度体系,确保我国农业保险在法制化轨道上运行。

在政策支持层面,自 2004 年以来中央连续发出的 15 个指导"三农"工作的"一号文件",每年都涉及农业保险,既有政策性的规定,又有实际的举措。特别是党的十八以来,指向更为鲜明。2016 年提出,要把农业保险作为支持农业的重要手段,扩大农业保险覆盖面、增加保险品种、提高风险保障水平。2018 年提出了探索开展稻谷、小麦、玉米三大粮食作物完全成本保险的创新型试点。根据中央要求,地方也出台了不少相应的政策。下一步,需要对农业保险业已出台的相关支持政策加以总结、梳理、归纳、完善,形成普遍性、系统性、规范性的农业保险支持政策。

(二)加快农业保险产品创新

1.高保障产品创新

为服务新型农业经营主体,各地积极开展高保障保险产品试点,探索"基本险+附加险"模式。例如,中原农险在河南省开发了玉米、小麦、水稻直接物化成本、准全成本、种植收入三款保险产品。湖南省、安徽省等针对新型农业经营主体,将水稻每亩保险金额由 400 元提高到 800 元。这些模式,既照顾到了量大面广的小农户,也充分考虑到了这些年发展起来的规模化主体,满足了不同经营主体的多元化、多层次需求。但目前,我国农业保险保障水平还是以直接物化成本为主,三大粮食作物每亩平均 388 元,与每亩 1000 元以上的完全成本差距较大。下一步,要积极开展完全成本保险和收入保险试点,推动保障水平从保物化成本向保完全成本、保收入转变,加快构建适应规模经营发展的农业保险政策,不断增强农业保险的内在吸引力。

2.价格类、收入类和指数类创新

目前,全国农产品价格保险试点已在全国 31 个省、自治区、直辖市全面启动,保险标的涉及生猪、蔬菜、粮食作物和地方特色农产品共 4 大类 72 个品种。广西壮族自治区糖料蔗价格保险试点,覆盖了全区"双高"糖料蔗基地 1/3 的面积。湖北省、海南省等 20 个省份研发了 68 个天气指数保险产品。上海市、河南省、黑龙江省、吉林省等地开展了小麦、水稻、大豆收入保险试点。这些试点创新都富有价值,成效也开始显现,为面上逐步推开蹚出了新路子。但总体来看,这些创新还处于小范围试点阶段,总的体量较为有限。目前,我国农业保险覆盖面还相对较低,养殖业只有20%、种植业最高的三大粮食作物约70%,与发达国家85%左右的水平还有不小差距。同时,地方特色险种以及非财政补贴险种发展缓慢,15个中央财政补贴产品保费收入占比超过90%。下一步,要加快研究出台中央财政对地方特色优势农产品保险的以奖代补政策,推动农业保险"扩面、增品、提标"。

3. 农业保险功能扩展创新

目前,全国"保险+期货"试点已经扩展到辽宁省、黑龙江省、山东省等20个省份,品种增加到玉米、大豆、棉花、白糖、天然橡胶、鸡蛋等多类产品。陕西省、广东省、安徽省等26个省份开展了"农业保险+涉农信贷"试点,通过农业保险保单质押、保证保险等方式,实现政府、农户、银行、保险公司多方风险共担,财政小钱撬动金融大钱,解决农民尤其是新型农业经营主体融资难的问题。银保监会批准人保公司设立250亿元的资产管理产品,在河北省、江西省等23个省份选择部分贫困地区开展"险资直贷"试点,直接向参保农户提供无抵押、无担保、低利率的小额贷款。在农业部支持下,安信农险在上海市实施新型农业经营主体"互联网金融+品牌抵押贷款"创新项目,将农业企业贷款额度提高到500万元,农业企业用品牌来质押,获得保证保险,由保险公司出具保单,而后向银行贷款。这些都表明,农业保险的增信功能,在农业领域有着巨大的潜力和需求,是解决农户贷款难较为便捷和保证农业贷款安全投放的途径。下一步,要加大试点创新力度,着力破解金融机构"难贷款"和农业发展"贷款难"的供需对接困局,不断增强金融服务实体经济的能力。

(三)推动农业保险的体制和机制创新

一是"中央财政+地方财政+农民"三方共担保费的模式具有普遍

意义,值得深化。从近 10 年的保费收入结构来看,各级财政保费补贴占保费收入的 75%左右,其中,中央财政补贴约占 45%、地方财政约占 30%、农民缴纳约占 25%。2017 年,在全国 200 个产粮大县启动农业大灾保险试点,中央财政对中西部省份和东部试点县的保费补贴比例分别提高到 47.5%和 45%,又提供了政策性农业保险政府补贴新的范式。国定贫困县普遍采取了免担中央和省级补贴品种财政保费补贴的政策。这种加大中央和省级财政支持力度、多方共担保费的普遍模式,为增加财政补贴品种,推进农业保险更广领域、更深程度的发展,提供了可行的路径选择。但是具体政策之间的协同性、耦合性不足,碎片化特征明显。下一步,要在顶层设计上确定更加精准的中央、省、市(县)、农民保费分担比例,以及各种险种财政支持的量度,使这一分担机制更加科学有效。二是政府与保险企业的共营模式,是一种体制性创新,需要加以提升。《农业保险条例》提出"省、自治区、直辖市人民政府可以确定适合本地区实际的农业保险经营模式"。目前,江苏省、西藏自治区、河北省等地都开展了该模式的试点。

在县级层面,河北省阜平县通过"政企联办"模式,协同推进农业保险。2014 年 8 月,人保公司保定分公司与阜平县政府签订战略合作协议,按照 5∶5 比例进行农业保险联办共保试点。保费收入由县财政和保险公司按照比例入账;发生保险责任赔付、经营开支,双方按照比例分摊。双方均设立农业保险专用账户,专用账户受上级财政和同级财政、审计及保险监管部门的监督检查。县财政一次性注资 3000 万元设立保险基金,每年保险赔款小于保费收入而产生的结余,自动留存在基金池;发生的保险赔款大于保费收入,则由基金池补足缺口,确保联办试点能够持续发展。同时,阜平县成立三级金融服务平台(县金融服务中心、乡镇金融工作部、村金融工作室),保险公司借助金融服务平台,更加准确地掌握农户的保险需求,更加有效地跟进对农户的保险服务,实现保险与农户、服务与需求、资金与产业的有效对接,提高扶贫精准度。

在省级层面,江苏省探索出政府与保险公司风险共担、协同推进的"联办共保"运行机制,保费收入按5∶5的比例分别进入县(市、区)政府财政专户和保险公司账户,灾害发生后,政府和保险公司各承担50%的赔付责任。政府的职责是:负责农业保险的组织、推动和协调;协助保险公司完善镇(乡)、村两级基层保险服务体系建设;协助保险公司保费收取、查勘理赔、公示签字等。保险公司的职责是:负责农业保险宣传、产品开发、承保、查勘、定损、理赔、防灾防损等。"联办共保"模式下,政府和保险公司采取不同的方式应对各自可能面临的大灾风险。政府层面,江苏省通过财政预算安排、统筹部分政府保费收入、省级财政补助等渠道建立了省、市、县三个层级的政府巨灾风险准备金,将历年政府专户中的结余部分注入准备金,滚存积累,大灾之年使用。保险公司通过安排再保险和提取大灾风险准备金,做好风险分散安排。"联办共保"模式将政府和保险公司捆绑作为利益共同体,在推动农业保险理念深入农户、促进农业保险覆盖面迅速扩大等方面,发挥了积极作用。

地方探索"联办共保"模式的积极作用,值得肯定。一是政府将农业保险作为重要工作予以推进,将农业保险开展情况纳入对基层政府的业绩考核。二是有利于强化监督管理。政府牵头,将财政、审计、保监等部门力量协同,促进了财政资金收支和农险业务经营的规范性。三是提高了查勘理赔的公正性、权威性。出现重大或普遍性灾害后,政府牵头组织农业专家和保险公司成立联合查勘定损小组,现场查勘测产,避免了查勘理赔可能出现的纠纷。

但是,在"联办共保"模式下,政府角色定位不够清晰,部分领域存在"越位"现象。同时,由于事前、事中行政环节较多,保险机构市场运营主体作用发挥不够,在承保理赔中,存在过于依赖政府的情况,对提高自身经营服务能力的动力不足。下一步,要厘清政府、保险公司和参保农户之间的权、责、利关系,政府既不能缺位,也不能越位,保险公司要积极发挥主体作用,坚持市场化运作。

2018 年是实施乡村振兴战略的开局之年,推进农业产业农村现代化前景广阔、催人奋进,筑牢新时代农业保险的"防护堤",肩负使命、大有可为。希望我们从事农业保险的机构,尤其是农业保险公司,应该登高望远,大胆作为,去培育市场、开拓市场、获得市场。防止对政府补贴的过度依赖,更多的新的品种开发要靠农业保险公司,秉承有作为就会有地位的理念,以良好的农业保险业绩,获得政府的重视和支持。

中国人寿财险公司自 2013 年开展农业保险以来,平均保费增速达到 95%,成为我国位列第四的农业保险机构,并创新了若干农业保险的新品种,取得了不少新鲜经验,其业绩让人称道。农业农村现代化的加快发展,为农业保险开辟了新的发展空间,希望中国人寿财险公司再接再厉,按照高质量发展的要求,提高服务质量,创新发展方法,为我国农业保险的健康发展作出更大的贡献,取得更大、更好、更优的业绩。

[2018 年 11 月 10 日　在中国人寿财险系统农业保险工作会议上的主旨演讲(节选)]

第十篇　农业保险更好地服务
"三农"和乡村振兴

很高兴参加由中国农业大学和中华联主办的"三农"保险论坛。本次论坛具有现实意义,体现了主办单位推进我国农业保险高质量发展、服务于"三农"的高度责任感。我们国家已经进入到全面推进乡村振兴、实现农业农村现代化的新的历史时期,农业保险作为金融服务业和重要的支农惠农政策工具,要更好地服务于"三农"和乡村振兴的大局。就此,我谈几点意见。

一、要把保证粮食安全作为
农业保险的第一要务

习近平总书记多次强调我国粮食安全问题,明确要求中国人的饭碗要牢牢端在自己手里,碗里装的是中国粮,对此我们必须要有高度的政治责任感。一是目前种粮收益下降。从 2014 年到 2019 年,全国粮食收益从 751 元/亩下降到 631 元/亩,导致农民种粮的积极性下降。二是尽管 2009 年我国已实现了世界粮农组织确定的人均 400 公斤粮食的安全标准,但是目前发达国家人均消耗达到800公斤。根据专家的测算,要达到一个合理的粮食安全标准,我国还要新增加1100亿公斤左右的粮食,压力很大。三是现有可利用的耕地十分有限。我国确定了18亿亩耕地红线。后备的耕地资源有9000万亩左右,但是只有940万亩可以立即开发使用,而且每年还需要300万—500万亩土地进行城镇化开发,因此可利用的耕地十分有限。四是世界的粮源有限。每年全世界的谷物贸易量只有9000亿斤左右,只相当于我国粮食消费量的56%。现在世界上粮食能够自给的只有33个国家,其他国家都要进口粮食。这对我国而言,隐含着国际风险。

为了防范粮食风险,保障种粮农民的基本收益,提高种粮的积极性,2018年在全国选择了6个省份开展三大粮食作物完全成本保险和收入保险试点。两年来,试点累计承保2703.71万亩,承保覆盖率为70.17%,取得了明显成效。一是有力地稳定了粮食生产,试点地区农民种粮积极性提升,粮食种植面积几乎都有增加。二是保障了农民种粮的基本收益,水稻保险每亩保额增加了594元,湖北省达到每亩保额1100元;小麦保险每亩保额增加了近500元,山东省达到每亩保额900元;内蒙古自治区玉米保险每亩保额增加了420元。三是取得了防止种粮农户返贫的效果,如安徽省水稻完全成本保险两年试点期间户均赔付5361元,在受益农户中有2286个脱贫户或贫困边缘户,避免了脱贫种粮农户或贫困边缘户因灾返贫。

为落实习近平总书记要扩大三大粮食作物完全成本保险或收入保险范围的指示精神,2021年6月财政部等三部委再次联合发文,确定扩大到60%的产粮大县开展完全成本保险和收入保险,2022年要实现产粮大县的全覆盖。要做好这一关乎我国粮食安全的大事,需着重抓好三件事:

（一）扩大覆盖面

覆盖率高意味着安全程度高,两年来试点县总体承保覆盖率仅达到70%多,这是不够的。我们认为应该将覆盖面达到80%以上,以实现此项高保障保险的政策保粮食安全和保种粮农民收益的目标,所以各级政府,尤其是保险公司应加大宣传工作的力度,更好地知会农民,提高农民投保的积极性,以使这项惠农政策最大限度地落实到农民的身上。

（二）坚持应保尽保

这里面有两层含义:一方面是根据政策出发点,在推广该项保险的过程中,并没有否定原有的直接物化成本保险或大灾保险(2022年废止),农民仍然可以自主自愿地购买原来的险种,既满足了农民的承保选择权,又不造成粮食的承保空白;另一方面是实施地区双季粮食作物均可投保,这样既可以提高保障率,又可以推动提高复种指数。

（三）加强承保理赔服务

农业保险本质上是一项金融服务,对象是农民,要把服务做细,要深入乡村、深入农户、把认真服务、精细服务贯穿到承保、勘损、赔付的全过程,提高农民对农业保险的获得感、信任感。

二、要把扩大地方特色农产品保险 作为农业保险的主攻方向

我国三大主粮作物保险已经进入到一个新的阶段。从农业保险

"扩面、增品、提标"的目标来讲,最大的"短板"是乡村特色农产品保险。习近平总书记在中央农村工作会议上特别强调地方特色农业保险是一个方向。扩大地方特色农产品保险是我国乡村振兴的现实需求,当前要着重做好以下几项工作:

（一）努力增加中央财政补贴的品种

目前中央财政补贴的品种只有 16 个,显然不能满足农业发展的现实需求,应该选择一些在农产品供应中占比大、影响国计民生的品种作为中央财政补贴品种,如苹果、柑橘等经济林果业,羊、肉牛、鸡等畜牧产业,以及淡水养殖业等。

（二）尽快将优势特色农产品保险奖补政策落实到 31 个省、自治区、直辖市

应该优先在已确定的 300 个国家级和省级特色农产品优势区,选择"茶、菌、果、蔬、种、药、烟、花"等地方特色品种作为奖补品种,加快推进地方优势特色农产品保险全覆盖。

（三）大力推进"一村一品、一县一业"样式的优势特色农产品的保险工作,推动县域经济的发展

目前,河南省兰考县正在研究制定全县域覆盖的农业保险方案,按照应保尽保的原则,种养加一体,政策险、商业险协同,政府支持,公司运作,综合施策,自负盈亏。表明地方对特色农产品保险有极大的需求和积极性,前景广阔。

（四）加快推进试点保险品种进一步扩面

目前,我国农业保险品种接近 300 种,但特色农产品保费占比才 20%,表明大多数品种处于试点状态,需要把那些已经开展试点的成功模式,那些受到农民欢迎的特色农产品保险,要深入总结经验,加快复制推广,进一步扩大覆盖面。

三、要把精准服务作为农业保险的基本要求

尽管近些年我国农业保险取得了长足发展,但是总体来讲还比较粗放。主要表现在缺乏科学的风险区划,费率以省为单位,查勘定损不及时、不精准,精准服务成为高质量发展的突出问题,特别急迫地需要把农业保险提上议事日程。

在精准服务这个问题上,当前主要是抓好三件事:一是要尽快开展农业保险风险区划工作,虽然现在国家相关部委和有关单位已经发布了风险区划的相关文件和式样,现在的问题是要实行、要落实。这其中有两点要引起特别注意:一点是风险区划要细化到县这一级,另一点是以风险区域来确定风险区划,必要时打破行政区划界线,形成以网格形式的风险单元,使之更为精确。二是要科学厘定费率。根据风险区划,结合以往农业保险赔付情况合理确定保险费率,不同风险区费率应有差异,同一风险区采用统一费率,费率水平可以精确到小数点后两位。三是要加快制定查勘定损技术规范,中央部委层面要尽快制定农业保险查勘定损业务操作流程规范,县级层面以农业部门为主研究制定适合本地区农业保险核灾定损技术指南或操作手册,同时要充分运用科

技手段进行查勘定损,规范队伍建设,组建专家团队,提高权威性。

四、要把绿色导向作为农业保险的新理念

当前实现"双碳"目标已经成为我国最为紧迫的大事,全国上下都在为此付出努力。农业、农村置在其中,农业保险自当其任。应该说,农业或是农村既是一个排碳者(农药化肥施用、农膜、养殖污染、放牧、废弃物),同时又是固碳的贡献者(森林、草原、湿地、水域、青苗),对农业保险而言,为实现"双碳"作贡献,这既是新的课题、新的挑战,又是一个新的机遇。

尽管目前还没有很多成熟的经验,但也有积极的探索。如上海市、广东省、河南省多省开发的地力指数保险,其实质是一种土地绿色生态的保护,是一种形式的减排和固碳,具有创新性意义。青海省在全省化肥农药减量增效行动(2019—2023年)中,将"两减"行动中造成的农作物产量损失纳入政策性农业保险内容,保障农户的种植收益不减少,目的是减少对碳的排放。2021年福建省龙岩市新罗区试点全国首单林业碳汇指数保险。这些都是运用保险的方法推进绿色生态化发展开创的先例,为我们展现了绿色发展的广阔前景。

我们要深刻理解习近平总书记"绿水青山就是金山银山"的思想,牢固树立绿色导向,积极探索绿色保险。一是要扩大森林保险的力度,提高覆盖率,同时提高防险力度,减少森林损失,加快推进草原保险试点,努力推动湿地保险;二是创新保险产品形式和内容,在保险产品设计中增加对碳排放因素的考量,在保险合同中增加与固碳有关的条款,或者改变传统的保险损失赔付办法,增加违约追偿的责任条款或激励

条款;三是创新保险模式,将保险标的具有的碳汇能力在可交易的条件下,置换为等量的货币,作为保费替代,更好地激励绿色发展。总之,绿色保险大有可为,我们必须坚定这种信念和信心。

五、要把科技运用作为农业保险的有效方式

现阶段我国农业保险与现代科技深度融合还不足,还处于应用的初级阶段。一是从我国实际出发,可先行构建省级农险大数据管理与服务平台。政府要加快农业保险大数据战略规划和统筹部署,加快完善数据治理机制,可借鉴北京市和山东省建立农业保险管理信息平台的经验和做法,汇集省内农业保险业务数据和财政、农业农村、保险监管、林业草原等相关部门涉农数据和信息,待条件成熟后再逐步实现全国农业保险大数据集中,建立健全跨地区、跨部门、跨层级的数据整合和共享机制,实现大数据资源有机整合与深度利用。二是政府要加强农业保险大数据分析挖掘。可借鉴河南省财政厅通过卫星遥感数据与保险业务数据的分析比对来审核保费补贴真实性的做法,基于农业保险大数据资源,运用现代科技手段,通过设定规则分析、多源数据交叉校验、智能化监测检验和模型分析,识别并制止重复投保、虚假承保和协议理赔等违规行为,有效甄别高风险区域和交易,追踪农业保费补贴状况,提高农业保险监管的及时性和准确性。三是推进农业保险机构"线上+线下"一体化网络服务体系建设。要在支持保险机构建立健全基层农业保险服务网点,发挥线下资源优势的同时,充分运用信息技术与互联网资源加强线上服务,构筑线上线下一体化的经营服务模式,延长网络服务渠道,扩大网络服务范围,并通过"线上"远程服务方式,开

辟服务触达农户的全新途径,使服务下沉到村舍和分散的农户,提高农业保险服务水平。四是加大农业保险业务经营中科技应用力度。鼓励保险机构在农业保险承保理赔实践中以更大力度运用无人机、卫星遥感等科技手段来提高精准性,要特别关注勘损环节出险面积和灾损程度科技测度的准确性和及时性问题,政府部门要协调有关方面,解决好遥感影像反演解析、无人机影像拼接和灾害等级评估等关键技术的应用,提高农业保险灾损科技评估结果的权威性和认可度。

总之,科学技术是农业保险高质量发展的内生性力量,是农业保险降成本、提效率的基本手段,是农业保险精准精细的不二方法。因此,要把对科技的投入作为农险的首要选择。要使农险真正让无人机飞出速度,让遥感感出准度,让算法算出精度。

六、要把防止返贫作为农业保险的可靠手段

在习近平总书记的领导下,我国已经完成了脱贫攻坚的任务,同时也要看到防止返贫也是一项很艰巨的任务。边缘性贫困人口和极易返贫的扶贫产业发展还比较脆弱,边缘性贫困人口和极易返贫的贫困人口约 1000 万,还存在返贫风险,需要用农业保险给他们系上"安全带",为纵深推进产业发展"护航"。

比如,2019 年湖北省通城县政府通过太平洋保险公司投入防贫保险资金 200 万元,又通过慈善协会、红十字会等其他途径筹资 100 万元,共计 300 万元,建立了防贫基金,保障全县的 40 万人,保单按人口的 7.5% 比例收费,人均保费 100 元,保险责任为因病、因灾、因学返贫。2019 年赔付 251.7 万元,救助了 149 户,户均 16892 元;2000 年赔付了

318.7万元,救助了207户,户均15396元。这是一种成功的模式。目前,太平洋保险公司的"防贫保"模式已覆盖了全国1000个县。我最近去辽宁省,辽宁省给84万人买了防贫保,还为10万户种粮的脱贫户买了高保障保险(玉米700元/亩、水稻1000元/亩),这样就全覆盖地为脱贫户系上了保险的"安全带",完全可以防范返贫的风险。

(2021年12月18日 在中国农业大学2021年"三农"保险论坛上的主旨演讲)

第十一篇　让农业保险成为农业风险管理的有力工具

　　我从农业保险的角度来谈谈农业风险管理的问题。

　　农业保险是防范化解农业生产经营风险的重要工具,是世界大多数国家普遍采用的农业支持政策手段,这是由农业所受到的自然风险、市场风险,以及社会风险、国际风险所决定的,也是由保险所具有的倍数效应、杠杆作用、增信功能等所决定的。从 2004 年起,中央"一号文件"连续 17 年都对农险工作作出部署,提出要求。特别是自 2007 年中央财政开始对农业保险进行保费补贴以来,各级财政支持力度持续加大,补贴规模从最初的 21.5 亿元增加到 2019 年的 505.7 亿元,13 年间增长超过 23 倍。2007—2019 年,农业保险保费年均增速一直保持在 20% 以上。2019 年,我国农业保险实现保费收入 672.48 亿元,市场规模稳居亚洲第一,世界第二,共为 1.91 亿户次农户提供风险保障,向 4918.25 万户次农户支付赔款 560.2 亿元,承保和理赔户次均居全球第一,在帮助受灾地区恢复重建、稳定粮食生产、保障农户收入等方面发挥着越来越重要的作用。2019 年 10 月,财政部、农业农村部、银保监会和国家林草局四部委联合印发了《关于加快农业保险高质量发展的指导意见》,这是新时期党中央、习近平总书记对农险工作作出的顶层设计、为新时代农业保险更好防范化解农业风险指明了方向。就此我谈四点认识和建议。

一、要不断扩大农业保险的险种范围

从全国来看,我国农业保险承保农作物品种超过 270 种,但是保险险种仍以中央财政补贴的 16 类品种为主导,其中以粮食为主的大宗农作物保险的保费总收入占 80% 以上,其他品种只占保费的 20%。相比较我国有 700 多种农作物产品,因此现阶段农业保险保障的品种范围还远远不够。

在乡村振兴战略背景下,尤其是在全面打赢脱贫攻坚战,并研究推进脱贫攻坚与乡村振兴有机衔接的关键阶段,地方特色农产品收入占农民收入的比重不断增加,已成为农民特别是贫困户重要的收入来源。2019 年财政部已在 10 个省开展中央财政对地方优势特色农产品保险奖补试点,最近又扩大到 20 个省区,这是一个积极的举措。尽管如此,仍然难以满足地方特色农产品种类非常多,对农业保险的强烈需求。一是应该尽快将优势特色农产品保险奖补的政策推行到 31 个省、自治区、直辖市;二是根据不同地区,尤其是深度贫困地区的实际应该对奖补的品种有所增加。另外,由中央财政补贴的品种应该有所增加,如苹果、柑橘等经济林果业,羊、牛、鸡等畜牧产品业,以及淡水养殖。我还要特别建议的是,我国草原面积有 40 亿亩,其生态效应和对畜牧业的发展意义重大,应加快试点,加大推进力度,尽早列入中央财政补贴险种。

二、要持续提高农业保险的保障水平

一直以来,我国农业保险遵循"低保障、广覆盖"的兜底政策取向,我国农业保险的保障广度已经进入世界前列,达到80%,但是保障的深度不够,例如种植业的保障深度在2018年只有14%,只相当于印度和菲律宾水平的40%左右。这种低水平的保障程度,远不能满足农户特别是新型农业经营主体的需求,也大大降低了对农业风险的保障程度,越来越不适应"三农"的新形势、新发展。我们要把提高农业保险的保障水平作为今后的主要目标。2019年中央"一号文件"明确提出开展粮食完全成本和收入保险的试点,目前试点工作已在6省区的24个产粮大县落地,开创了我国政策性高保障农业保险的先河。我们还看到一些地方开展了大豆、花生收入保险试点。我到甘肃省调研,甘肃省开办了地方特色农产品的高保障保险,如苹果每亩保额达到4000元。

我认为,在农业直补转向间接补贴的改革取向下,在保障粮食安全的国家战略下,在保障稳定农民收入的政策指导下,我们应该加快推进以粮食为主导的完全成本保险和收入保险,同时提高其他大宗农产品的保障水平,使农业保险真正起到稳定生产、保障收益的作用。

三、加大农业保险的科技应用力度

农业保险必须走科技化的路子,这既是农业保险高质量发展的重要支撑,也是农业保险精准的内在要求,从本质上讲,为农业保险插上科技的翅膀,可以更好地发挥农业保险的风险防范作用。从现实讲,遥感卫星、大数据、云计算、机器人、传感器、无人机、成像技术、物联网等现代科技手段,为农业保险走科技化的路子提供了支撑。近些年来,太平洋财险公司推出的"e农险"、人保财险公司研发的"人保易农险"、平安财险公司应用的"平安爱农宝"等移动App应用,以及国寿财险、中航安盟财险等保险机构推送的猪脸识别、牛脸识别、智能测长(重)等AI技术,对风险早识别、早预警、早处置都发挥了传统人工所不能起到的作用,为农业保险的科技化展示了广阔的前景。当然,现阶段我国农业保险与现代科技融合深度还不足,还处于应用的初级阶段,仍面临着许多制度和技术层面的问题。今后,农险行业应进一步加大对农业保险科技创新的经费投入,以科技服务于农险的精准承保、理赔为起点,并在风险识别与区划、防灾防损与风险预警、风险分散机制与再保险方案设计等方面作出更多的创新尝试。国家层面应当将农险科技作为农业"新基建"的内容,尤其是建立起全国农业保险大数据平台和线上线下一体化服务的网络体系。

四、不断提高农业保险的服务能力和水平

服务能力不足和服务水平不高是影响农业保险不容忽视的问题,自然也使农业保险的防范能力受到影响。对保险机构而言,首要的是要增强服务意识。要充分认识到,农业保险绝不单纯是一种商业行为,而是国家的一项支农惠农政策,是通过保险的方式来转移农业生产经营风险的制度设计。要求从事农业保险的工作者,要爱农、关心农民、

关爱农民、爱护农民。二是要加快提高农险工作水平。目前,全国有60万基层工作人员工作在农险基层一线,但是农险行业基层专职人员数量不够、专业化程度不高,"懂农业""懂保险"的人员不足,协保员队伍培训管理机制不健全,中小保险公司的"三农"网点开设率不充足等问题仍然较突出,因此要把培训作为当前紧要的任务。三是加强农业保险的基层网点建设,现在还有近十万个行政村没有服务网点,影响了农业保险工作的落地运行,要推广甘肃省在行政村设立金融工作室的做法,打通农险及农村金融的"最后一公里"。

(2020 年 6 月 13 日　在中国农业风险管理研究会 2020 年学术年会上的演讲)

第十二篇　健全和完善农产品
"保险+期货"

在纪念中国共产党成立一百周年的喜庆时刻,中国农业风险管理研究会以"保险+期货"为主题召开专门的研讨会,着力推进试点转型,具有现实意义。

我从事农业保险的研究首先是从 2017 年 2 月在辽宁省义县对大连期货交易所的玉米期货开始的,以后几年我到过大连、上海、郑州的期货交易所调研,又专门对海南省的天然橡胶,广西壮族自治区的甘蔗,新疆维吾尔自治区的棉花的"保险+期货"做过多次调研,有很直接的体验,也就如何以"目标价格保险+期货"为手段化解价格风险,保障农民的基本收益提出解决方案,受到中央有关主管部委和地方政府的重视,并予以推行,取得了积极效果。从这一点上说,我是主张搞农产品"保险+期货"的,是一个积极的推进者。

我认为,采取"保险+期货"的方法来分散农产品的风险,主要是由这两者的功能所决定的:一是期货具有价格发现功能,使之成为我们确定保险价格的重要依据。二是期货作为一种分散市场风险的工具,使产品的价格风险能在期货市场上得到化解(消解)。目前,我国已经实施了三大粮食作物的完全成本保险或收入保险,2021 年扩大到 600 个产粮大县,2022年要实现全覆盖。现在大宗农产品还难以像三大粮食作物一样实施完全成本和收入保险这样的高保障保险,如何减少或是降低它们的风险,是农业保险的一个现实任务。我还认为,大宗农产品或是优势特色农产品最大的风险还是价格风险,以棉花(2010年:14000元/吨;2020年:11950元/吨)、天然橡胶(2010年:40000元/吨;2020年:14000元/吨)、蔗糖(2010年:7600元/吨;2020年:5600元/吨)为例,价格下行幅度很大。又如民间所流行的"算(蒜)你狠""将(姜)你军""倒霉蛋",都是对价格剧烈波动的形象描绘。猪肉价格的波动犹如过山车一样,给市场带来极大的不稳定性,也影响了人们的生活。所以运用期货的工具来减少这些大宗农产品的价格风险就成为一个现实的选择。中央已给予了高度重视,中央"一号文件"连续6年加以强调。

但是,"保险+期货"仍然存在一些亟待解决的问题。一方面是保费补贴缺乏稳定的来源。目前的"保险+期货"试点的项目经费绝大部分来自期货交易的试点项目,有的源于地方政府的支持,缺乏稳定的保费补贴已成为扩大试点所面临的突出问题;另一方面是相关体制机制有待进一步完善。"保险+期货"作为一种新型的农业保险服务方式,它横跨保险、期货两个行业,专业性强、业务链条长、管控要求高。同时,价格保险定价能力与合理性需进一步提升。另外,目前期货市场容量较小,流动性不足,价格形成机制不完善,加之不少项目没有场内期权,只能进行场外交易,无形中增加了运行成本等,需要进一步培育发展。

这次研讨会提出试点转型,何为转型:我认为,一是将"保险+期货"的品种列入中央财政保费补贴或以奖代补品种,交易所按一定比例补助保费,以形成稳定的保费供给。二是要把大宗农产品首先列入中央财政支持的品种序列,加快扩大新疆棉花、海南橡胶、广西糖料蔗、北方苹果等大宗农产品"保险+期货"的试点,并对其品种逐步建立场内期权。三是"目标价格+保险+期货"更具现实的选择性,因为这对稳定农民的收益及预期更有现实价值。四是搭建"政府+交易所+保险机构+期货公司+投保主体"(农户或新型经营主体)四方合作共赢的机制。政府提出项目计划,补贴部分保费,并加强指导推动。交易所负责加强对期货市场以及相关期货公司的培育与监督,并适当补贴部分保费。保险机构与期货公司负责保险项目的具体运营,相互协商合作,设计成赔付效果最好、综合成本相对较低的期权方案,再依据期权产品匹配保险方案。参保主体自愿投保,缴纳应担保费,维护自身利益。五是有关主管部门加强顶层设计,总结已有的成功经验,提出具有中国特色的"保险+期货"实施方案。

(2021年6月26日　在中国农业风险管理研究会农产品"保险+期货"试点转型研讨会上的发言)

第十三篇　生猪保险助力非洲猪瘟防控和生猪产能恢复

非洲猪瘟自 1921 年在肯尼亚首次被发现至今已存续近 100 年。2007 年格鲁吉亚暴发非洲猪瘟疫情,是历史上非洲猪瘟距离我国最近的一次,十余年来我国一直不懈努力地做好疫情防控,将非洲猪瘟阻击在国门之外,到 2018 年我国才真正发生了非洲猪瘟疫情。疫情发生以来,我国政府出台多项有力举措,经社会各界共同努力,现已将非洲猪瘟疫情控制在可控范围之内。但非洲猪瘟病原抵抗力、传染性很强,从各国防疫经验来看,非洲猪瘟风险将在很长一段时间内存在,我们必须做好长期防控的准备,而且非洲猪瘟只是一个特例,必须透过特例认清问题本质,思考如何确保我国生猪产业长期健康稳定发展。

我主要谈几点对生猪稳产保供的思考和建议。

一、关于如何认识非洲猪瘟防控的问题

（一）充分认识我国生猪产业稳定健康发展形势的严峻性、紧迫性、必要性

稳定生猪生产,保障猪肉供应,事关"三农"发展、物价稳定、人民

群众生活和经济社会发展大局。我国是生猪生产和消费大国,生猪饲养量和消费量均占全球的一半。全球猪肉总贸易量约 800 万吨,不足我国猪肉产量的 15%。2018 年以前,我国猪肉进口最大年份也仅为 160 万吨,占国内产量的比重不超过 2%。保障 14 多亿人的猪肉供应,必须立足国内生产。

2018 年非洲猪瘟疫情暴发以来,除我国台湾地区外,我国 31 个省、自治区、直辖市先后发生疫情,扑杀了近 120 万头生猪,生猪存栏和出栏量大幅下降。统计数据显示,2018 年 3 月非洲猪瘟未发生前,我国生猪出栏和存栏量加起来约为 6 亿头,目前下降为约 3 亿头。据全国畜牧总站监测数据,截至 10 月底,生猪存栏环比下降 37.8%,同比下降 41.4%,恢复生猪产能任务艰巨。与之相对应,生猪价格高涨至 39.8 元/公斤,猪肉价格上涨至 53.4 元/公斤,比非洲猪瘟暴发前价格上涨了 3 倍多。猪肉价格上涨引发消费替代品价格同步上涨。据国家统计局数据显示,2019 年以来牛、羊、鸡、鸭肉等价格呈现不同程度上涨,导致 CPI 一直高位运行,同比上涨约 3 个百分点,创近 8 年来新高,通胀风险明显增加。更为严峻的是,由于非洲猪瘟危害性大,给养殖户造成心理恐慌,实际上真正发病的猪并不如想象得多,但由于市场恐慌情绪,众多养猪户急于出手卖猪,加剧疫病传播;另外,恐慌情绪打压了生猪养殖预期,仔猪补栏持续低迷,生猪产能恢复难度加大。

（二）提高生猪养殖管理水平是推动生猪产业健康稳定发展的必然选择

对于养殖业而言,重大疫病风险长期存在。在疫病防控常态化形势下,提高生猪养殖业管理水平是阻击疫病的治本之策。反观此次非洲猪瘟疫情防控也暴露出我国生猪养殖管理中存在亟待解决的问题。

一是我国养猪业规模化、集约化程度低,导致疫情防控难度大。我国生猪养殖场户约有 2600 万户,年出栏 500 头以上的规模场户只有 18.7 万户,养殖主体仍以小散户为主,而且我国生猪养殖密度高,大多数省市都超过了每平方公里 300 头。中小散户占比高、养殖密度大,增加了疫病防控难度。二是源头防控力度不够,加大疫情阻断难度。饲料原料来源的安全可靠是保障猪场生存的关键之一,但我国仍有相当一部分养殖户以餐馆残余作为猪食的主要来源,泔水是疫病风险最大的传染源,泔水喂养导致病源传播。另外,此次在猪血浆蛋白粉中也检测出非洲猪瘟病毒核酸,加强猪饲料原料监控,禁用饲料添加剂也尤为重要。三是生猪养殖产区与屠宰区分离,长途调运增加疫病扩散风险。我国大多数屠宰场建在销区,生猪大量跨区调运,加剧了疫病传播扩散。提高生猪养殖规模化、集约化水平,加强源头管控,优化生猪产业布局成为推动生猪产业健康稳定发展的当务之急。

(三)发挥保险的作用是保障生猪健康稳定发展不可或缺的手段

2007 年我国启动政策性生猪保险以来,生猪保险呈较快发展势头,截至 2018 年年底,生猪保险累计实现保费收入 308.05 亿元,承保生猪 12.82 亿头,提供风险保障 7196.29 亿元,支付保险赔款 179.97 亿元,为生猪产业提供了有力保障。特别是非洲猪瘟疫情暴发以来,保险行业提高生猪保险保额、加大生猪保险供给、推动生猪产能恢复发挥了积极作用。以人保公司为例,2019 年 1—10 月已累计赔付生猪 101.1 万头,支付生猪保险赔款 51.35 亿元,未绝赔案尚有 10.8 亿元,预估简单赔付率超过 130%。保险兜底保障作用为全国生猪产能恢复,特别是重振养殖户生产信心提供了有力支撑。生猪保险作为市场化的风险管理手段,同时也是重要的支农政策工具,在防范自然灾害和疫病风险、提供生产损失补偿、稳定预期、恢复再生产、保障生猪产业健康稳定发展方面发挥了重要作用。

二、关于农业保险助力生猪产能恢复的建议

当前,非洲猪瘟在我国已基本得到控制,生猪产能正在逐步恢复,但非洲猪瘟很难完全消灭,今后将进入疫情防控常态化阶段。后非洲猪瘟时代,如何更有效地发挥农业保险的作用,助力非洲猪瘟防控和生猪产能恢复,保障生猪产业平稳有序发展是需要认真研究的问题。基于形势研判,下一步生猪保险需要在以下几个方面发力。

(一)进一步提高生猪保险保障水平

一是扩大生猪保险覆盖面。我国生猪保险的覆盖率还不到 40%,2019 年覆盖率接近 50%,但主要是缘于生猪出栏量的大幅下降。生猪保险覆盖率低表明我国生猪养殖投保不足,风险暴露程度大。保障生猪产业健康平稳可持续发展,应进一步扩大生猪保险覆盖面,尽力保足保全,最大限度发挥保险的风险保障功能。二是增加生猪保险产品供给。在传统能繁母猪、育肥猪养殖保险的基础上,适应生猪产业发展需求,开发完全成本保险、价格保险以及收益类保险,创新开发保障生猪全生命周期的养殖险产品,争取将仔猪纳入政策性保险保障范围,探索"保险+期货""政策险+商业险"等多元化保险产品,为生猪产业提供更全面的风险保障。三是提高生猪保险保额。长期以来,我国生猪保险保额根据成本设定保额,能繁母猪保额 1000 元/头、育肥猪保额 500 元/头,非洲猪瘟发

生后,保额分别提高到1500元/头和800元/头,但从各地反馈来看,生猪保险保额仍不足以覆盖成本。目前,仔猪的购买成本约为1500元/头,再加上饲养成本,生猪出栏成本大约在2500元/头以上,现行的生猪保险保额明显不足。按照中央财政补贴标准,生猪保险保额应涵盖购买仔猪成本和饲养成本,依此来看,生猪保险保额仍有较大提标空间。

(二)拓宽风险抵补渠道打好组合拳

一是价格波动也是当前制约生猪产能恢复的主要风险,但价格风险具有系统性,保险公司承保价格风险面临巨大的赔付风险,单纯依靠保险手段难以分散价格风险,应加快推进生猪期货上市,通过保险与期货市场协同管理生猪价格风险。二是生猪养殖通常会面临周期性波动风险,此次非洲猪瘟引发的"超级猪周期"对生猪产业造成很大冲击,恢复再生产与扩大再生产均需要金融支持。保险不仅具有风险保障作用,还具有资金牵引、融资增信等功能,充分发挥好农业保险的牵引作用,推动"保险+担保、信贷、基金"等金融支农模式,为生猪产业发展提供综合金融服务。三是加快建立和完善大灾风险分散机制。我国缺乏快速反应、有效分散大灾风险的机制,特别是再保险缺失,一旦国际再保人退出,国内缺乏足够的分保能力,因此,加快扩大我国再保险供给能力,健全大灾风险分散机制十分紧迫。

(三)加大生猪保险政策支持力度

一是中央推动生猪保险的力度较大(中央财政对东部地区给予40%的保费补贴,对中西部地区给予50%的补贴),相比较而言,地方财政的支持力度需进一步加强。从调研情况看,个别省份从2019年才启动生猪保险试点,试点面不大且投保门槛较高,地方政府推动生猪保险发展的力度亟待加强。二是推动生猪保险实现"扩面、增品、提标"，需要财政、农业、林草、监管部门以及保险机构等各方力量联动，共同确保生猪保险效能发挥。三是基层调研显示，生猪保险存在参保率不高、覆盖面较低、养殖户获得感不强等问题，其中很重要的一点是需要加大农业保险的教育、宣传力度。《关于加快农业保险高质量发展的指导意见》中提出实施"农业保险宣传教育培训计划"，各级政府应加大农业保险知识的宣传教育力度，推动农业保险加快扩面，充分运用好保险手段保障产业平稳健康发展。

（四）科技赋能推动保险和防险一体化

坚持保险和防险一并推进。保险的功能不仅在于风险损失补偿，更在于提供风险管理服务，实现防灾防损。一是保险机构应充分发挥风险信息管理平台作用，提供风险预警服务，推动生猪风险防控关口前移，帮助养殖主体最大限度地做好防灾减灾。二是重视技术创新，加快科技在保险中的应用。技术运用在生猪养殖领域显得尤为重要，保险机构应加强与农业农村部、畜牧兽医局、动物疫控中心等联合开展技术攻关，提高生猪养殖防疫水平，降低生猪死亡率，落实生猪保险与病死猪无害化处理的联动措施，有效提升病死猪无害化处理能力，切实改进生猪保险业务的经营效益，确保业务可持续。

"猪粮安天下"，生猪产业的健康发展关系国计民生。生猪产业从饲养到消费是一个涉及多因素、多环节的链条，确保生猪产业稳定健康发展，需要生猪产业链的各主体积极应战、协同配合、凝心聚力打赢国家提出的恢复生猪产能三年攻坚战，为实现我国粮丰肉足民安作出应有的贡献！

（2019 年 12 月 9 日　在第八期中国农业保险论坛上的小结发言）

第十四篇　加快推进中国农业生产风险评估与区划

　　农业保险风险区划与费率差异化定价问题一直是农险界的难事，关键原因是缺乏完整的历史数据以及更具科学的技术支撑。历经 20 余年理论研究和技术探索，中国农业生产风险评估与区划研究取得了实质性进展，在这次中国农业保险论坛上，中国农业科学院农业风险管理研究中心张峭研究员团队发布了《中国农业生产风险区划地图》，该项研究成果将为长期以来困扰农险界的难以精准定价问题开启破冰之旅，必将有力推动农业保险迈向高质量发展的新阶段。

一、充分认识开展农业生产风险评估与区划的现实意义

（一）深化对农业生产风险的认识

　　农业生产受自然、地理和经济技术条件影响很大，不同地区、不同作物面临的生产风险存在显著差异，特别是我国气候类型复杂多样，具

有热带、亚热带和温带等多种热量带,而且我国地域辽阔,国土面积与欧洲相当,很多省的面积超过了欧洲一些国家的国土面积,一个陕西省就横跨了三个气候带,因此,即使同一省域内农业生产风险的差异也很大。在不同生产风险特征下,农业生产的损失概率不一样,由此对应的农业保险费率也应不同,但长期以来,我国农业保险"一省一费率"的定价方式,没有客观反映省域内农业生产风险的真实状况。《中国农业生产风险区划地图》基于历年产量、灾害等数据编制,采用风险损失评估方法,对31个省、自治区、直辖市以县为单元进行风险等级划分,作物品种涵盖了粮、棉、油、糖四大类11种我国主要大宗农作物,是第一本比较完整地将风险单元细化至县域的农业生产风险区划研究成果。此研究成果有助于各界深入了解我国农业生产风险区域分布特征,正确认识农业生产风险区划,掌握农业生产风险规律,提高决策的科学性、精准性。

(二)推进农业保险的供给侧结构性改革

相比政府救灾资金的临时救济性与无差异补偿,农业保险在农业灾害损失补偿与农业再生产可持续问题方面更为科学、公平、有效。但农业保险优势的发挥是以费率精算的科学性、准确性为前提的,精准的费率定价是农业保险公平、有效的起点。农业保险的费率定价应反映纯风险损失率和市场需求,遵循"风险一致性"原理。但这些年农业保险产品在省域内执行"大一统"的费率水平,违背了保险的基本原理,导致逆选择、行业不当竞争、政府补贴低效等问题。根据产量、灾害、气象以及农险行业赔付数据,采用合理的精算技术开展农业生产风险区划研究,给出到县一级的农业生产风险划分,明确县级农业生产纯风险损失率的差别,为在县域间农业保险费率差异化定价提供了客观依据,将推进农业保险产品供给侧结构性改革,实现保险的科学性、公平性、有效性。

(三)落实农业保险高质量发展的实质性举措

2019 年财政部、农业农村部、银保监会、林草局联合印发的《关于加快农业保险高质量发展的指导意见》明确提出"加强农业保险风险区划研究,构建农业生产风险地图,发布农业保险纯风险损失费率、实现基于地区风险的差异化定价,真实反映农业生产风险状况"。开展农业生产风险评估区划正是落实加快农业保险高质量发展的重要举措。当前,对标农业保险高质量发展要求,我国农业保险还存在保障水平不高、覆盖面不广、工作机制不够顺畅、运行基础不完备等问题,很重要的一个原因是缺乏费率定价的科学标准。《中国农业生产风险区划地图》为农业保险费率定价提供了参考标准,为解决农业保险费率精准定价问题开启了良好开端,推动了我国农业保险由粗放经营向精细化管理升级转型。

(四)促进农业保险运行效能整体提升

政府部门、保险机构、农户是农业保险运行的关键主体。农业保险运行效能的提升有赖于各主体的有效协同。在统一费率定价的条件下,即使给予保费补贴,由于性价比不划算,低风险地区的农户不愿意投保,而高风险地区由于费率定价显著低于风险损失率,即使给予保费补贴仍不足以平衡风险损失,保险公司面临亏损而不愿意承保,由此导致财政补贴低效运行,失去杠杆效应。开展农业生产风险评估与区划,科学拟定费率是调动各主体积极性、提高农业保险运行效能的关键。首先摸清各地区、各类作物、各种灾因的风险大小和分布规律,可为政府决策提供科学依据。基于对农业生产风险的准确研判,政府合理规划农业生产布局,科学制定防灾减损措施,实施体现公平性的差异化补贴策略,才能最大化发挥政策激励作用。其次,科学的风险评估与区划可以为保险产品创新和经营成本降低提供技术支撑。基于对区域风险的精准测度,可以准确制定保险起赔阈值和超阈值赔付标准,提高精准服务能力,推动保险产品创新和精细化管理。最后,精确的农业生产风险评估与区划,可以增强农户对政府、农险机构的信任感、公平感。基于科学的农业生产风险评估制定农险政策与开发产品,才能切实维护农户利益,帮助农户有效应对风险,实现农业生产的健康可持续。推进农业生产风险评估与区划,提供透明的风险定价依据,实现政府、农险机构、农户之间的信息对称,提高农业保险各主体的协同性,进而提升农业保险的整体效能。

二、进一步推进农业生产风险评估与区划的建议

(一)深入研究,持续完善我国农业生产风险评估与区划

农业生产风险评估与区划工作对农业系统风险的管理,农业保险财政补贴的精准投放,农业保险产品的创新研发和监管等具有重要作用,因此,应持之以恒推进农业生产风险的评估与区划工作。一是做好农业生产风险评估与区划成果的更新迭代。当前,全球气候变化加剧,特别是近年来全球进入自然灾害频发高发时期,风险的复杂多变决定了风险的评估与区划不是一劳永逸的,需要根据灾害趋势、减灾技术、

风险管理工作实践,动态更新和持续完善风险评估与区划成果。二是拓展农业生产风险评估与区划成果的应用场景。农业生产风险评估与区划是面向应用的研究,应用领域涉及财政补贴的投放与调整、保险公司的产品研发与服务、监管部门费率的审批与监测,以及巨灾风险优化和分散机制等,不同的应用场景对风险评估与区划的颗粒度、评价指标等的需求不同,需要拓宽风险区划研究视角,提供多源、多维度的研究成果,以适应不同场景的应用需求。

(二)渐进有序,推进农业生产风险区划研究成果落地应用

"一打纲领不如一步行动",银保监会牵头的《全国稻谷、小麦、玉米保险风险区划报告》与中国农业科学院《中国农业生产风险区划地图》两项研究成果相继推出,标志着我国农业生产风险评估与区划理论研究及实际应用已经迈出实质性步伐,下一步关键是研究成果落地应用,以两项风险区划成果出台为契机,推动农业保险费率差异化改革。但"路要一步一步走,饭要一口一口吃",目前我国农业保险覆盖了270多个农产品,在所有品种全面推开农业保险费率分区是不切实际的,条件尚不具备,需区分优先序。首先应将关系国计民生、保障粮食安全、农险规模占比较大的中央财政补贴品种作为重点,然后渐次推进森林保险、生猪保险等重点品种。另外,在推动农业保险风险区划的实施层级上,要遵循因地制宜、梯次渐进的原则,根据农险业务在各地的覆盖情况,首先实现基于地市的风险区划,其次在具备更精细的风险区划数据支撑的地区,推进县级风险区划。

(三)主动作为,提升农业保险精细化服务水平

农业生产风险评估与区划研究成果为农业保险费率精算提供了依

据,农险机构应抓住机遇、主动作为,基于农业生产风险区划,对现有的保险合同条款、费率等进行修订,或重新开发保险产品,建立一套更为精准的服务体系,以此为契机提升机构精细化服务水平和经营管理效益。在短时间内,这项工作将增加一定的工作量和成本,但从长远来看,既有利于保险机构降本增效,也有利于行业构建可持续发展生态。

(四)强化政府责任,确保农业生产风险区划有效实施

农业生产风险评估与区划具有公共品属性,各级政府应强化责任意识,在基础设施建设和服务提供中发挥主导作用。一方面,应将农业生产风险评估与区划工作纳入政府服务体系中,积极组织开展农业生产风险评估与区划工作,特别是按照风险区划推行差异化农业保险费率制度,政府要在政策配套、利益平衡、宣传引导方面做好文章。另一方面,在推进农业生产风险区划与农业保险费率差异化定价工作中,政府还应承担好监管职责,制定合理的保险公司准入与退出考核标准,维护市场有序竞争,确保风险区划政策初衷有效实现。

科学识别农业生产风险是一项基础性、系统性工程,需要政、产、研各方积极推进、通力合作。在政府大力支持推动、科研部门不断优化完善、行业加快成果转化的共同努力下,通过科学、精准的风险区划提高农业风险管理水平,助力农业提质增效和产业转型升级。

(2020 年 6 月 28 日 在第十期中国农业保险论坛上的小结发言)

第十五篇　建立健全我国农业大灾
风险分散机制势在必行

第十二期中国农业保险论坛的主题是建立健全我国农业大灾风险分散机制,研讨这个论题十分必要且紧迫。近几年,极端天气事件频发、自然灾害及疫病风险上升。建立健全大灾风险分散机制,提升农业保险应对大灾风险的能力,确保农业保险长期可持续发展是当务之急。

此次论坛举办得很及时、很成功,在理论上,将建立我国农业大灾风险分散机制阐述得很充分。在道理上,将为什么建立农业大灾风险分散机制讲得很明白。在实证上,无论是地方层面还是全国层面的举证都很有力。论坛成果对决策层思考如何推进这项工作有帮助,对农业保险机构如何开展工作有启示,对农业保险研究者如何拓展研究提供了思路。我主要讲几点认识和建议。

一、充分认识建立健全我国农业大灾
风险分散机制的现实意义

（一）建立健全农业大灾风险分散机制是农业保险高质量发展的必然要求

《关于加快农业保险高质量发展的指导意见》提出要"完善农业保

险的政策;提高农业保险的服务能力;优化农业保险的运行机制",建立健全农业大灾风险分散机制是落实这三项要求的重要体现。农业保险的可持续性是高质量发展的应有之义。可持续的农业保险保障体系应包含直保公司、再保公司、大灾风险分散安排等。现在我国已有30多家保险公司从事农业保险,中国农业再保险公司也已成立,但农业大灾风险分散机制尚未建立,这样的农业保险保障体系是不完善、不可持续的,远未达到高质量发展的要求。

(二)建立健全农业大灾风险分散机制是打通农险"最后一公里"的现实要求

建立农业大灾风险分散机制实际上是在打通我国农业保险"最后一公里"。从完善的农业保险保障机理来看,直保公司、再保公司、大灾风险分散机制三者缺一不可,协同形成处置风险闭环。现在我国农业保险的风险闭环是不完整的,关键是大灾风险分散机制缺位。因此,建立健全大灾风险分散机制就是要打通我国农险处置风险闭环的"最后一公里"。只有打通农险"最后一公里",农业保险才能行稳致远。

(三)建立健全农业大灾风险分散机制是完善巨灾风险应对体系的紧迫要求

构建我国农业大灾风险分散机制需要解决两方面的问题:一方面是农业保险的大灾风险分散,解决农业保险经营机构赔穿了怎么办的问题;另一方面是农业巨灾风险分散,解决在农业灾害发生巨大波动的情形下政府救灾资金不足怎么办的问题。目前,农业保险的大灾风险分散问题已经取得了实质性进展,保险公司层面建立起了大灾风险准备金,同时,中央财政支持的农业再保险公司也已成立,唯独农业巨灾风险分散的问题尚无系统解决方案,虽然有 12 个省份在建立地方大灾风险基金、巨灾保险方面进行了一些尝试,但全国层面的巨灾保险及其风险分散机制缺位。巨灾风险应对机制已经成为制约我国农业保险可持续发展的突出短板,建立巨灾风险应对体系,完善农业大灾风险分散机制十分紧迫。

二、建立健全我国农业大灾
风险分散机制的建议

(一)创新理念,改变传统的救灾方式

农业是国之根本,我们党历来重视"三农"工作,对农业防灾减灾倾注了大量心血,提供了大量财力,但政府救灾方式主要表现为灾后救治、财政直补,具有临时性、非常态、非机制性的特点。从财政资金支出数额和当时取得的救灾效果来看,政府救灾体系发挥了重要的作用,但这种救灾方式粗放、成本高、财政负担重、政府压力大,其主要问题在于只发挥了政府这只手的作用,没有调动另一只手——市场的积极性。

农业保险是防灾减灾的有效工具,具有可预期、可持续的特点。政策性农业保险作为一种间接补贴方式可以通过乘数效应放大财政支农资金效益。近十年来,每年农业灾害平均损失约为 3000 亿元,其中有一部分是巨灾造成的,按照通常的农业保险会造成超额赔付,如果建立起巨灾保险的机制,使这种赔付常态化,又通过保险的大数法则和杠杆原理,取得化解风险的倍数效应,减轻政府财政资金的当期压力。

（二）将建立大灾风险分散机制作为一项重要的政府责任

建立大灾风险分散机制意义重大，各级政府应将其作为一项重要工作加以推进。一是要将建立大灾风险分散机制作为政策性农业保险的延伸发展；二是要将建立大灾风险分散机制作为保障农业保险机构可持续发展的重要举措，通过完善大灾风险分散机制使农险机构承担的风险在可控范围内，不因巨灾风险使其垮台、破产；三是建立大灾风险分散机制是遵循国际保险业通行原则，从具有代表性的美国保险模式来看，政府在提供再保险、运营大灾风险基金、应对农业大灾风险中发挥着关键作用。

（三）加快建立大灾风险基金的步伐

在农业大灾风险分散体系中，直保公司主要承担低层风险，再保公司承担中高层风险，大灾风险基金承担极端大灾风险。我国农业风险分散体系中，直保公司和再保公司较为完善，但大灾风险基金仅在省级层面做了一些点状的尝试，国家层面的大灾风险基金尚未建立，导致我国农业大灾风险分散存在很大的局限性。因此，要加快推动建立大灾风险基金，在充分吸取地方大灾风险基金试点经验的基础上，做好国家层面大灾风险基金的建立工作，通过建立大灾风险基金形成资金池，以平滑、对冲大灾风险。

（四）重点突出巨灾风险分散机制的构建

健全的大灾风险分散机制应包含三个层次：一是直保公司的大灾风险准备金制度；二是政府支持的再保险制度；三是再保险之后的巨灾风险责任安排。前两个层次的基本制度已建立，但第三个层次的巨灾风险应对机制尚待建立。巨灾风险分散机制缺位是我国大灾风险分散机制构建的突出"短板",因此应把建立巨灾风险分散机制放在更加突出的位置。巨灾风险发生的频次低,但破坏性大,保险人往往会因为农业巨灾事故而陷入偿付能力不足甚至破产的境地。建立有效的农业巨灾风险转移分担机制,将有助于健全农业灾害救助体系、减轻政府抗灾救灾压力,促进农险行业健康可持续发展。

(五)省一级应是大灾风险分散的重要承担者

我国实行分级财政管理制度,省级财政具有一定的统筹权,由省级及以下地方政府财政承担40%的农业保险保费补贴具有一定的合理性。从农险实践来看,省级政府在应对农业大灾风险中扮演了重要的角色。各地在探索大灾风险机制的实践中也不乏成功案例,如湖南省巨灾保险的试点做法就取得了很好的成效,具有趋势性、启示性意义:一是充分体现了地方政府的责任担当,巨灾保险的保费由省级和地方市县财政全部承担;二是解决了巨灾保险政企共担、省县共担的机理问题;三是实现了巨灾风险准备金与巨灾基金联动,巨灾准备金由保险公司从每年收取的保费中扣除再保险保费、赔款支出和经营费用等成本,并预留4%的利润后计提巨灾风险专项准备金,其提取的巨灾风险准备金可以覆盖全省200%左右的巨灾保险赔付,同时,还筹资建立了巨灾风险基金作为巨灾风险准备金的有效补充。

(六)发挥中国农业再保险公司的协同统筹作用

建立健全农业大灾风险分散机制需要做好顶层设计,需要多部门联动、多主体协同推进。农业再保险体系是农业大灾风险机制中承上启下的重要环节,特别是中农再作为中国农业保险市场上最重要的再保险接受人,应承担顶层设计责任,发挥协调统筹作用,在数据积累、产品定价、风险识别、标准完善、大灾风险准备金起赔比例设置、巨灾风险中央和地方责任分担等方面作出积极探索,发挥专业水平和特殊角色优势,推动建立健全农业大灾风险分散机制。

最后强调两点:一是巨灾风险分散问题是我国农业大灾风险分散机制的突出"短板",应予以高度重视。建议以省一级作为巨灾保险的投保主体,中央统筹管理巨灾风险准备金,根据保额或受损情况对各地予以反补。二是我国农业大灾风险分散机制应构建"多方参与、风险共担、多层分散"的制度体系,形成由直保公司、再保机构、国家大灾基金多层分散风险,市场行为与政府行为协同发力,地方财政与中央财政合理分担,共同兜底巨灾风险的健康可持续性农业大灾风险分散体系。

(2020 年 12 月 29 日 在第十二期中国农业保险论坛上的小结发言)

第十六篇　创新我国种业保险
助力打好种业翻身仗

　　种业事关国家粮食安全,"一粒种子可以改变一个世界"。习近平总书记指出,要下决心把民族种业搞上去,抓紧培育具有自主知识产权的优良品种,从源头上保障国家粮食安全。2020 年中央经济工作会议和中央农村工作会议提出"要打好种业翻身仗",2021 年中央"一号文件"对打好种业翻身仗进行了专项部署,农业农村部也将打好种业翻身仗作为"十四五"时期农业农村领域重点任务之一。但种业是高风险行业,极易受到自然气候、市场、技术等多种不可控因素的影响,比一般的农业生产面临更大风险,亟待建立健全种业风险分散机制,保障现代种业的持续健康发展。

　　此次中国农业保险论坛以种业保险助力打好种业翻身仗为主题,契合当前保障粮食安全的重点工作。我主要讲两点体会:

一、充分认识打好种业翻身仗的
现实性和紧迫性

（一）种业是保障粮食安全的核心

从农业发展的大逻辑来看，种子既是农业的"芯片"，也是粮食生产的根本，战略地位至关重要。习近平总书记在阐述粮食安全的重要性时指出"此乃国之大者"，这个"大者"能不能"够大、够好"，关键在种子。20世纪90年代，美国人莱斯特·布朗发表了一篇文章《谁来养活中国》，指出无论怎么算账中国人也养活不了自己。但现在来看，到2020年我国粮食产量实现"十七连丰"，连续6年站稳1.3万亿斤台阶，人均粮食占有量达到474公斤，超过了国际通常认为的人均400公斤粮食安全标准线。中国人能养活自己，还养得不错，为什么呢？关键是资金投入大、农业政策好、依靠技术进步，其中技术进步主要是采用良种良法。种子发挥了关键核心作用，试想如果没有袁隆平院士的杂交水稻，我们今天在吃饭问题上将会面临怎样的状况？

（二）粮食安全的弦仍然绷得很紧

虽然我国粮食生产取得举世瞩目的成绩，解决了中国人能养活自己的问题，但依然要清醒认识到我国粮食生产面临巨大压力与挑战。我国除稻谷、小麦能实现绝对自给外，大豆、玉米总体自给率在85%左右，2020年我国进口了1亿吨大豆、983万吨食用植物油、700多万吨谷物、340万吨糖、1120万吨畜产品，进口量折合约替代了10亿亩耕地。保障粮食安全的要害是种子和耕地,但我国耕地的有限性是难以改变的现实,虽然我们力保 18 亿亩耕地红线(普查数据显示现有耕地面积约为 22 亿亩),但在城镇化进程推进、耕地后备资源不足的背景下(我国耕地后备资源约有 9000 万亩,近 65% 是零散地,近期可开发利用的仅约 940 万亩),耕地将长期处于紧平衡甚至呈现下降趋势。在耕地下降趋势下如何确保不减产?关键要靠种子,使种子成为增函数,成为保产量的增量。

(三)种业品质决定了农业发展的质量成色

种子是农业产业链和价值链的起点,是转变农业生产方式、提高农业水平、丰富农产品种类、改善农产品质量的关键。一粒种子决定一个品种的业态,要实现农业高质量发展,必须先推动种业高质量发展。我国小麦和水稻虽然实现了 100% 自给,但缺乏能够和世界优质品种相媲美的产品,每年依然需要进口约 700 万吨优质小麦和稻米;我国玉米和大豆的亩产水平只有美国的 60% 左右;种猪的繁殖效率、饲料转化率达到世界先进水平的 80%—90%;奶牛年产奶量相当于国际先进水平的 80%,我国农业发展水平与世界先进水平仍存在一定差距,核心是种业品质不高,如果种业品质不提升,到 2050 年我国优质农产品依然需要依赖进口。当前,我国已进入高质量发展阶段,着眼于我国长远发展和长治久安,需要实现更高质量、更有效率、更可持续、更为安全的发展,而农业发展的质量成色直接影响我国经济社会发展的成色,要实现农业高质量发展,种业品质提升必须先行。

(四)我国种业面临卡脖子的危险

目前来看外资企业占我国种子市场份额的 3% 左右,进口种子占全国用种量的 0.1%，种子供应总体有保障、风险可控。但我国种业自主创新与发达国家有差距，一些品种、领域和环节还有不少短板弱项，还受制于人，如果出现极端断供情况，虽然不会"一卡就死"，但会影响农业发展的速度、质量和效益。我国种业存在品种水平与国际先进水平差距明显、种质资源保护利用不够、自主创新能力还不强，种业企业竞争力不强，存在小、散、低、重等问题。立足新发展阶段、构建新发展格局，我国种业要自立自强，加快实施种源"卡脖子"技术攻关，保持水稻、小麦等品种的竞争优势，缩小玉米、大豆、生猪、奶牛等品种与国际先进水平的差距，坚决打赢种业翻身仗，确保中国饭碗主要装中国粮，中国粮主要用中国种。

二、大力发展和创新种业保险
助力打好翻身仗

（一）扩大种业保险的品种

打赢种业翻身仗是种业全领域都要翻身，不只是粮食作物，还涵盖经济作物以及畜禽、水产等方方面面。种业保险也不能仅停留在三大粮食作物制种保险，需要加快其他作物及种畜禽保险的可行性研究，条件成熟时尽快推出相关保险产品，进行试点推广，为种业提供全领域保障。种业保险扩面发展也要注意优先级，要有先后顺序，首先要保障好关乎国计民生品种，先做大做强粮食作物制种保险；其次对应中央补贴保费的 16 个品种，择其要者推进；然后要增加畜禽、渔业等种苗品种，目前这些品种尚未纳入中央补贴保费品类，可以尝试在种业保险上予以推行。另外,蔬菜是餐桌上重要的食物品类,应该重视开发蔬菜种业保险,但蔬菜的细分品种很多,不可能都做,比如茄子、辣椒、西红柿等是餐桌上的主导性蔬菜,而且这些品种我国自有种业较弱,要优先给予发展。

(二)延长种业保险的链条

目前种业保险产品主要集中在生产环节,对打赢种业翻身仗来讲,仅有生产环节的保险不能满足种业发展的需要,必须要从生产环节向研发、育繁、加工、运输、推广等环节延展,给予种业全链条的保障。特别是种子研发企业,开发新品种面临很大风险,急需研究出台支持育种创新的保险品种,保护种企研发积极性,解除研发企业开拓创新的后顾之忧。另外,应研究出台种企"一揽子"保险,将企财险、农业保险、员工意外险、责任险等纳入保障范围,对种企发展给予全方位保障。

(三)完善种业保险的投保主体

我国很多种子企业面临两头在外的问题,即育种基地和种子销售地均在外埠,由于财政资金不能跨省域运用,因此种子企业很难享受注册地政策性保险补贴,制约了种业保险对种子研发、生产、销售保障作用的发挥。因此,应进一步明确种业保险的投保主体,种业保险的投保主体究竟应该是企业、农户,还是科研院所?建议谁是主要的责任承担者和利益获得者,谁就是种业保险的投保主体。同时,针对种企两头在外的特殊性,研究种企在注册地投保政策性保险的实现途径,探索育繁推一体化发展方式下种业保险的保障模式。

(四)提高种业保险的保障水平

尽管 2011 年已有保险公司开办了制种保险,2018 年中央财政明确将小麦、玉米、水稻三大粮食作物制种保险纳入补贴范围,大力推动种业保险的发展,但总体来看我国种业保险保障水平低。种子的生产投入远高于普通种植业,种子的价值也高于产出的农产品。以玉米种子为例,生产成本达到了 3000 元/亩,其中物化成本达到了 1500 元/亩,相当于普通玉米作物生产成本翻一番,但粮食作物制种保险的保额只有 1000 元/亩左右。针对制种业投入大、管理费用高的特征,提高种业保险保额,发展完全成本保险符合种业风险保障实际需求。

(五)创新种业保险的保障方式

育种对气象条件要求高,极易受到不良天气的影响,而且由于制种业技术含量高,过程管理复杂,定损的专业性要求很高。因此,根据育种产业的特点,首先,应重点发展天气指数保险,以气象指数作为定损依据,降低定损难度和成本。其次,要开办价格保险,种企通常要储存一定量的种子,在存储期市场价格变化使储存的种子面临价格下跌风险,因此通过价格保险,可以兜底种企面临的市场价格波动风险。最后,种业保险应从风险保障走向"保险+信贷、担保、期货"等金融创新,为整个种业引入更多的金融资源,助力种业做大做强。

(六)加强种业保险的顶层设计

种业保险与传统农业保险存在一定差异,对政策制定、监管方式、保险产品设计均提出了新要求。因此,要加强制度建设、推进政策创新,为种业保险的创新发展开拓空间、营造良好环境。特别是要加强种业保险顶层设计,开展专项研究,对标种业发展实际需求,研究制订国家种业保险发展计划,系统规划种业保险的发展策略。

打好种业翻身仗是一个巨大的工程,需要政府、科研院校、企业、农民,以及社会各方面共同努力,其中金融保险的支持不可或缺,让我们大家齐心协力,为习近平总书记讲的国之大者贡献应有的力量!相信我们一定能够打好种业翻身仗,在不久的将来,我国种业必将跻身世界一流行列!

(2021年3月29日　第十三期中国农业保险论坛上的小结发言)

第十七篇 要将太安农业保险研究院
建设为行业高端智库

非常高兴参加太安农业保险研究院成立庆典。在我的印象中,我国由省级政府成立的第一个专门性的农业保险公司是上海的安信农险公司。我也查了一下资料,在农业保险公司层面,甚至从保险公司层面,太安农险研究院是第一家开展农业保险专门性研究的研究院。太安农险研究院是一个开放式的行业研究平台,除太平洋保险公司以及安信农险公司这两家发起单位,还有华风象辑(北京)气象科技有限公司、北京佳格天地科技有限公司、金丰农业服务有限公司和上海艾妮维农产品专业合作社等单位的加盟,便更显其意义的特别。所以我认为这是一个壮举,是一个创新,值得庆贺。

一、我对太安农业保险研究院的
正式成立表示热烈的祝贺

今天,国家部委中相关司局负责农业保险的同志多数参加了研究院的成立仪式,足见太安农险研究院从成立之日起便得到有关国家部委高度的重视和关心,也充分表明其成立的重大意义。太安农险研究院的成立,首先表现了太平洋保险公司和安信农险公司高度的政治责任感。农业既是我们国家的重中之重,也是我们党工作的重中之重,特别是党的十八大以后,习近平总书记特别提出了,农业要强,农民要富,农村要美。党的十九大标志着我们进入了中国特色社会主义建设的新时代,这也标志着我国农业建设进入了一个新时代。从党中央来讲,有两个战略性方向:一是农业农村优先发展,这个词过去没怎么提过,表明党中央第一次把农业农村摆在优先发展的位置;二是提出了乡村振兴战略。农业保险作为农业现代化的"保护堤",农民收入保障的安全阀,在新时代其地位越来越重要。太安农险研究院的率先成立,体现了太平洋保险公司和安信农险公司一种高度的政治责任感,体现了心系农民、关心农业的情怀,更是贯彻落实党的十九大精神的一个具体举措。

二、太安农险研究院的成立体现了一种卓越的追求

太平洋保险公司和安信农险公司提出要将太安农险研究院打造成为农业保险研究的第一品牌,这就是卓越追求,也是其核心竞争力所在。太平洋保险公司和安信农险公司的农险发展,无论在品种创新、科技创新、服务创新还是保费增长方面,均走在全国的前列。现在又率先成立全国第一家农业保险专业研究院,并朝着第一品牌去努力,继续提高其核心竞争力,我认为这是一种高标准追求的表现。

我国的农业保险正处在一个跨越式发展的阶段,尽管取得了很大成绩,但是我们对中央有关农业保险政策的落实还有差距;很多农险的

品种还处于小范围试验阶段;农险服务水平和服务质量还不是很高;农险的相关政策体系还不够完善;大灾风险分散机制还未建立,这些都需要我们继续努力。太安农险研究院,可以在这方面有更多的作为。

三、太安农险研究院体现了一种世界眼光

这个世界眼光就是太安农险研究院邀请了瑞士的再保险公司加盟。

大家都知道,中国的农业保险规模现在已经是亚洲第一、世界第二,但是无论从保险的广度,还是保险的深度,我们的差距还很大。这里举一个美国的例子,我之前看了一个材料,美国农民安全网的经费2017年大概是136亿美元,而其中105亿美元用在农业保险上,占比高达70%以上。我国现在的农业资金补贴2000多亿元,而中央财政给予农业保险的只有200多亿元,占比仅为10%左右。应该说我们和美国以及西方的一些发达国家相比,还是有很大的差距,我们需要学习、需要借鉴。太安农业保险研究院有瑞士再保险的加盟,就是一个切实的举措,为我们学习、消化、吸收国外一些好的做法、好的经验,提供了一个窗口、一个平台、一条纽带。所以,我认为是有世界眼光的。

关于研究院的功能定位,我认为,第一,应该为农业保险提供更多的理论支持。我国农业保险现在还主要停留在一种技术工具的层面,很多政策的制定还源于实际的操作、一些实际经验的总结。从某种意义上说,我们解决了在做什么,但还没有完全解决为什么的问题。那么我们做研究,就是要更多地把我们正在试点的东西,所取得的经验,进行理论的抽象,要把零零整整的实验、实践加以系统化。通过理论化、

系统化以达到对农业保险实践指导的效果,从而解决为什么的问题。第二,应该为农业保险提供标准化的支撑。我国现在的农业保险是千军万马、千帆竞发、千奇百怪,对发展中的农业保险这是必然的。但是仅从中央财政补贴农业保险已有十余年的时间了,现在行业中的农业保险产品试点,应该向着规范化、标准化去努力。通过标准化,减少随机性,达到便于操作、便于推行的效果。第三,应该为农业保险提供更多的范式支撑。仅一个农业指数保险,就在 26 个省份试点,保险产品的样式有数十种,甚至上百种,一个地方一个样。我认为应该选优,将具有全面性意义的优化的农险产品或品种、样式变成可以参照、可以复制的标准范式,使农业保险的服务水平和服务质量向前提高一大步。

最后,希望太平洋保险公司和安信农险公司在太安农险研究院诸多研究成果的支持下,早日实现中国农业保险第一品牌的目标。同时,应加强太安研究院自身的建设,使其成为农业保险行业的高端智库,进而推进农业保险在精准落实中央关于农业保险政策、提高服务质量及服务能力、农业产品创新上均走在全国前列。我愿意和大家一道,尤其是和专家学者一道,发挥一点余热,保持过去的精神状态,按照习近平总书记关于"三农"的重要论述,专心致志地研究农业保险工作,尽自己的绵薄之力,为中国农业保险的发展,为中国农民能够在农业保险当中享受到更好的实惠,去作出自己应尽的努力。

（2018 年 11 月 8 日　在太安农业保险研究院成立会上的致辞）

第十八篇 深入领会 2021 年中央 "一号文件"精神

很高兴参加太安农险研究院举办的 2021 年中央"一号文件"解读会,本次会议表明了太平洋保险公司和太安农业保险研究院具有较高的政治觉悟和政治责任感。今天这个解读会既是一个学习会,也是一个如何落实"一号文件"的工作研讨会,产生了积极的政治效应。

一、从认识中央"一号文件"的 角度讲一点感受

第一,我认为 2021 年的中央"一号文件"和以往的中央"一号文件"相比更具纲领性,文件专门一部分分三段论述党中央重视"三农"的重要思想,放在文件的导语部分,其结尾写了这样的话,"举全党全社会之力加快农业农村现代化,让广大农民过上更加美好的生活"。这种纲领性体现在提出了我国现代化事业进入到发展的新阶段,"三农"新的目标、新的任务、新的方针、新的政策就是全面推进乡村振兴,加快农业农村现代化。

第二,文件的纲领性不是只统领 2021 年一年的,而是要统领中国整个"十四五"时期的,当然也涉及 2035 年,它是一个带有历史长度的或者时代长度的,所以我们要站在这个角度来看这个文件纵深的程度。

第三,文件内容的全面性。过去我们的文件更多地把着重点放在农业上,当然也讲农村、讲农民。但讲农村讲得不多或者讲得不充分,讲得不是那么来劲,讲得力度、强度不够。在这次文件里面提出了要开展"乡村建设行动",事实是讲的农村问题,这里面条条都是管用的,所以从这点我们就可以讲它是具有全面性的。就"三农"而言,农业、农民、农村是一个整体,发展农业、富裕农民、美丽农村,一同推进。这是我们要把握好的,不可偏离。

二、对学习文件、落实文件上谈点想法

首先是要抓住文件的一些关键点。

(一)防止规模性返贫

这件大事写在中央"一号文件"中,分量很重。从中央层面我国已宣布脱贫,但从全面富裕的要求看,此事并未完结,核心点是防止规模性返贫,处于边缘、可能返贫的脱贫户估计可能有 1000 万人,这是不小的一个数字,防止规模性返贫的工作不可懈怠。

(二)保障粮食安全

2021 年"一号文件"最大的不同是强调粮食安全党政同责,出了问题不仅仅是追究省长的责任了,首先要找省委书记。这里面又有两个核心关键点:一是守住18亿亩的耕地红线,这是不能动的,破了这条红线,作为领导者要追究政治责任。二是打好种业翻身仗,种子是"卡脖子"的问题,种子是"农业的芯片"。粮食安全了、丰收了,农民也安全了,全国人民也安全了,国家也安全了。要看到我们农业年年都在丰收,带来了农村的稳定,全国的稳定,手中有粮,心中不慌,道理在这个地方。

(三)发展乡村振兴产业,建立乡村产业体系

建立乡村产业体系这句话是中央"一号文件"提出来的,这是今后乡村振兴带有基础性、关键性、根本性的一个关键点。这一条就跟农业保险有关系了,今后农村的富裕、农民的富裕、农村的发展,是不是走向现代化,关键要看乡村产业是不是发展起来了,乡村产业不仅是种养殖业,还是一二三产业融合发展的农村产业。

(四)乡村建设行动用了"加快"这个词

这里面讲了很多条,特别提到了促进农村消费,这又是和谁相对应的呢?是和我们"双循环"相联系的,要建立一个强大的消费市场,它的关键在哪里、它的潜力在哪里?是在农村,而且农民的消费意愿是高过城市的。据统计分析,农民的1块钱,消费意愿有8毛钱;城市居民的1块钱,消费意愿只有6毛钱,为什么呢?这是因为尽管这些年农村有大的发展,农民的消费有所增加,但农民的消费层次仍然比较低,农民消费还有短缺和大的潜力。如农民大量地买汽车,这是新的经济现象带来的农村一系列新的变化。

(五)强化对农业农村优先的投入保障

特别提到制定落实提高土地出让收益用于农业农村比例考核办

法,深化农村金融改革,构建政策性金融、商业性金融、担保、保险、期货有机协同的现代农村金融服务体系。

(六)加强党对"三农"工作的全面领导

特别是全面推进乡村振兴、加快农业农村现代化要求各级党委、农村工作领导小组牵头抓,表明党中央对"三农"工作的推进力度加深。

三、结合农业保险谈几点看法

作为农险战线、农险部门的同志,管理者也好、经营者也好,我认为学习"一号文件"、读懂"一号文件"就是读懂了我们工作的全局,我们才能更好地服务全局。要用高质量发展的要求发挥农业保险的职能作用,来助力乡村振兴,加快推进农业农村现代化。

第一,中央"一号文件"为我们农业保险展现了更加广阔的前景、展示了更加广阔的领域。2021 年的中央"一号文件"对农业保险写了四条,这四条都是很有内涵的,粮食的高保障保险是试点,现在要扩大,实际就是加快全覆盖的步伐。

第二,优势特色农产品保险,2021 年的中央"一号文件"力度比往年大,这对推进乡村产业具有现实意义,需要保险机构乘势而上、乘势而为。

第三,文件对"保险+期货"表述是"在乡村产业中发挥作用",这是很有内涵的。乡村产业的风险最大的还是价格问题,价格风险采取"目标价格+保险+期货"的模式,这是中国的创造,是解决价格风险可以探讨的一个可行途径。要解决好目前"保险+期货"的问题,关键是政府要给予保费补贴,要建立起政府、保险机构、期货机构、农户的互动共担机制问题。

第四,再保险。中国农业再保险公司真正挂牌经营是在 2020 年年底,是刚刚开始的,文件用了"完善"两个字也是意味深长的。从我们国家农业保险来讲再保险实际上是属于高质量发展文件里面的健全机制的范畴。对保险来讲,本身又是一个安全阀,也为我国农业保险展现了更加稳健经营的前景。当前,中农再除做好分保业务外,较为紧迫的任务是加快建立大灾保险分散机制问题。

第五,我们既要看到新的需求、新的机遇,农业保险更要看到新的挑战。我们农险人应该以高度的政治责任感来从事农业保险工作,我们从某种意义上讲履行的是一份政府的责任、是一份农民的情怀,所以还是要坚持改革引领、服务为本、科技支撑,一起来为推动我们乡村振兴、推动农业的现代化作出农险人应有的贡献。

(2021 年 3 月 9 日　在太安农险研究院举办的 2021 年中央"一号文件"解读会上的发言)

第十九篇 创新农业保险发展思路 助力黑土地保护与利用

很高兴参加中国农业大学和太保产险公司联合举办的"2021 年金融助力黑土地保护与利用论坛",为保护"耕地中的大熊猫"建言献策,首先体现了对保护耕地,保障我国粮食安全的一种高度的政治责任感,值得赞佩;其次是有很强的现实意义,保护黑土地已被国家所高度重视。习近平总书记在 2020 年 7 月到吉林省视察时强调"一定要采取有效的措施,切实把黑土地这一耕地的'大熊猫'保护好、利用好"。最后,利用金融,特别是保险的办法来开展对黑土地的保护与利用,无疑是一种创新,将会提供一种新的方法和路径。所以,我对这次论坛的召开表示高度的赞许和良好的期待。

关于黑土地保护,我于 2015 年 7 月曾在吉林省开展过一次专题调研,当时我还在任职当中,调研组有中央农办、农业部、国家粮食局的有关同志。调研中我们就感到黑土地,尤其是东北的这块黑土地特别珍贵。从世界范围看,现在是三大黑土带,过去是四大,后来有一块退化了,这也是地球的悲哀。因此,黑土地是珍贵而且稀缺的土地资源,因为全世界只有三块,中国占了一块,虽然不是面积最大的,但不管怎么样都是中国之福,既是中国的"米袋子"(北大仓),又是重要的"奶瓶子"和"肉铺子",但是因为自然和人为的原因,一方面黑土面积减少了,另一方面是质量退化了。在面积减少方面,经常提到是自然原因,实际上我去东北地区调研时发现,东北在水土保持方面的基础设施,比南方要差一些,沟壑多是自然状况。调研松花江流域的堤防,与长江流域相差较远,政府的投入也相对比较少。我2015年去吉林省榆树市调研时了解到,在吉林省光因为水土流失就损失了1260万亩,建设用地每年占用50万亩。还有农药、化肥,尤其是除草剂的大量使用,对黑土地无疑是一种损害。

关于质量的退化,有自然的原因,但可能更多是人为因素。对于质量退化,可以用三句话概括。第一句话叫有机质含量下降,黑土地越来越"瘦",吉林省黑土地从开垦之初有机质达4—6厘米厚,下降到现在的2—3厘米,就是越来越瘦了。第二句话是耕作层变浅,黑土地越来越"薄",因为过去一般的耕作层都在15厘米左右,现在改变了。目前,对于土壤深松,黑龙江省有一条明确的规定,不再补贴400以下马力的农业机械,主要是倡导土地深松。美国是35—40厘米的耕作层,耕作层薄,就容易造成土地板结,再加上化肥过量使用,就越来越薄了。第三句话是土壤的养分失衡,黑土地越来越硬。所以我们用三句话总结,一个是瘦了,另一个是薄了,还有一个是硬了。

调研过程中,与专家一起讨论,后来在调研报告中提了六条建议,简单与大家交流一下。

第一,要提高认识,增强对黑土地保护的紧迫感。

第二,要突出优先序,把工作的基点放在优化能力措施。

这部分提出三个具体建议:一是秸秆还田,大概连续三年秸秆还田就能够带来有机质0.03厘米厚的提升。二是增加有机肥,当时到吉林省榆树市调研,榆树市就采取了这样的措施,农田施有机肥,都给予奖励。三是保护性耕种,采取包括深松等保护性措施。

第三,要加大工程性措施,要加强水土保持的投入,没有投入是不行的。

第四,要强化综合统筹,发挥政策的最大效益。比如说我们要开展秸秆还田,秸秆还田的话就得要留低茬,就得要粉碎秸秆。如果留的秸秆太长,第二茬的庄稼会很难种植,农民不方便在地面操作,种子也容易死苗。一亩地大约会增加100元成本,这些都需要政府有一定投入。

第五,要在改革上下功夫,推动适度规模经营和结构调整。

第六,要加快立法,建立黑土地保护制度。当时我们大概提了这六条建议,这个调研报告也受到中央主管领导同志的高度重视。

近年来,我们高兴地看到,中央加大了对黑土地保护治理的力度,地方也创造了一些有效的方法。特别是2020年,在黑龙江省召开了全国黑土地保护现场会,农业农村部、财政部印发了东北黑土地保护性工作的行动计划,出台了一些有关黑土地治理和利用的强有力措施,这些举措也都在逐步显现效果。

今天是从金融保险的角度来谈这个问题。我很高兴地看到三个有关的案例,第一个案例是太保安信在上海市,主要是在松江区做的耕地地力指数保险,这个险种已经推出近三年时间了,是一个开创性的先例。第二个案例是太平洋保险在吉林省梨树县开展了与黑土地保护相关的保险项目。第三个案例是青海省在全省开展了针对"少施化肥,保护土地"的政府补贴,对于因保护土地而减产的粮食产量由政府给予补贴。这三个案例虽然是初步的,但也应该视同一种积极的实践与尝试,是一种大胆而有意义的创新。它们也体现了利用保险,特别是用金融的办法来保护和利用黑土地的现实可能性,给了我们一种信心。我觉得从保护的角度来讲,还是要从防止退化、增加有机质这两个重点作为金融助力黑土地的关键点。

从目前开展的各项工作来推动黑土地的保护与利用,主要有五个方面的工作。第一,要减少农药化肥的使用,这是重要的关键点,具有重要的相关性。第二,要增加有机肥。第三,要实行休耕和轮作。第四,要秸秆还田。第五,要深松土地。建议在设计相关的保险金融措施中可以从这五个相关的环节上来做文章。

具体来说,可以从两个方面着力:加大奖励力度;要有违约责任。在保险方面由此设定相应的目标值,达到了就给予奖励,没有达到就追究责任。建议与目前正在大规模实施的三大粮食完全成本保险和收入保险这个高保障的险种结合起来,一并推行。将政府对黑土地保护的补贴列入保险中,达到一定的目标值,将政府的补贴变成一种奖励资金。相信只要确立起绿色发展的导向,坚持生态化理念,运用好农业保险的倍增和杠杆功能,一定能在助力黑土地保护上开出新路来。

(2021 年 6 月 18 日　在"金融助力黑土地保护与利用论坛"上的发言)

第二十篇　把握好农业保险的新趋势

关于农业保险我谈一些看法。

一、我的农险情怀

我热衷于农业保险工作,结缘于在中央农村工作领导小组工作期间。2017 年 1 月,汪洋副总理指示我牵头组织开展一个关于农业直补政策到怎样开展间接性补贴的专项调查。这个调查前后持续了半年时间。在调研过程中,我比较深刻地了解到,中国农业保险的历史、现状,取得的一些成果和经验,当前存在的问题,以及广泛地开展农业保险的必要性、现实性。由此,调研组提出了许多关于在中国开展农业保险的若干政策性建议,包括提出在三大粮食作物中开展完全成本保险的建议。后来,我集合调研组的调研成果,专门出版了《让保险走进农民》的专著。我退休后,除了自己读点书之外,还继续做点关于农业保险的工作,作点调查研究,向有关主管部门提一点建议,为农业保险机构提一点咨询意见,继续为农民服务。

讲到这次专题调研,大家有几点共识。一是中国农业保险从 2007

年实施中央财政保费补贴以来,进入跨越式发展阶段。我们用跨越式来界定中国农业保险的发展,其中最重要的依据是年保费收入呈 20%以上的增长。二是尽管我国保费收入已经成为除美国之外的世界农险保费第二大国,但是中国农业保险仍然处于初级发展阶段,这是发展中的问题,但是通过我们的努力,是可以解决的。三是大家都建议要成立中国的农业再保险公司,打通农业保险的"最后一公里"。

以上是我从事农业保险的缘起,我作为一名共产党员,一名从农村基层加入党组织的领导干部,对农民、对农村有着一种天然的情感,不忘自己的本心、初心。

二、坚定农险发展信心

湖南省是个农业大省,在全国来讲,湖南省在农业保险方面是走在前列的,有不少的创新,提供了不少好的做法和经验。在我印象当中,一是湖南省财政拿出 5000 万元做特色农产品保险补贴;二是湖南省建立了具有特色的农业巨灾保险;三是湖南省在省级层面建立了农业包括农业保险的信息平台。

我首先要告诉从事农业工作、从事金融和林业工作的同志们,一定要坚定对中国农业保险的信心和决心。

(一)农业的自然风险在增长

农业的自然风险可以说是一个恒定现象,特别是温室气体的排放增多所引起的气候变化,使极端天气频发,这无疑增加了农业的自然风险。为什么会有巴黎气候协议,这表明气候的大风险在增长,极端风险在不断出现,各国一致同意采取措施来应对。根据目前预测,到21世纪末气候变化引起的海平面升高,将会使地球上1.5亿人被迫搬家,这就是极端风险的存在。就中国而言,这种自然风险的增长,从根本上讲是坚持生态化发展。从防范农业风险的角度看,就是加大农业保险的力度。

(二)农业面临的市场风险在增长

市场风险越来越大,从2019年的调研来看,食糖从7000多元一吨到5000元一吨,棉花从1.7万元/吨跌到1.3万元/吨,猪肉价格(有非洲猪瘟的影响)起伏不定,这就是市场风险。我们国家粮食价格风险较小,这是因为有政府的政策托底,再加上我们长期以来饿怕了,粮食上下的功夫大,才有了今天的结果。当前市场风险最大的是特色农产品,因为这些产品要素形成市场,还有一个过程,市场要接受它,不容易,另外市场的容量还未达到一种规律性状态。价格也没有形成一个常态,一会高、一会低。大多情况下特色农产品保险,赔付率都超过100%,道理也就在这里。基于自然风险和市场风险,需要农业保险,特别是在产业扶贫方面,是否稳得住,需要农业保险。

(三)新型农业经营主体更需要保险

现在我们要看到一个新的经济现象,就是大量的新型农业经营主体的出现,需要农业保险。如果是小农户,一家二三亩地,旱了、涝了不会给全家造成崩溃性损失;但一个新型农业经营主体,比如500亩地,光租金就几十万元,一旦遇到大风险,就可能会倾家荡产。所以,新型农业经营主体作为一个新的经济形态、新的经济现象,它所承受的经济风险和自然风险更大,它对农业保险有更为迫切的现实需要。

（四）政策趋向支持农险发展

现在总的政策导向是减少农业直接补贴,运用间接补贴的办法。为什么要这样,它的本质在于农业同样要推进市场化。而间接补贴,农业保险是一个最合适的办法,对政府来讲,是一个政策工具;从经济角度来讲,又是一个市场工具。保险具有倍数作用和杠杆作用,就是以少量的保费,保额则高出保费数十倍,受损后能得到高出保费的赔付,政府对农民投保给予保费补贴,自然保护了农民的利益,减少了损失。所以这些年来,政府每年都以 20%以上的增幅增加对农业保险保费的补贴,这是一种政策的趋向,这种大势是不可违的,要充满信心跟着大势走。

三、积极把握农险高质量发展的趋势

四部委下发的农业保险高质量发展指导意见的文件是非常好的文件,高质量的核心是三句话:完善农业保险制度、提高农业保险服务水平、健全农业保险机制,这三句话做到了就是高质量。再往下理解,"完善、提高、优化"这六个字就是我们高质量发展的关键。我们要注意抓住几个农险的发展趋势。

（一）抓住提高保障水平,保障农民收益的趋势

农业保险,过去主要是物化成本保险,主旨是广覆盖、低保障,这是根据当时农业生产状况和政府财力水平所决定的,主要是解决受灾后农民的再生产能力问题。现在不一样了,现在及未来高保障成为一种趋势。我们很振奋地看到,《关于加快农业保险高质量发展的指导意

见》把完全成本保险和收入保费作为重要的险种。我理解，过去的农业保险重点在稳定生产，在稳定生产的同时还要保障农民收入。当然农业保险不是投资，不是赚钱的，它只是一种保障，而且是受灾之后的一种保障。三大粮食作物的完全成本和收入保险的试点，可以说开启了农业保险高保障的闸口。

对于收入保险，过去我认为很难，自从去了山东省调研，现在我觉得这事也不是很难，是可以做到的。山东省威海市的文登市就开展了玉米和小麦品种收入保险。它们把近十多年来的玉米产量和价格计算出平均数，形成了收入保险的保额，即玉米 700 元、小麦 750 元，农民同意，保险公司愿意，就开展了起来，效果不错，这也算是一个地方经验吧。我准备下一步调研，将完全成本保险和收入保险做个比较，总结其中的优点。还有山东省嘉祥县开展了大豆收入保险，事实说明我们是可以做收入保险的。我国这些年的实践为高保障的品种提供了若干个实践范式。如："基本险+附加险"是高保障险种，还有"目标价格保险+期货、保险+期货、订单+保险+期货"，是一个产量险和价格险的组合，也算是高保障保险，表明高保障保险有广阔的空间，这是未来的一种趋势。

（二）抓住农业保险一体化发展的趋势

综合险或者农业保险一体化发展是个趋势，因为农业形态在变，过去种就是种，加工就是加工，现在是一二三产业融合发展，从生产、储藏、运输、加工到消费越来越趋于一体化。还出现了新的组织形态，安徽省建立了农业产业联合体，因为一个合作社从某种意义上来讲，并不能形成一个生产链，而一个龙头企业加若干个生产合作社，再加上若干个农户，形成了一个联合体，形成了生产链条，从生产加工到销售。对此,我在安徽省做过专门的调查。目前人保就提出来"一县一保,一单一保"。在甘肃全省推广一张保单保全家,这也是一个创新。从保险来讲,要抓住这样的趋势,掌握发展的主动权。

(三)抓住防险与保险一体化的趋势

防险和保险一体化。传统的保险是损失发生了,进行损失赔偿(付)是事后的。而防险是事前的,就是说,损失还没有发生,进行预防或者及时救治,防止或减轻了灾害损失,将关口前移,或者叫提前发现、介入和预警。如非洲猪瘟,我们可以提前提供有关猪瘟可能发生的若干知识或药去预防,从比较利益上讲,防险的获益要大于保险的获益。没有哪个农民愿意投保的猪死掉,获得赔款。因为即使100%赔付,只能是养猪收益的大部分,只有不死猪,农户的收益是最大的,通过防险,不死猪,对农户和公司来讲,前者没有死猪,获得养猪的全额收益,后者少赔付和花费了防止死猪的费用,肯定比死了猪的赔付少,大家"双赢"。这对保险机构是一种新的方法,要求加大服务力度,利用保险公司的信息优势、管理优势、专业优势,利用保费加大防险力度,降低风险,实现"双赢"。

(四)抓住保险、担保、信贷一体化的趋势

保险、担保、信贷,实际上也需要一体化也能够实现一体化。其实,保险所具有的征信功能本身就降低了信贷风险。一家一户的担保和银行的贷款风险大,有了保单质押,就降低了风险。保险、担保、信贷可以结成一个共同体,解决农民贷款缺少质押的难题,进而解决农户贷款难的金融难题。上海市最先开展了这样的业务,效果很好,为我们提供了经验。从今后发展来看,具有普遍性意义。

（五）抓住政府、保险公司、农民紧密结合的趋势

最后一个趋势，就是政府、保险公司和农民日益紧密结合。农业保险实际上是一个政府和保险公司及农户互动的过程，谁也离不开谁，只有合作支持才能实现保险的目标。当然各自的职责都有边界，把这些边界搞清楚、做好了，各司其职、其责、其权，就没问题。政府主要是做规划、出政策、搞监管、进行社会动员。公司自主运作，守规守法，按约定条款经营。农民根据自身需要、需求购买，提出合理的诉求，避免道德风险和逆向选择等问题。

湖南省的农业，特别是现代农业发展很快。希望湖南省在农业保险方面创造更多好的做法和经验，为农业更好地发展、为农民通过购买农业保险防范风险、获得稳定的受益作出更多的贡献。

（2019 年 12 月 13 日　在"湖南农业保险高质量发展专家面对面座谈会"上的讲话）

第二十一篇　以创新为动力　推动
农业保险高质量发展

2021 年 4 月中旬,我到河南省开展全国三大粮食作物完全成本保险和收入保险试点情况的调研,在调研中了解到,河南省农业保险的保费收入已超过 50 亿元,达到 56 亿元,居全国第二。同时,河南省除了在 4 个县开展中央财政补贴的小麦完全成本保险试点工作外,还选择了 40 个小麦种植大县,在每个县开展 10 万亩优质小麦的完全成本保险工作,体现出了河南省对确保粮食安全的责任和担当,着实让人振奋。

在与河南省省直有关部门的座谈中,我对河南近些年来开展农业保险——尤其是保险创新有了更多的了解,备受鼓舞和启发。

一、河南省加快产品创新,丰富
农业保险产品供给

围绕优质小麦、优质花生、优质草畜、优质林果设计保险品种,制订完全成本保险的试点方案,提升保障能力。为了解决大宗特色农产品的价格风险、稳定农民的收益,河南省 2020 年开办了苹果"保险+期货"试点项目,为 2503 户果农提供风险保障,达到 2.27 亿元,参保果农的苹果每亩增加了 610 元收益。目前正在研究花生、大蒜的"收入保险+期货"的试点方案。

二、河南省开展制度创新,提升农业保险的运行效率

适时对小麦、育肥猪、公益林保险费率进行动态调整,真实反映农业生产的风险状况。如在小麦完全成本保险中,将贫困户投保的费率确定为 4%,比普通农户降低了 1 个百分点。河南省财政厅还将财政补贴资金的流程进行了优化,不再将财政保费补贴资金拨付到县一级,而是据实将省级保费补贴直接拨付至省级保险机构,由市级将中央保费补贴直接拨付至市级保险机构,这样就减少了资金拨付层级,减轻了保险公司保费补贴资金应收压力。

三、河南省运用技术创新,提升农险服务的效能

从 2017 年开始就利用卫星遥感技术对承保的数据进行统计、分析、核定种植业保险的承保数据,到 2020 年已经全省全覆盖。此举核减了不当保费近 3 亿元,有效地防止了虚假承保问题。

这些创新的举措和成果,大大丰富了农业保险的实践,推动了农业

保险的高质量发展。

河南省农业保险的创新实践,离不开对农业保险的创新研究。我之所以有这样的看法,是因为这本书对河南省的省情(尤其是农情)进行了深入研究分析,对每一个农业保险的试点方案进行了深入分析和论证,对每一项试点进行了范式性总结,对中央和河南省相关农业保险政策进行了汇总。河南省农口同志们这种致力于研究的精神,这种既注重实践又注重总结的态度,这种对农业保险的热忱,是让人感佩的。文稿中收录了 21 个很有特色的典型案例,它们对其他地方同样具有参照性的使用价值。河南省的同志让我为本书写序,我欣然应允。

2007 年,我国的政策性农业保险在河南省、四川省、内蒙古自治区等 6 个省区开始试点,现在已进入跨越式发展阶段。2020 年,全国农业保险保费收入达到 814.93 亿元,年均增长速度逾 20%,农业保险保费规模超过美国,成为世界第一,堪称奇迹。这充分表明,党和政府对关乎粮食安全和农民利益是高度重视的。

但是,我们也要清醒地认识到,我国虽然已是农业保险大国,但不是保险强国,仍处于"扩面、增品、提标"的新发展阶段。2020 年,我国的农业保险深度只有 0.95%,农业保险密度仅为 344 元/人。农业保险政策支持不足,机制体制还有短板,服务水平不高,能力不足,这些都制约农业保险的高质量发展。我国的农业保险要以创新为动力,在完善农业保险政策、提高服务能力、优化运行机制上下功夫。具体而言,要在以下三方面坚持创新。

产品方面,包括扩展承保农作物的种类,在做好大宗农产品保险的基础上,研发特色农业保险品种。提高风险保障的层次,由保成本向保产量进而向保价格和保收入转变,由"自然风险单一保障"向"自然风险与市场风险双重保障"转变,开发符合农业龙头企业、专业合作组织等需求的保险产品。开办农业气候指数保险、价格指数保险、区域产量保险等具有标准化和透明性特点的险种。

技术方面,可以采用卫星定位测量、地理遥感技术、自动气象站等高科技方法与设备,简化风险评估程序并扩大可保障区域。可利用人工防雹等人工影响天气技术、防病防疫技术等,进行防灾减灾风险管控。

服务方面,保险公司可与农业技术推广部门、气象部门等建立联动机制,把保险的经济补偿与农业生产防灾防损、农业新技术推广、农业信息发布等服务结合起来。可以积极推进农业保险与信贷、担保等农村金融手段的结合与创新,促进农业金融协同发展,加强对现代农业发展的金融支持。

河南省农业保险创新走在全国前列,相信能百尺竿头更进一步,在农业保险领域继续作出更多创新,更好地助力乡村振兴战略,推进农业现代化。

（为《河南省金融保险支农创新研究》作序,中原农民出版社 2021 年出版）

第二十二篇　进一步提高农业保险的
保障水平

由中国农业科学院信息所和太安农险研究院共同研究的《中国农业保险保障研究报告 2021》今天发布。这是一份具有客观性、科学性的报告。就此，我对如何进一步提高农业保险的保障水平谈一些认识和想法。归结起来是三句话：第一句话是"农业保险发展步伐加快"；第二句话是"农业保险的问题依然突出"；第三句话是"推进的力度还需加大"。

一、农业保险发展步伐加快

我国农业保险经历了九十多年的曲折发展。早在 1934 年，在金陵大学农学院与上海银行支持下，安徽省和县成立了乌江耕牛保险会，举办了耕牛保险。这是中国现代保险史上最早的由农民自发建立的相互保险组织，具有互助合作的性质。1944 年，成立的中国农业特种保险股份有限公司，开办了牲畜保险。但这些努力，最终都因为各种原因不了了之。新中国成立后，1950 年中国人民保险公司开始试办农业保险,开启了我国农业保险发展的新阶段,但也是历经曲折。根据专家的共识,中国的农业保险真正成为一项农业政策工具,成为一项普惠性措施,作为防范农业风险保障农业生产和农民利益的有力手段,是从2007年开始的。2007年在中央财政的支持下,实施对农业保费的财政补贴,开始了中国农业保险跨越式发展的新历程,一直延续到今天,农业保险保费收入一直保持年均20%以上的增长速度。中国进而成为农业保险的大国。本次发布的《中国农业保险保障研究报告2021》对中国农业保险所取得的成果做了详尽的描述,我认为最为显著的是有五个标志性的成果。

（一）保费收入跃居世界首位

2020年我国农险保费为815亿元,超过美国,居世界首位(美国农业保险保费收入为715亿元),这具有阶段性、历史性的重要意义。

（二）2020年我国农业保险深度达到1.05%,提前两年完成了中央确定的目标任务

在《关于加快农业保险高质量发展的指导意见》中提出"到2022年,农业保险深度达到1%",这表明我们已经提前两年完成。文件同时提出"到2022年,农业保险密度达到500元/人",2020年已达到460元/人,可以预想,这一目标完全可以超过。我举此数字,是想说明中国农业保险量质齐升。

（三）"三大主粮完全成本保险和收入保险试点工作"取得了圆满的结果

这项试点既是保障粮食安全、保障种粮农民收益的重大举措,也开

启了高保障农险的先河,意义重大。2021 年四五月,我来牵头,会同财政部、农业农村部、银保监会的多位同志组成调研组,赴湖北省、安徽省、河南省、辽宁省等地开展了历时一个多月的"三大粮食作物完全成本保险和收入保险试点情况调研"。调研后的结论是,从政府到保险机构到农民对这项保险都是赞同的,这是十分难得的。一是促进了粮食生产。24 个试点县的粮食种植面积整体几乎都有增长。有的地方,还出现了将单季稻改为双季稻的现象,这是十分可喜的。二是保障了农民的收益。水稻的保险金额达到了 1100 元/亩、小麦达到了 930元/亩、玉米达到了 700 元/亩,这种保障水平是过去的 1 倍多,确实起到了保护粮食生产、保障农民收入的作用。2021 年 6 月,财政部等三部委再次联合发文,确定扩大到 60% 的产粮大县开展完全成本保险和收入保险,2022 年实现产粮大县的全覆盖。如果这个高保障的险种能够覆盖所有产粮大县,必将进一步稳固我国的粮食生产,保障种粮农民的收益。

(四)中国农业再保险股份有限公司揭牌成立

经过业界多年的努力,在中央的高度重视下,成立了中国农业再保险公司,成为政府主导的一个专营农业再保险的公司,并肩负着建立并统筹管理大灾风险基金及承接政府支农惠农政策的职责,使中国的农业保险从机制上更加完善。可以说,中农再的设立是中国农业保险,乃至中国金融的标志性事件。

(五)绿色保险已然开启

党中央提出了"双碳"战略,绿色保险已经成为农业保险新的要求。如太平洋安信开发的地力指数保险;青海省在全省化肥农药减量增效行动(2019—2023 年)中,将"两减"行动中造成的农作物产量损失给予补偿,纳入政策性农业保险内容,以减少对碳的排放;2021 年 4 月 26 日,全国首单林业碳汇指数保险在福建省新罗区落地。这些实践与探索,都预示着绿色保险的先河已然开启。绿色保险的本质就是充分发挥农业的碳汇功能,减少农业对碳的排放。绿色农险将成为农险的新任务、新挑战、新机遇。

二、农业保险的问题依然突出

我前面讲的是我国农业保险的巨大成绩,但同时也存在不少问题,如保障不充分、保险不足、费率制度不科学、勘损不准确、赔付不及时、服务粗放等。我将存在的诸多问题归结为存在四个方面的矛盾:一是多与少的矛盾;二是粗与精或者粗与细的矛盾;三是快与慢的矛盾;四是高与低的矛盾。

(一)关于多与少的矛盾

多和少的矛盾主要反映在农业产业的品种多,但农业保险的品种少;农民需求高保障的保险品种多,但大多保险品种保障的水平低,或者保障额度小;农业保险试点的品种多,但成为广谱性的保险品种少,等等。这些都是需要高度重视并切实解决的。

(二)关于粗与精的矛盾

农业保险涉及的是农民利益,是政策效应,是政府补贴的效能,要求精细、精准、精确,但实际的工作,尽管付出了不少努力,也取得了明显的进步,但服务不精细、承保勘损不精准、理赔或是财政补贴不精确,归结起来,粗放是一个带有普遍性的问题,突出表现在我们目前通行的费率确定是以省为单位的,一省只有一个费率。我常举的一个例子,某年贵州省的油菜,赔付率超过100%,江苏省的油菜赔付率只有14%,为什么出现这个情况,因为这两个省实行的是同一个费率。在三大粮食作物完全成本和收入保险试点中,某一个省在不同的两个县实行同一个费率,一个县的赔付率年均为60%,另一个县赔付率年均为140%,这都是费率不精准造成的,表明费率的确定是粗放的。与此相关联,要确定精准的费率,就需要有科学的风险区划,进而能有一个科学的风险评估,需要有气象的、产量的、历史的数据,这些我们大多做不到,其对风险的评估只能是大尺度的,即是粗放的。由粗到精,不仅有一个科学态度问题,更有一个科学方法问题。这是要认真加以解决的。

(三)关于快与慢的矛盾

《中国农业保险保障研究报告2021》显示,2020年我国农险保费收入增长了,但农险保障水平却下降了0.9%。为什么出现这种逆现象,经过分析发现,是由于农业产业发展很快,农业增加值、产值增加很快,但农险保费增长的速度跟不上农业产业发展的速度。如农业产业的一二三产业融合发展进展迅速,农业出现了休闲农业,康养业、乡村旅游、农村电商、农产品物流、农产品仓储等新业态,农产品加工业大量兴起,这些都需要农业保险加以改进,给予风险保障,但农业保险滞后于这些发展,这是今后需要努力拓展的新领域。

(四)关于高与低的矛盾

这主要反映在两个方面:一是高保障的保险需求与低保障的保险

现实之间的矛盾。目前三大粮食作物已经实施了完全成本保险和收入保险的高保障保险，即便如此，其政策范围只在国家确定的产粮大县，其他产粮县并未覆盖。目前从中央到地方的补贴险种，多数仍以保物化成本为主，仍然属于低保障范畴，未能满足农民高保障的期盼。但其他更多的农业品种，还处于物化成本保险为主的状态。二是农户对农业保险的高水平服务的要求与服务水平不高之间的矛盾。包括缺乏深入的群众工作，承保不精确、勘损不精准、赔付不及时、农户所求得不到及时积极的回应。这些都是与高质量发展相悖的。

三、推进的力度还需加大

提出这样的看法，是我们应有一个清醒的认识，中国的农业保险，尽管发展很快，取得了巨大的成就，但仍然处于初级阶段。对此，我们一方面应该为之振奋，另一方面又不能沾沾自喜，满足已有的成绩。农业保险的发展还在路上，现在是一个机遇与挑战并存，是一个需要爬坡过坎、攻坚克难的关键时期。需要我们继续加力，打造我国农业保险高质量的升级版本。

（一）由传统到现代的转变

这主要指农业保险要加大科技运用，让农险由人工操作，更多地用无人机丈量，用遥感测勘，用互联网、大数据、云计算进行计算、确认、传输，用电子签单，用 App 作为终端，使农业保险线上线下一体，推进农业保险数字化、智能化。

（二）由单一保险到综合性保险的转变，也就是"保险+"

对一个家庭而言，农业保险要努力实现"一户一单"，这样既可以降低保险机构的成本，也使农户简单明了。对一个产业而言，应该对其一二三产业联动实现联保，助力一二三产业融合发展。对新型农业经营主体所从事的种植或养殖及其加工、运输、仓储可以探索一个联动式的保险，或是一个保单。对一个县域，也可以探索系统化的保险方式，目前，河南省兰考县在全国率先提出，要打造"农业保险综合改革示范区"，我认为这具有方向性意义。兰考县的总体设想是种养加一体，政策险与商业险协同，按照政府支持、公司运作、险种平衡、自负盈亏的原则，实现"一县一保"。

（三）由高碳到绿色的转变

农业产业既是排碳的也是固碳的，过去更多的是排碳，今后则要实现从排碳到绿色的转变，用农业保险的手段助推国家"双碳"战略。这方面已经有了不少成功的案例，如已经开展的地力指数保险、森林碳汇保险等。我认为，能否在有碳交易市场的情况下，把农业碳汇的能力，或者碳汇的量，进行资产化，转变为保费，或是增加有关保险条款，合理设置惩罚性条款、奖励性条款鼓励减排和增加碳汇。

（四）由粗放到精细的转变

解决农业保险粗放的问题，使农业保险精细化是我们必须要加力的，这是农业保险高质量发展的基本内涵。由粗放到精细的工作很多，首要的任务是推进农业保险的风险区划。风险区划要打破行政区划，使相同的风险区间形成不同的风险网格，以网格为单位确定费率和保费,这是我们为之努力的有效路径。其次,"由粗放到精细",还要抓好农险队伍建设,健全网点和队伍,提高农险工作者服务农民的政治意识和情怀,提高农险的专业能力,养成精细的工作作风。

（2021 年 12 月 16 日　在《中国农业保险保障研究报告 2021》发布会上的发言）

调 查 报 告

第一篇　关于海南省天然橡胶生产与保险的调研报告

2019 年 1 月 14 日至 19 日，调研组在海南省开展了天然橡胶生产和保险情况调研。调研组到保亭县、儋州市、临高县实地考察了天然橡胶林地、加工企业，与胶农直接交谈和村干部以及企业管理者座谈，还专门考察了海南天然橡胶产业集团有限公司（海胶集团）。另外召开了五个橡胶主产县市（三亚市、儋州市、琼海市、琼中县和白沙县）分管负责同志和海南省省直有关部门负责人两个座谈会，上海期货交易所、太平洋保险财产保险负责人参加了相关座谈会。

一、天然橡胶生产和保险的基本情况

（一）天然橡胶生产现状

天然橡胶是重要的战略物资，与煤炭、钢铁和石油一起并称为四大工业原料，其涉及的工业制成品达 5 万余种。目前，全球天然橡胶总产量在 1200 万吨左右，印度尼西亚、马来西亚、泰国、越南、柬埔寨等东南亚国家是主要生产国。我国是世界上最大的橡胶消费国和进口国,海关数据显示,2016—2018 年天然橡胶的进口量分别为 249 万吨、278 万吨和 260万吨,但调研中相关行业反映,近三年的进口量均在 400 万吨以上,主要原因是大量天然橡胶以"复合橡胶""混合橡胶"的名义"零关税"入境。

天然橡胶作为我国大宗农产品之一,新中国成立之初就被列为国家的一项重要战略资源。在党中央"一定要建立自己的橡胶基地"的决策部署下,老一辈农垦人经过艰苦努力在海南省等地种植橡胶成功,创造了在北纬 17 度以北大规模种植橡胶的奇迹,打破了西方国家的封锁。近年来,我国天然橡胶种植面积约 1800 万亩(与国务院"两区"划定文件中规定的 1800 万亩天然橡胶生产保护区面积相当),年产量 80多万吨(折干胶),主要分布在云南省、海南省和两广(广东省、广西壮族自治区)地区,2017 年产量占比分别为 53.57%、44.31% 和 2.12%。

海南省是我国重要的天然橡胶种植基地,2018 年,全省天然橡胶种植面积 814.5 万亩,约占全国的 45%;干胶总产量 36.7 万吨,占全国的 46%,天然橡胶直接从业人员 60 多万人,相关从业人员达 200 余万人。海南省高度重视天然橡胶产业发展,现已建立起国有橡胶生产和地方民营生产齐头并进、比较完整的橡胶生产体系、加工体系和销售体系。其中,海南省海胶集团作为国家级重点龙头企业,拥有橡胶林 353万亩,年橡胶加工能力 40 万吨,成为全球最大的天然橡胶产业跨国集团。目前,海南省正认真贯彻落实国家"两区"文件精神,努力推进 840万亩天然橡胶生产保护区的划定工作。

(二)天然橡胶保险实施情况

1. 橡胶风灾保险

该险种从 2007 年开始实施,承保台风、热带气旋等自然灾害造成的橡胶树倒伏和主杆折断风险,根据橡胶树是否开割设置不同的保险金额,最高保额分别为 50 元/株(未开割)和 90 元/株(开割)(折合每亩 1650 元和 2970 元),保险费在六个风险区各不相同,平均为 3.4元/株和 6.2 元/株(折合每亩为 112—204 元),胶农自缴 25%,中央、省和市县分别提供 40%、25%和 10%的保费补贴。尽管该险种开办时间最长,已在海南省推广,但投保面积有限。2009—2018 年,海南省普通农户参保率平均不足 2%,澄迈县 2016 年投保面积为 0,儋州、琼海、琼中、屯昌等琼中地区的保费收入在 2017—2018 年也同比下降 30%以上。主要原因是,该险种保障程度低、保障责任单一、承保理赔工作量大、理赔时效慢。

2.海胶集团专属橡胶综合保险

该险种从 2009 年开始实施,保险责任除台风外,2013 年新增寒害和旱灾责任,2017 年新增病虫害责任,保险金额统一为 50 元/株(未开割橡胶树)和 90 元/株(已开割橡胶树),平均保费为 1.47 元/株和 2.65 元/株,海胶集团自缴 35%,中央和省分别提供 40%和 25%的保费补贴。该保险产品为目前海南省橡胶保险的主打险种,海胶集团 300多万亩 6000 多万株树龄在 4 年以上的橡胶树已全部纳入保险覆盖范围,2009—2018 年累计保费收入 10.64 亿元,10 年累计赔付 5.86 亿元,简单赔付率为 65.76%。该险种将橡胶生产中面临的台风、病虫害等自然灾害风险进行了充分分散和转移,运行效果较好,有效地促进了海胶集团的橡胶树生产,值得在海南省橡胶生产中推广。

3.橡胶风灾指数保险试点

该险种从 2015 年开始实施,是世界银行"中国经济改革实施项目"(技术援助五期,TCC5)成果,主要特点是在台风等灾害事故发生后,不需再逐棵核查橡胶树损失,而是根据气象部门监测的风力和风灾等级进行赔付,未开割橡胶树和已开割橡胶树的最高保险金额为 50 元/株和 90 元/株,根据起保标准(风速)及风灾区域类型设置不同的保费标准,株均保费为 3 元(未开割)和 5.5 元(开割),2015—2016 年中央及省级财政均给予保费补贴,2017 年起中央财政不再进行补贴。该险种 2015—2017 年承保橡胶树 5.12 万亩。赔付率很低(21.6%)、覆盖面很小,但因其用风灾指数测定损失程度,为胶农所欢迎,2018 年仍在万宁、儋州两地继续开展,承保橡胶树 49.4 万株(约 2.35 万亩)。

4. 天然橡胶"保险+期货"试点

该险种承保的是保险期间内胶水市场价格下跌造成的收入损失,保障价格和实际价格均依据上海期货交易所橡胶主力合约价格确定,保险公司承保后向期货公司购买看跌期权,利用期货市场对冲和转移承保风险。目前开展了两个项目:一是由上海期货交易所主导并提供全额保费补贴的"保险+期货"精准扶贫试点项目,2017 年在五个国定贫困县及乐东县开展试点,承保橡胶 1.21 万吨,涉及胶农 10022 户次。2018 年实现五个贫困县全覆盖,承保橡胶 3.05 万吨,涉及胶农 25286 户次。二是海胶集团实施的橡胶"保险+期货"试点,该项目是 2018 年农业农村部金融支农创新试点项目,2018 年共承保 1.62 万吨,提供风险保障 2.12 亿元,保费收入 2000 万元,其中企业自缴 600 万元,农业农村部和省财政各补贴 700 万元。2018 年,这两个试点项目的简单赔付率都在 75% 以上。扶贫项目贫困户户均获赔 682 元,但问题是该项目是上海期货交易所的扶贫项目,难以持续;另保险赔付和实际产量不挂钩,对胶农割胶的激励作用不大,调研中就发现保亭县某胶农投保 500 株橡胶树、获赔 900 多元,但全年胶树只割胶 2 次(年平均一般应割胶 90 次)。

5.天然橡胶价格保险

该险种在 2018 年试点,承保橡胶市场价格下跌的收入损失,根据成本收益数据确定目标价格,以物价部门采集的胶水(折成干胶)收购价格为赔付依据,约定目标价格为 15 元/公斤、亩产量 15 公斤,保险费率 12%,当保险期间内市场价格下跌造成胶农收入损失,保险人根据实际平均收购价格与目标价格的差额,以设定的级距,采用超额累进赔付比例的方式计算赔偿。保费分担为,省级财政补贴 30%、市县补贴 30%(对贫困户补贴 70%)、胶农自缴 40%(贫困户除外)。2018 年 8 月海南省农业保险种养业共保体在政府支持下开始推动,11 月承保出单,全年共承保民营橡胶 2017.5 吨(约 13.45 万亩),提供风险保障3411 万元,保费收入 409 万元,预计赔款 500 万元左右,简单赔付率超过 120%。尽管该险种对补偿胶农收入损失作用较大,得到了海南省的重视和大力支持,但推进速度较慢,主要原因:一是约定亩产水平仅为 15 公斤,只占实际产出的 1/5 左右,保障程度严重不足;二是胶农自缴保费压力大。

6.天然橡胶收入保险

该险种于 2018 年 8 月在海胶集团开展,保险责任包括自然灾害造成的橡胶产量损失和市场价格下跌造成的收入损失,约定单株年产量3.65 公斤,目标价格 1.6 万元/吨,实际价格为上海期货交易所天然橡胶主力合约当日收盘价,采取"按日实际产量和当日价差核算、赔款按月给付"的赔付方式,费率 16.8%。2018 年,共承保海胶集团橡胶树3013 万株(约 91 万亩),总保险金额 17.6 亿元,总保费 2.96 亿元,企业自缴 60%、省级财政补贴 40%。该项目由人保海南分公司和太平洋保险海南分公司按 51% 和 49% 承担保险责任,截至 2018 年 12 月 31日,已产生赔款 3.03 亿元,目前保险合同尚未到期,预计满期赔款在 4

亿元左右,简单赔付率在 130% 左右。该险种为海南省要求在全省推广的保险产品。从初步效果看,扭转了企业因橡胶价格下跌导致的开割率低、产量下降和经营持续亏损的状况,企业全年增产干胶 6253 吨,提升 9.9%。因赔偿只和价格挂钩,该险种实质上是一个目标价格保险,尽管保险公司赔付率高,但通过完善政府补贴和支持措施,确定合理的目标价格及费率,具有全面推广的价值。

综上所述,前三种险种属于自然灾害保险,可以综合地加以归并,以指数为工具,综合为自然灾害综合险。后三种实质上都属于价格保险范畴,因实施的时间不长,并未形成完整的机制,需要进行深入研究,加以完善。

二、天然橡胶生产形势严峻

根据海南省农业农村厅提供的材料,近 5 年海南省天然橡胶种植面积稳定在 810 万亩至 815 万亩,但天然橡胶生产形势并不乐观,天然橡胶期货价格从 2011 年 2 月的约 43500 元/吨开始一路下行至 2018 年年底的 11500 元/吨左右,致使近 5 年天然橡胶生产一直处于亏损状态,成本收益率为-12.5%(成本未包括地租),"橡胶生产亏钱"成为调研中各方反映最突出的问题。海南省橡胶生产面临的严峻形势主要表现在以下方面。

(一)天然橡胶"扩"增量动力不足,"稳"存量难度加大

海南省现有天然橡胶种植面积 814.5 万亩,要完成国家给定的 840 万亩"两区"划定任务还需增加 25.5 万亩,而 2013—2017 年全省增加面积仅为 3.92 万亩。以琼海市为例,2014 年计划种植 6000 亩,

实际完成 4000 亩；2015 年计划种植 3000 亩，实际完成 1000 亩；2016 年计划种植 1000 亩，实际完成 500 亩；到 2017 年和 2018 年，橡胶种苗补贴甚至都发不出去。更为严重的是，要稳住现有天然橡胶面积也是一个现实的难题。据反映，在一些偏远地区有胶农偷偷砍伐橡胶树，不少胶农都有弃种橡胶改种其他经济林的打算，碍于触犯"两区"划定的红线而未敢贸然改变。调研中有村民就直接向我们说"只要政府让砍（橡胶）树，我明天就砍"。可见，要完成海南省 840 万亩天然橡胶生产保护区划定的任务，难度很大。

（二）橡胶树"弃割""弃管"现象突出，橡胶产量下滑明显

2014 年，海南省天然橡胶产业首次出现"弃管"现象，10% 的胶园不再进行冬春管理，同时出现了少割或不割的"弃割"现象，这一比例在逐年加大。据海南省政府有关部门估计，海南全省天然橡胶"弃割、弃管"的比例超过 30%，调研中感到实际情况还要严重。同时，海南省橡胶亩均产量和总产量大幅下降，2013 年全省平均亩产橡胶 71.44 公斤（折干胶），干胶总产量为 42.08 万吨，2017 年亩产橡胶仅为 60.3 公斤，干胶总产量降到 36.21 万吨，分别下降 15.6% 和 13.94%。此种情况在其他地区也同样存在，据统计数据显示：2012 年全国平均橡胶亩产量为 82 公斤，2018 年下降到 73 公斤。

（三）胶工流失严重，胶工短缺矛盾日益加剧

橡胶树最大的膨胀系数在凌晨 2:45—3:00，为最佳的割胶时间，割胶工作异常辛苦。因胶价低迷、种胶割胶比较收益明显偏低，导致割胶工转产、流失现象严重。以海胶集团为例，该公司需要割胶工约 5 万人，现有胶工仅 4 万人，且仍在不断流失中。此种情况持续下去，则 5

至10年后割胶工短缺将成为天然橡胶产业发展的首要制约因素。

(四)胶林老化严重,生产能力萎缩

橡胶树寿命一般在33年,需要进行新老更替以保证胶林产量。2013年之前,海南省每年更新或新植胶园在28万亩左右,但近年来,各方对胶园保护和投入资金严重不足,造成胶园更新换代缓慢、树龄结构老化,生产能力下降。以海胶集团为例,目前树龄30年以上的天然橡胶林有110万亩,占胶园总面积的31.2%,40年树龄以上的天然橡胶林有35万亩,占胶园总面积的10%。

(五)加工能力受限,开工率和生产效率降低

由于胶产量逐年下降,影响了原料供给。如临高海富橡胶产业综合发展有限公司,该厂每年能加工1.5万吨干胶,但因原料供应不足,2018年实际加工量折合干胶9750吨,产能利用率仅为65%。因开工率不足,无形中提高了生产成本,从而影响加工企业的实际利润率,加大了企业的经营压力。

三、加大中央财政对天然橡胶生产的支持保护力度刻不容缓

(一)中央财政对天然橡胶生产的支持明显不足

天然橡胶和棉花、糖料、油料作物一样,是我国重要的大宗农产品之一。但相比于其他大宗农产品,中央政府对天然橡胶的支持保护力

度较弱,支持方式以天然橡胶风灾保险中 40%的中央财政保费补贴为主,没有目标价格补贴、生产者补贴等其他支持措施。2018 年,中央财政对海南省橡胶保险的保费补贴为 1735 万元,即便加上农业农村部对海胶集团支持的 700 万元橡胶价格保险创新试点费用,也仅为 2400 多万元,每亩支持仅 3 元。相比于中央对棉花目标价格补贴、对大豆生产者补贴和对糖料蔗储备收储亩均数百元的支持力度,中央对天然橡胶的支持保护力度明显不足。

（二）加大中央财政支持是当前困境下保障国内橡胶生产能力的必然选择和迫切要求

保障国内一定数量的天然橡胶生产能力仍具有重要的现实意义。基于海南省并不是天然橡胶生产的理想区域,一年只可割胶三个季度,橡胶生产成本在 1.35 万元/吨左右,而印度尼西亚、泰国和马来西亚等橡胶主产国一年四季均可割胶,人工成本也低,橡胶生产成本仅在 8000 元/吨左右,且还享受政府补贴。国内外巨大的成本差异、低迷的市场行情和较低的支持保护力度,使国内橡胶生产面临着成为另一个"大豆"的风险。在这种情况下,加大中央政府对橡胶生产的支持保护力度,是提高胶农收入水平、稳定橡胶种植面积、保障国内天然橡胶生产能力的必然选择。而且,由于天然橡胶从种植到具备生产能力需要6—8 年时间,如果中央政府现在不及时采取有效措施,一旦我国天然橡胶生产能力下滑,再想恢复则要付出更大的代价(至少 6 年的时间)。

（三）加大中央财政支持是确保"两区"划定任务顺利实现的重要保障

国务院在"两区"划定指导意见中确定了全国 1800 万亩天然橡胶

生产保护区的目标任务,其中海南省的任务是 840 万亩,较海南省现有橡胶播种面积多 25.5 万亩。目前,海南省落实"两区"划定任务,因财力有限,主要采取的办法是行政推动,无力给胶农提供有力的经济支持,效果不佳,要完成"两区"划定任务难度较大。这就迫切需要加大中央政府对天然橡胶的支持保护力度,让胶农种胶感到有利可图,加快完成"两区"划定任务。

四、财政支持天然橡胶生产的若干建议

(一)保障胶农基本收益是橡胶支持保护政策的出发点和落脚点

海南省橡胶生产能力下滑的主要症结在于橡胶种植收益低,唯有提高橡胶生产的收益水平,才可能让农民有经济动力去护林割胶。鉴于橡胶生产的特殊性,特别需要在财政上加大对橡胶生产支持保护的力度,而保障胶农的基本收益成为中心环节,有必要在以下两个原则下考虑对胶农的支持保护。一是要让胶农割胶收入与外出打工收入相当,二是和香蕉、槟榔、芒果等其他主要热带经济作物的收益水平相匹配。

如按亩种植收益水平相匹配计算:近五年,海南全省天然橡胶种植平均生产成本 801.5 元/亩(不含地租),平均亩产值为 703.2 元,成本收益率为-12.47%。如果要使天然橡胶和其他主要热带作物的平均收益率 22% 相当,则需财政每亩支持金额为 274.63 元。如按割胶与外出打工收入相当计算:2018 年胶农出售胶水的平均价格为 10 元/公斤,按照现在海南省割胶的实际情况(每年可割胶 9 个月,月均割胶 12 刀, 1 刀 0.15 公斤胶水)和熟练胶工每天割胶 300—400 株计算,则割胶工 的月收入仅在 1620 元(0.15×300×12×0.3×10)—2160 元,低于外出打 工 2500 元/月的收入水平。要与外出务工收入相当,则政府至少要将 胶农橡胶出售价格提高到 11.57 元/公斤(按每天割胶 400 株计算, {2500/[12×0.3×400×0.3/2]})。调研中各方反映,要使胶农具有割 胶积极性,橡胶最低收购价格应在 12 元/公斤左右。按此计算,财政需 支持 120.6 元/亩,这还没有计算胶农对胶林的土地和管理成本。

(二)将价格支持作为政府支持的关节点

从调研情况看,尽管海南地区地处"台风走廊",台风发生的概率 较大,但调研中发现台风等自然灾害对海南省橡胶生产的影响并不大, 这一点可以从海南省橡胶风灾保险的低参保率(民胶参保率不足 2%) 中得到印证。相反,调研中我们深切地感受到:市场价格风险是当前橡 胶生产者面临的主要风险,是影响胶农生产行为和产业发展的关键,这 一点也反映在海南省橡胶生产者对价格收入类保险的迫切需求上。 2014—2018 年海南省橡胶保险总参保农户为 92382 户次,其中 21.9% 户次投保自然灾害保险,而 78.1% 户次投保价格类保险。据此,政府 对天然橡胶生产的支持,应该把价格支持作为关节点。

(三)把目标价格保险作为政府支持的主要工具手段

1.开展目标价格保险的主要理由

主要基于三点考虑:一是政府直接补贴方式成本高、风险大。政府 仅对目标价格和市场价格之间的差价进行全额补贴,要么产生胶农只 拿价格补贴不割胶,要么要付出对产胶数量监督的大量成本;还容易产生收胶单位的道德风险。在调研中我们听到几乎一致的意见是不赞成对胶农进行直接价格补贴。二是以目标价格保险间接补贴更划算。保险间接补贴具有杠杆作用,政府只需支付一定保险费补贴就能达到目标价格补贴的同等效果,既减少行政成本,又放大财政资金撬动效用。另外,保险间接补贴也更加符合中央农业支持保护政策由"黄"转"绿"的精神,也符合世界贸易组织协议要求。三是海胶集团与人保及太平洋保险公司正在开展的橡胶价格(收入)保险,其实质是一个目标价格保险,参照太平洋保险公司在新疆维吾尔自治区已经开展的棉花目标价格保险的做法,开展橡胶目标价格保险具有很强的针对性、现实性和可行性。

2.目标价格保险的价格确定

建议目标价格确定为 1.5 万元/吨,这是基于前面对橡胶种植和割胶收益的测算,以及海南省正在推行的橡胶价格保险现有方案。按现有 10 元/公斤的胶农胶水(折干胶)售价可以提高 3 元/公斤(折干胶),因为收胶和加工环节一般要扣去 2 元/公斤(折干胶)的成本。按此静态计算,全省胶农天然橡胶收益率从-12.47%可提高到 10.31%[(亩产值 703.2 元+平均亩产 60.3 公斤×3 元/公斤)/亩成本 801.5元]。在此收益水平下,胶农则可投入每亩 400 元的生产费用,则橡胶亩产可达到 80 公斤(折干胶)的水平,形成一种良性生产循环。按此水平推算,橡胶种植的收益率可提高到 17.68%,接近种植其他经济作物的收益水平。

3.目标价格保险方案要点

一是在保险责任上,将上海期货交易所橡胶期货主力合约收盘价作为实际价格,当其低于目标价格时,保险公司对差价进行补偿。这样做可以充分利用期货市场的价格发现功能,公开透明,易于推行。二是在保险金额上,建议将保险方案中橡胶亩产水平约定为 70 公斤/亩,该产量为中等水平,保证正常的投入管理,大部分胶农都可以达到。保障金额等于约定亩产水平和胶农目标价格的乘积。三是在保险费率上,要遵循保险精算原则,根据保险方案承保风险大小合理厘定费率,海南省农业保险领导小组可组织招标,委托第三方对费率测算的科学性和合理性进行评估。四是在保险赔付上,采取"按日核算、按月给付"的方法,即每日根据农户橡胶交售数量和价格差异程度核算保险赔付金额,月末统一结算支付赔款。保险赔付和胶农实际交售数量挂钩,当胶农交售数量不足保险方案约定产量时按其实际交割量计算保险赔付,当交售数量高于约定产量时,高于部分保险公司不予赔付。五是在保障期限上,建议设定为三年,三年内目标价格保持不变,三年后根据实际情况进行调整,这样有利于提高橡胶目标价格保险的可持续发展。

（四）加大财政对橡胶目标价格保险的支持力度

一是提供保费补贴。鉴于天然橡胶的重要战略作用,建议财政对天然橡胶目标价格保险的保费补贴,参照中央对橡胶风灾保险的补贴比例,中央补贴40%、地方补贴35%、胶农自缴25%。二是提供经营管理费补贴。考虑到目标价格保险的承保风险大,经办海南省现有橡胶价格(收入)保险的经营机构都处于亏损状态,建议对保险机构进行经营管理费补贴。这是因为:第一,对保险机构经营管理费按一定比例进行补贴,实质是政府对目标价格补贴实施的行政成本的替代。第二,可以降低费率,进而降低保费,也有利于降低胶农自缴保费负担。第三,经营管理费补贴更加符合世界贸易组织要求。根据世界银行的调查数据,主要国家对保险机构经营管理费的平均补贴比率为保费的16%,建议也采取这一比例进行补贴。三是建立目标价格保险巨灾风险分散机制。建议同步研究构建橡胶目标价格保险巨灾风险转移和分散机制。一方面支持保险公司利用再保险、"保险+期货"等手段分散风险；另一方面探索建立政府支持和监管下的价格保险巨灾风险保障基金和融资制度。

根据以上建议，按照 16.8% 的费率水平，该费率为海南省现行天然橡胶收入保险试点的实际费率，和我们按照橡胶目标价格 1.5 万元/吨以及我们对未来一年预期平均价格 1.25 万元/吨厘定的费率水平 16.67% 相当，则两级财政对海南省橡胶目标价格保险的补贴金额为 114.7 元/亩，对保险经营机构经营管理费的补贴金额为 24.5 元/亩，加上财政对橡胶自然灾害综合保险亩均 56.8 元的保费补贴（如按海胶集团橡胶综合保险方式），合计补贴金额约 196 元/亩（其中，中央财政补贴每亩 80.85 元），低于中央财政对新疆维吾尔自治区棉花每亩超过 100 元以上的支持力度（根据新疆维吾尔自治区《2017—2018 年度棉花目标价格改革工作要点》计算所得）。

按照海南省 840 万亩天然橡胶计算，财政对海南省天然橡胶目标价格保险保费补贴 11.69 亿元，外加财政对自然灾害保险的补贴，总补贴金额约 16.46 亿元。如果经营管理费补贴由中央财政和省财政按照 1∶1 比例分摊，则中央财政对海南省橡胶目标价格保险的总补贴金额约 6.79 亿元；即便经营管理费全部由中央财政支持，补贴总额也不过 7.82 亿元。如此种办法得到实施，将可以扭转当前我国天然橡胶生产面临的严峻形势，稳定和提高天然橡胶产业的生产能力。

调研中，我们感到要保证和提高海南省天然橡胶生产能力和水平，中央财政还有必要对胶园生产道路等基础设施建设、橡胶新树种植、老龄树改造和橡胶树自动化割胶技术的研发和推广工作给予较大支持。

（调研组成员：袁纯清、张峭、邵绛霞、宋建国、王克、徐兆伟、李烈、李越）

第二篇　关于广西壮族自治区糖料蔗生产与保险的调研报告

2019年3月25—29日,调研组在广西壮族自治区开展了糖料蔗生产和保险情况调研。调研组在南宁市、崇左市实地考察了制糖企业、走访了甘蔗种植农户。在南宁市分别召开了广西壮族自治区糖料蔗主产市县分管负责同志、省直有关部门以及主要制糖企业负责人座谈会,财政部金融司、中国太平洋财产保险公司的有关负责人参加了相关座谈会,还考察了广西农科院甘蔗研究所,了解糖料蔗的科研进展。

一、糖料蔗生产和保险的基本情况

(一)蔗农收益相对较好,糖料蔗生产趋于稳定

蔗糖产业是广西壮族自治区的传统优势产业,是农业支柱产业,2018年糖料蔗生产的产值达到351亿元,占广西壮族自治区第一产业增加值的11.3%,是自治区广大蔗农和相关产业工人的主要经济来源。自治区党委和政府一直非常重视糖业发展,专门成立糖业发展办

公室负责糖业发展的统筹协调。但是,受糖料国际市场波动的影响,糖价由 2011 年的最高峰 7200 元/吨跌至 2014 年低谷的 4500 元/吨,广西壮族自治区甘蔗收购价格也随糖价市场下跌到 400 元/吨,蔗农收益严重受损,直接导致大量蔗农放弃种植。为此,广西壮族自治区采取了多项措施,其中最主要的是采取糖料蔗收购保护价格,近三年的甘蔗收购价格稳定在 480—500 元/吨,以保障蔗农的基本收益。措施效果明显,甘蔗种植面积减幅逐年降低,由 2015 年的 10.3% 的降幅减少到 2017 年的 1.3%。2018/2019 年榨季,全区糖料蔗种植面积 1160 万亩,与国家划定的 1150 万亩糖料蔗生产保护区面积相当。据全国成本收益年鉴资料统计,近三年广西壮族自治区甘蔗种植的亩均产值 2923 元,亩均成本 2319 元,平均每亩净利润达到 605 元,成本利润率 26%。虽然较香蕉(3467 元/亩)等经济作物收益低,但高于稻谷(270 元/亩)、木薯(499 元/亩)、桉树(207 元/亩)等作物。调研中了解到蔗农对当前收购价格和甘蔗收益也比较满意,大多数蔗农因种蔗过上了小康生活,不少蔗农因种甘蔗脱贫,农村更是有"甘蔗房、甘蔗车和甘蔗媳妇"的说法。蔗农普遍希望能保持目前的糖料蔗收购价格水平。从调研情况看,如果能够保持目前的收益水平,蔗农表现出积极的种植意愿,甘蔗生产就能够保持稳定。

(二)"双高"基地建设扎实推进,甘蔗产量明显提高

为降低糖料蔗生产成本,提高糖业国际竞争力,2015 年 5 月国家发改委和农业部联合印发了《糖料蔗主产区生产发展规划(2015—2020 年)》,支持在广西壮族自治区建设 500 万亩"双高"(高产高糖)基地。广西壮族自治区按照规模化、水利化、机械化、良种化的"四化"要求,将"双高"基地建设的目标确定为平均亩产达到 6 吨以上,综合

机械化率达到85%,机收率达到70%。广西壮族自治区财政统筹整合涉农资金用于"双高"基地建设,其中土地整治和水利化补贴按照中央、自治区补贴2478元/亩,市县配套462元/亩;良种补贴按照中央、自治区补贴300元/亩,市县配套200元/亩。截至2019年2月底已累计完成土地整治面积435.61万亩,水利化建设283万亩,综合机械化率达67.08%(其中:机耕率99.62%、机种率75.66%、机收率15.11%),良种率达100%,预计可在2019年年底提前一年全部完成土地整治建设任务。已建成的"双高"基地亩产蔗最高可达7.15吨,平均亩产为6吨,高出非"双高"基地亩产水平1吨左右。

(三)糖厂经营压力大,多数企业当期亏损严重

广西壮族自治区全区共有11家制糖企业集团,辖102个糖厂,全区制糖日榨蔗能力69.85万吨,日榨蔗能力万吨以上糖厂21个,最大的为2.4万吨。2018/2019年榨季食糖产量620万吨,同比增加17.5万吨,而糖企普遍反映亏损严重。根据广西壮族自治区糖办提供的材料,全行业吨糖成本平均约为5959元,2018/2019年榨季平均售价约5155元/吨,预计全行业亏损将达到50亿元。为了深入了解亏损的原因,调研组在考察了三家糖企后,又特别召开了广西壮族自治区主要糖企座谈会。通过交流讨论,分析其亏损原因为:一是糖价走低是导致亏损的直接原因。食糖价格从2017年年底的6494元/吨跌至2019年年初的5159元/吨,跌幅达20.56%。东亚糖厂(与泰国两仪集团合资建设的合资企业)是自治区一家加工水平较高的企业,该企业负责人介绍,上个榨季盈利约6亿元,但糖价跌幅太大,本榨季预计将亏损1亿元。二是原料收购价格过高是首要因素。调研了解到,原料成本占糖生产总成本的70%以上,糖料蔗收购价格的高低对糖企经营影响非常

大。按照 8.3 吨甘蔗榨 1 吨糖的比例计算,2018/2019 年榨季白糖5200 元/吨的市场价格对应的糖料蔗收购价应为 439 元/吨,但为了保障蔗农收益,政府出台的糖料蔗收购价仍为 490 元/吨,这使糖企承担了蔗农主要的市场风险。若糖企能够按照 439 元/吨价格收蔗,糖企每吨糖的原料成本将降低 423 元/吨,全行业可减少亏损至少 26 亿元左右。三是产能利用率低。近三个榨季,全区糖厂原料蔗平均满足率低于 60%,不能形成规模效益,自然增加了运营成本。据广西湘桂糖业负责人反映,2018/2019 年榨季,全集团实际榨蔗量 583 万吨,产糖67.5 万吨,每吨糖亏损 661 元,若要达到相对盈亏平衡点,需增加 702万吨甘蔗,现有榨蔗量远未达到规模效益。四是财务成本高。广西壮族自治区的糖厂大多资金不足,且不少历史负债严重,主要依靠银行贷款来支付收购原料蔗款,多为大额短期贷款,使部分糖厂资产负债率超过 80%。据良圻糖厂(在广西壮族自治区属于中上等规模)提供的数据,2018/2019 年榨季,每吨糖的财务成本达到 700—800 元/吨,占总成本的比重高达 15.3%,这种情况在广西壮族自治区不在少数。我们推算,仅按照银行基准利率为糖企提供融资贷款,其财务成本可降低约18%。五是产品单一。广西壮族自治区糖厂的主产品是白砂糖、赤砂糖等传统糖类产品,副产品——蔗渣主要用于发电和造纸,滤泥用于生产有机肥,糖蜜用于制造酒精等,尽管已经"吃干榨尽",但产值不高。与之不同的是,在广西壮族自治区的中粮糖业企业生产的细糖粉等高端产品售价能达到 5800 元/吨以上,相对其 5550 元/吨的制糖成本,仍有至少 250 元/吨的利润,该企业是广西壮族自治区少有的盈利企业。另如,东亚糖厂每年利用蔗渣生产的肥料利润达到 2000 万—3000 万元,生物质发电利润达到 2 亿元,其副产品产值达到总产值的 40% 以上,为企业弥补了当期制糖 3 亿元的亏损,使企业亏损减到 1 亿元的水平,而多数企业达不到这一点。

(四)糖料蔗种植保险稳步推进,价格保险效果未达预期

目前,广西壮族自治区政策性糖料蔗保险主要包括糖料蔗种植保险、白糖"保险+期货"区间价格保险和糖料蔗价格指数保险。

糖料蔗种植保险主要承保蔗农种植的自然灾害风险,2012年纳入中央财政补贴范围,亩均保额600元,亩均保费24元,蔗农自付20%,当年承保面积229万亩,占全区种植面积的19.9%,之后承保面积快速提升,2018年承保面积940万亩,保险覆盖率达到82%。由于广西壮族自治区地处台风高发地区,该保险产品对分散糖料蔗种植风险具有现实作用,近5年(2014—2018年)累计为26.13万户次蔗农提供风险保障23.64亿元,赔付3918万元,受益蔗农11.88万户次。从调研情况看,蔗农对该保险产品普遍认可,保险覆盖面还有进一步扩大的潜力。

白糖"保险+期货"区间价格保险是2018年中国人保广西分公司联合郑州商品交易所(郑商所)、永安期货和新湖期货等在广西壮族自治区罗城县开展试点项目,该项目是郑商所出资999万元设立的扶贫试点项目,覆盖罗城县糖料蔗种植面积13万亩,承保白糖6万吨,累计向6100多户农户赔付744万元。试点虽取得了较好效果,探索了利用期货市场分散农业市场风险、稳定农民收入的新渠道,但其保费为郑商所全部出资,难以持续。

糖料蔗价格指数保险是广西壮族自治区探索利用保险手段解决糖价和蔗价接轨以及兼顾处理制糖企业和农民利益问题并在全区试点推广的价格保险产品。目前已试点了二期,一期是2015/2016年榨季,二期是2017—2019年两个榨季。第一期试点采取平衡保障蔗农和糖厂

收益的模式,糖价上涨赔蔗农,糖价下跌补糖厂,由太平洋保险、安信、人保和北部湾等保险公司组成的糖料蔗价格指数保险共保体承保(太平洋保险为主承保人),保障价格为一级白砂糖 5500 元/吨(折合糖料蔗收购价 464 元/吨;每亩保额 2320 元),亩保费 180 元(折合 36 元/吨糖料蔗),蔗农自缴 10%、区财政补贴 80%、糖厂补贴 10%。一期承保规模 40.44 万亩,参保农户 1.13 万户,累计赔付 1213 万元,赔付率为16.7%,主要原因是试点期间白糖价格走高。针对一期试点中出现的问题,第二期对糖料蔗价格指数保险方案进行了修改,仅以蔗农为保障对象,将亩均保险产量从 5 吨提高到 6 吨,每吨糖料蔗保费降为 30 元,最低保险价格提高到 480 元/吨,保险期间从一年延长到三年,建立了超额利润(确定承保保险公司的利润率为 2.5%)滚存的价格保险平滑基金,同时保险公司将 2016/2017 年和 2017/2018 年两个榨季合并承保,只收取一期保费,提供两个榨季的风险保障。

截至 2019 年第一季度,糖料蔗价格指数保险二期试点累计承保50.88 万亩,承保蔗农 26598 户次,保费收入 9158.52 万元,其中蔗农自缴 798.77 万元(8.72%)、财政补贴 8359.75 万元(91.28%),已决赔付6108 万元,预计满期赔付率将超过 67%。调研中我们听到的普遍反映是,糖料蔗价格指数保险赔付率低,参加保险的意愿不高。但我们分析后认为,糖料蔗价格指数保险试点总体未达预期的主要原因是政府同时出台了糖料蔗收购价格保护政策。糖料蔗价格指数保险试点的初衷是为糖料蔗市场定价提供兜底风险保障,发挥作用的前提是糖料蔗价格市场化,但政府出台的糖料蔗收购保护价(2018/2019 年榨季为 490元/吨)已高于市场价格(折合 440 元/吨),也高出 480 元/吨的保障价,试点方案是以糖料蔗现货收购价是否低于目标价格作为保险赔付的依据,政府出台的糖料蔗收购保护价已高出保险价格,保险赔款自然随之减少,糖料蔗价格指数保险的作用未能真正发挥。另外,保障糖料蔗价格指数保险微利平稳运行的平滑基金未正式实施,也限制了试点的效果。我们认为,糖料蔗价格指数保险是广西壮族自治区深化体制机制改革、贯彻落实党中央、国务院深化农产品市场化改革意见的积极探索,是创新政策扶持糖业发展的新路子,需要加以总结完善,在充分的市场条件下,在防范糖料蔗市场风险方面可以发挥积极作用。

(五)广西壮族自治区政府出台糖业高质量发展指导意见,改革措施力度加大

多年来,广西壮族自治区将广西糖业的发展作为农业发展的重中之重,一直发挥着主导作用。一是建立了糖蔗价格联动政策,政府出台全区统一的糖料蔗收购价,并规定在食糖价格上涨时在榨季结束后给农民二次结算,最大化保障蔗农的利益;二是建立了糖厂蔗区收购制度,根据蔗糖厂所在区域划分加工原料蔗区,保障糖厂的原料供给。这两项制度对稳定蔗农收益、稳定糖业生产发挥了重要作用,但也限制了市场竞争和市场活力,难以适应糖业要走市场化路子的大势。

深化体制机制改革,在政府引导下,以市场为主导,是糖业发展的现实课题。自治区党委和政府主要负责人亲自抓这件关乎广西壮族自治区农业发展的大事。自治区党委主要负责同志专题进行调研,提出糖业发展要突破体制机制障碍,充分激发改革创新活力。自治区常委会、区政府常务会都进行了专题研究。2019年2月,广西壮族自治区政府发布了《关于深化体制机制改革加快糖业高质量发展的意见》,提出放开甘蔗市场,开展订单农业,充分尊重蔗农和制糖企业的自主权;实施制糖企业的兼并重组,淘汰落后产能;延长糖业产业链,推动糖业

提质发展等,实现广西壮族自治区糖业"二次创业"。我们认为这项改革符合中央的改革要求和方向,顺应了广西壮族自治区糖业发展的大势,对中国糖料蔗产业的改革发展具有率先性。

二、推动广西壮族自治区糖业高质量
发展的几点认识和建议

(一)要把支持广西壮族自治区糖料蔗生产作为国家糖业生产的一块"压舱石",加大财政支持力度

食糖是人们日常生活的必需品,既是食品工业的重要原料,也是我国重要的战略物资和大宗农产品。我国是食糖生产大国,2018年食糖产量1031万吨,居世界第五。同时,我国也是食糖消费和进口大国,近三年平均年消费量达1487万吨,2018年消费量达1510万吨。海关数据显示,2018年我国食糖进口量为278万吨。但调研中了解到,实际还有大量食糖非正常入境,据估计走私量在200万吨左右,这也可以从美国农业部估算的我国食糖进口量数据(400万吨)中得到印证。此外,我国食糖库存消费比也在不断递减,2014年为87%,2018年降为52%,可见我国食糖的供给并不充足,这就需要保障足够的食糖生产能力,维持必需的供给水平。

广西壮族自治区是我国主要的糖料蔗生产区,在国家划定的1500万亩糖料蔗生产保护区中,广西壮族自治区为1150万亩,占77%。糖料蔗种植面积和产糖量均占全国60%以上,食糖销售量占全国贸易量的80%以上。同时,广西壮族自治区为南亚热带季风气候,蔗区平均

气温 22 度,年平均降雨量 1300mm,雨热与甘蔗生长相匹配,是我国最适宜种植甘蔗的地区。此外,广西壮族自治区全区糖业涉及 90 多个县(市、区),上千万蔗农,十多万相关产业工人,年均贡献 30 多亿元税收。糖料蔗主产区县大多数是贫困县,糖业是主要的税收来源,也是当地实现精准脱贫的重要支撑。

加大对广西壮族自治区蔗糖业的财政支持不仅在于蔗糖占比高,还因为广西壮族自治区在国际糖业市场上有不少比较劣势。同巴西、印度、泰国等主产国相比,广西壮族自治区甘蔗生产成本上远高于国外其他主产国,巴西甘蔗生产成本每吨约 134 元、泰国约 189—201 元、印度约 140—168 元,而广西壮族自治区为 365—400 元。国内外生产成本差距悬殊的主要原因有三点:一是生产规模小。广西壮族自治区甘蔗种植以小农为主,50 亩以上的蔗农仅占甘蔗总种植面积的 13%。由于规模小,导致专业化、规模化和现代化的生产水平较低。二是人工成本高。广西壮族自治区甘蔗收获机收率不足 7%,基本是依靠人工砍蔗,目前砍蔗成本在 120 元/吨左右,且还在不断上涨,而在同样依靠人工砍蔗的印度和泰国,砍蔗成本仅为 34 元/吨和 42 元/吨。三是机械化程度低。广西壮族自治区多坡地,15 度以上坡地占耕地约 12.4%,这些坡地不适合机械化作业。条件好的“双高”基地综合机械化率也只有 67.08%,其中机收率只有 15.11%,而巴西甘蔗生产已基本全部实现机械化,美国已实现 100% 机械化。广西壮族自治区糖料蔗生产全程机械化的成本在 80—85 元/吨,而巴西和美国只有 49 元/吨和 46 元/吨,与之相比,我们也处于劣势。因此,从区域发展和国家战略角度考虑,建议将广西壮族自治区糖料蔗生产作为国家糖业发展的一块“压舱石”,除了继续对“双高”基地和生产保护区的建设资金补贴外,还需要加大对广西壮族自治区糖料蔗生产的支持力度。

（二）抓住保障蔗农基本收益这一关键点，确保广西壮族自治区糖业市场化改革平稳过渡

广西壮族自治区糖业的市场化改革已经势在必行，让糖料蔗生产者和加工企业真的成为市场主体，让市场发挥资源配置的决定性作用，政府更多的是指导和监管糖料蔗市场交易，确保市场交易的公平合理。但是，调研中我们也深切感受到相关各方对广西壮族自治区糖业市场化改革的担忧和顾虑。市县政府担心放开收购价政策之后，蔗农刚性的价格预期难以短时间改变，糖料蔗收购价格下滑会损害农民利益，使广西壮族自治区糖料蔗生产出现滑坡；糖企担心蔗糖市场价格改革会明放暗不放，并不会真的按市场定价，另外，可能会在蔗区管理放开后出现跨蔗区抢占订单的现象，出现多家糖企抢占蔗源，哄抬蔗价的恶意竞争行为，导致原片区的糖企多年来对蔗区发展投入的大量基础设施建设和种植补贴付诸东流。

因此，打消各种顾虑，使市场化改革能够平稳过渡，亟须出台广西壮族自治区糖业深化体制改革的配套政策，解决在甘蔗收购市场放开之后蔗农基本收益如何得到保障以及生产积极性不降低的问题。从调研的情况看，目前蔗农已经形成了糖料蔗销售 490 元/吨的刚性心理预期，在这个价格水平上农民收益可以得到保障也具有生产积极性。建议政府按照"市场定价、价补分离"的原则，具体可以从糖料蔗生产者和制糖加工企业两个方面给予支持保护。

对生产者进行补贴，保障蔗农的基本收益，可采用以下三种方式：

1. 良种补贴

为提高生产能力，推广良种种植面积，以三年宿根甘蔗为标准，按照目前"双高"基地的良种补贴标准，每亩中央、自治区补贴 300 元，地

方市县配套 200 元,一次性补贴三年的良种费用。按照当期 5200 元的食糖平均销售价格,计算对应盈亏平衡的糖料蔗收购价格为 439 元/吨,经过核算,良种化后蔗农平均亩产只要从 5 吨提高到 5.2 吨,即可达到 490 元/吨收购价格时的收益。预计对全保护区 1150 万亩按每亩 500 元实施良种补贴需财政资金 57.5 亿元,折合每年补贴资金 19.2 亿元。

2. 目标价格补贴

以甘蔗收购价 490 元/吨为目标价格,以当期榨季食糖平均销售价格对应的糖料蔗收购价格为实际价格,当其低于目标价格时,按照差价进行补贴,如其高于目标价格则不进行补贴。若按近两年食糖价格(2017/2018 年榨季平均价格 5610 元/吨、2018/2019 年榨季 5200 元/吨)计算,对应盈亏平衡的糖料蔗收购价格分别为 473 元/吨、439 元/吨,需要给予蔗农差价补贴 68 元/吨,预计需要财政资金补贴 39.1 亿元,平均每年补贴 19.55 亿元。

3. 间接补贴

主要是利用价格指数保险等金融保险等手段分散和转移广大蔗农的市场风险,稳定其收益水平。在调研中普遍反映希望给予直接补贴,但是我们认为这与我国市场化改革方向和国际农业支持补贴的趋势并不相符,采用保险间接补贴也是这三种方式中效率最高也最为有效的。

另一方面对制糖加工企业的支持,主要是将收蔗贷款纳入政策性贷款范围,加大金融支持力度。我们认为,比照粮食的政策性贷款政策是恰当的。当期全区收蔗 5300 万吨的规模,按照收购价格 490 元/吨计算,预计需要政策性贷款 259.7 亿元。

（三）开展糖料蔗订单价格保险,保障广西壮族自治区糖业持续稳定发展

经过对广西壮族自治区糖业发展现状及问题的认真总结和分析,我们认为开展糖料蔗订单价格保险,是在当前形势下创新广西壮族自治区糖业发展体制机制、处理好糖企和农民利益问题的有力举措。糖料蔗订单价格保险是在政府放开甘蔗市场、制糖企业和蔗农根据市场形势随行就市签订糖料蔗收购订单合同之后,利用保险机制对订单合同中约定的糖料蔗收购价低于蔗农心理认可价的部分进行赔偿的一种新型保险产品。和广西壮族自治区目前试点的糖料蔗价格指数保险相比,该保险产品同样是防范糖价波动给蔗农带来的风险、保障其基本收益,可称为糖料价格指数保险的改进版,其具有两点明显的改进:一是订单是蔗农和糖企两个主体的合意,对其作价格保险是市场行为下的一种较为有利的市场风险保障措施,无疑既给糖企减了压也给蔗农兜了底,平衡了双方的利益;二是订单价格保险依托糖料蔗购销订单运作,可根据订单中约定的甘蔗交售量实现对蔗农的精准保障,克服了现有糖料蔗价格指数保险试点统一规定亩均产量 6 吨的缺陷。我们认为当前推出糖料蔗订单价格保险具备良好的政策条件:一是 2017 年国务院《关于完善粮食等重要农产品收储制度的意见》中提出要"总结推广广西糖料蔗目标价格指数保险改革试点经验";二是 2018 年中央"一号文件"明确提出"探索订单农业+保险+期货（权）试点";三是《广西壮族自治区人民政府关于深化体制改革加快糖业高质量发展的意见》中提出要在全区范围内全面推行规范化的订单农业,引导保险机构开展食糖价格保险和糖料蔗价格指数保险、种植保险等业务。

糖料蔗订单价格保险的总体设计思路,一是承保对象限定为和糖

企签订规范购销订单合同的蔗农,这样既便于操作又能保证公开透明。二是保险责任为购销订单合同中的糖料蔗收购价(订单价格)低于糖料蔗生产保底要价的差额部分。其中,订单价格由糖企和蔗农协商确定,但不得低于根据郑州商品期货交易所白糖期货价格和糖蔗价格联动关系换算得到的蔗糖价格。综合调研情况看,现阶段农民生产糖料蔗保底要价为490元/吨。三是保险费要根据承保风险大小精算厘定,目前糖料蔗保费水平仍为30元/吨。四是保费补贴上需要有中央财政支持,鉴于糖企和蔗农利益的紧密相关性,可考虑糖企承担10%的保费补贴,农民自缴保费不超过20%。五是保险产量短期可根据是否"双高"基地进行统一规定,如"双高"基地6吨/亩,非"双高"基地为4吨/亩,条件成熟时可根据订单合同和制糖企业的收购凭证载明的收购吨数确定。六是保险面积建议全部覆盖广西壮族自治区1150万亩糖料蔗生产保护区,为推动广西壮族自治区糖业高质量发展提供全面的市场风险保障。七是仍然保留价格指数保险关于设立保险平滑基金的做法。

据初步测算,如糖料蔗订单价格保险实现广西糖料蔗生产保护区全覆盖(其中,"双高"基地500万亩、非"双高"基地650万亩),按现有糖料蔗价格指数保险保费水平计算,则"双高"基地每亩保费180元,非"双高"基地每亩保费120元,总保险费用为16.8亿元,按财政补贴保费的80%计算,需财政补贴资金13.44亿元。若中央财政、自治区各级财政、制糖企业、蔗农按照4∶4∶1∶1承担,中央财政和自治区各级财政各需6.72亿元。从生产者进行补贴三种不同方式所需补贴资金来看,良种补贴每年需要补贴资金19.2亿元,目标价格补贴每年需财政资金补贴19.55亿元,订单价格保险每年需财政资金补贴13.44亿元,订单价格保险所需财政补贴资金是最少的。因此,我们建议在广西壮族自治区全面实施糖料蔗订单价格保险。

(四)提高相关主体市场化能力,实现糖业高质量发展

1. 要抓住提高蔗农组织化程度这一关键环节,提高蔗农的市场议价能力和市场化竞争能力

目前广西壮族自治区主要以小农户为主,种植面积50亩以下的占80%以上,缺乏家庭农场、合作社、龙头企业等新型农业经营主体的支撑。根据调研的情况,有些地区即使有合作社,也是有名无实,缺乏规范的制度,组织松散,没有发挥集体的强大作用。需要启动家庭农场培育计划,开展农民合作社规范提升行动,深入推进示范合作社建设,建立健全支持家庭农场、农民合作社发展的政策体系和管理制度。鼓励支持制糖企业采取股份合作的形式与蔗农形成生产联合体。加快培育各类社会化服务组织,为一家一户提供全程社会化服务。只有糖料蔗种植逐渐规模化,种植方式逐渐标准化,才能提高机械化程度,降低生产成本,提高收益水平。据测算,如果全程机械化每亩成本降低325元,蔗农每吨甘蔗将新增65元的收益。

2. 要加快糖料加工企业市场化改革步伐,走高质量发展之路

首先,抓住糖厂兼并重组的关键环节,扩大加工企业的规模化水平。糖企加工能力达百万吨以上才具有规模效益,要按照这一标准加快推进糖业战略性重组,提供产业集中度,提升综合竞争力。其次,加大高端产品研发力度,加快产业升级。由目前粗放型利用转变为精细化利用,将糖类产品逐步向上下游延伸,生产原糖、精制糖、绵白糖、低聚糖等新产品。同时,加大榨蔗副产品利用和研发程度,要打造糖业循环经济产业链,如蔗渣—生物质发电、环保浆纸以及木糖醇等功能糖、滤泥—生物有机肥、糖蜜—酒精和活性干酵母等。加快市场化开发,提

高产品的商业价值,培育广西壮族自治区糖业知名品牌,努力实现糖业综合利用产值达到制糖总产值的 50%,将糖料蔗附产品变成高附加值产品。

3.提高创新能力,强化科技支撑

重点围绕糖料蔗育种、生产机械化、蔗糖精深加工、副产品综合利用、工艺生产技术、装备制造等关键领域,利用物联网、大数据等先进技术,打造糖料蔗和食糖生产智能化、自动化和信息化。有必要由广西农科院和中国农科院联合设立国家甘蔗科研中心,以利于在国家级平台上加大国内外糖料蔗技术攻关和协同创新力度,为广西壮族自治区糖业二次创业提供更强有力的科技支撑。

(调研组成员:袁纯清、张峭、姜华东、宋建国、石践、陈元良、徐兆伟、李烈、王克、聂谦)

第三篇　关于新疆维吾尔自治区棉花目标价格补贴实施及棉花保险情况的调研报告

2019 年 6 月下旬,我们在新疆维吾尔自治区开展了棉花目标价格补贴实施及棉花保险情况调研。调研组先后到莎车县、阿克苏市、库车县、轮台县、库尔勒市等 5 县市,实地考察 6 个乡镇、1 个扶贫产业园区、1 个棉纺织龙头企业,走访多个农业专业合作社、农户,并召开了自治区、兵团及调研所到市州 5 个座谈会,查阅了相关资料,比较深入地了解了新疆棉花目标价格改革以及农业保险等工作情况、存在的问题以及相关工作与政策建议。

一、新疆棉花生产和目标价格补贴的实施情况

(一)棉花生产现状

自 20 世纪 90 年代新疆确立"一黑一白"发展战略以来,新疆棉花产业取得长足进步。2018 年新疆棉花种植面积 3737 万亩,总产达511.1 万吨,占全国总面积的 74.3%,总产量的 83.8%,占世界总产量

的 19.4%。棉花面积、单产、总产、商品调拨量已连续 24 年居全国首位。2019 年新疆棉花种植面积为 3880 万亩,相比 2018 年又有一定程度的增加。新疆棉花生产对保持国内棉花必要的自给、保障纺织行业原料供应、防止过度依赖国际棉花市场、促进全国纺织行业健康发展起到了"压舱石"的作用。

(二)棉花目标价格补贴的实施情况

2011 年以来,受全球经济下行影响,国际棉花市场价格大幅下降。至 2014 年,国家连续三年实行临时收储政策,导致国内外棉花市场价差拉大,国外棉花大量涌入,国内库存高企,一方面造成巨大财政负担,另一方面导致纺织企业生产压力加大。运用临时收储等传统支持政策,已经不能适应国际市场新变化,亟须创新价格形成机制,确保棉花产业安全。在此背景下,国家充分考虑新疆特殊区情和经济社会发展现实需要,于 2014 年在新疆探索启动棉花目标价格改革试点,实质是对棉花进行差价补贴。这是新中国成立以来我国对单一农产品价格补贴数额最大的一项重大改革,目的是充分发挥市场在资源配置中的决定性作用的同时,保障棉农的基本收益,促进产业链上下游协调发展。经过五年的改革实践,成效显著。

1. 稳定了棉花生产,生产效率及棉花品质逐步提高

试点五年来(2014—2018 年),新疆棉花目标价格水平分别为 19800 元/吨、19100 元/吨、18600 元/吨、18600 元/吨、18600 元/吨。年产皮棉分别为 367.7 万吨、350.3 万吨、359.38 万吨、408.2 万吨、511.09 万吨,棉花生产稳中有升。农业机械化程度不断提高,2018 年新疆机采面积近 2000 万亩,机采率达到 49.8%,较 2014 年提高 39.6%。棉花种植效率明显提高,2018 年新疆皮棉单产 136.76 公

斤/亩,较 2014 年增加 11.3 公斤/亩。此外,棉花品质向好,根据中国纤维检验局数据,从 2014 年起新疆棉花质量逐步提升,棉花颜色级指标较好(白棉 1 至 3 级占比达到 92.8%),细绒棉平均长度增加 0.88 毫米,长度在 28 毫米及以上占比达到 96%,马克隆值 A+B 级占比增加 10.32 个百分点,断裂比强度提高 0.41cN/tex。购棉企业认为新疆 60% 的棉花质量与澳大利亚棉花持平,10% 甚至超过澳大利亚棉花。

2. 广大棉农的基本收益得到有力保障

新疆植棉区域覆盖南北疆 67 个县(市)和 112 个团场,南疆 80% 以上的县(市)种植棉花,全疆约有 50% 的农户(其中 70% 以上是少数民族)从事棉花生产,农民人均纯收入的 23.2% 来自植棉收入,主产区占 50% 以上。在国际棉花市场价格大幅下降的情况下,棉花目标价格补贴保证了农民有相对稳定的收益,从 2015—2018 年目标价格补贴的情况看,棉农交售籽棉可获得的补贴金额分别为 1.99 元/公斤、0.85 元/公斤、0.63 元/公斤、0.918 元/公斤,在全成本(2100—2200 元/亩)口径下,棉农每亩纯收益(售棉收入+价格补贴收入−全成本)为 71 元、178 元、216 元、255 元。与此同时,棉花产业链吸纳劳动力的工资性收入,也成为新疆农民收入的重要来源。我们在阿克苏地区考察了新疆协益纺织科技有限公司(属于浙江援疆项目),该公司共吸纳当地 1050 人就业,其中 200 人为当地建档立卡贫困户。职工月工资为 4000 元左右,对于贫困户来说,实现了"一人就业,全家脱贫",直接改变了个人及家庭的命运。

3. 推动了棉花全产业链发展

目标价格改革带来的一个突出成果是理顺了价格,促进了上下游经营主体的良性对接。从生产、加工、仓储到纺织、服装的一体化进程显著加快,集聚效应显著加强,生产力布局趋于合理。2014—2018 年,新疆纺织服装产业固定资产达到 1700 多亿元,远远超过新疆 1978—2013 年 35 年的投资总和。备案纺织企业数量从 560 家增长到 2700 家,每年新增就业约 7.7 万人,已成为吸纳农村劳动力就业的主要渠道。2018 年棉纺纱锭数量、产纱量、产布量、服装产量分别比 2014 年增长 70.4%、317.5%、346.7%、140.8%,织布机数量从 10290 台增加到 17000 余台。工业增加值(纺织工业)由 2014 年的 41.39 亿元增长到 2018 年的 108.14 亿元。

二、新疆棉花保险实施情况

(一)政策性棉花种植保险

自 2007 年新疆被纳入中央政策性农业保险补贴试点省区以来,棉花为首批开办的品种之一。棉花政策性保险主要是保障因自然灾害(暴雨、洪涝、内涝、风灾、雹灾、冻灾、旱灾等)、意外事故(泥石流、山体滑坡)及病虫草鼠害等造成的棉花产量波动风险。按照中央财政补贴政策,中央、自治区、地县财政分别补贴保费总额的 40%、25%、15%,农户自缴 20%。2008—2018 年,棉花保险共为新疆棉花生产提供 2115.83 亿元风险保障。2018 年,棉花保险覆盖率已达到 74.96%,高于小麦、玉米等其他品种;棉花保险平均单位保额从 400 元/亩大幅提升至 2018 年的 1193 元/亩(部分地区如阿克苏地区,每亩保额已达 1500 元),已达到棉花生产直接物化投入水平,棉花成为新疆种植业保险中单位保额和总保额最高的险种。

棉花政策性保险杠杆作用显著,保障了棉农再生产的能力。棉花保险赔偿从 2008 年的 5.92 亿元增长到 2018 年的 21.77 亿元,其赔付率是新疆农业保险各险种中最高的。2008—2018 年全疆棉花政策性种植保险平均赔付率为 68.96%(每年赔付率为 62.82%、66.40%、65.96%、52.10%、58.30%、63.76%、89.16%、61.74%、69.34、62.17%、83.90%)。自然灾害程度高的 2014 年、2018 年,赔付率分别达到 89.16%、83.90%。南疆部分地州灾害频发,赔付率居高不下,如巴州 2016—2018 年的简单赔付率分别达到 90.18%、87.23%、172.88%。2019 年上半年,棉花保险帮助棉农积极应对大风、冰雹、寒潮等自然灾害,截至 5 月累计支付赔款已超过 10 亿元。在阿克苏库车县牙哈镇调研中了解到,2019 年年初,该地区棉花在出苗期遭遇了 3 次比较大的风灾,导致绝大部分棉花苗期全损,按照保险合同约定的苗期全损最高赔偿标准为每亩保险金额的 40%,每亩赔付 400 元,按照每亩 105 元的保费,赔付率高达 380%,正是保险公司多次及时足额的赔付使受灾棉农全部复播复种,有的农户 2019 年已复种了两次。

(二)棉花"价格保险+期货"

2016 年已有保险公司开展了棉花目标价格保险与收入保险的探索,如 2016 年 9 月中华联合公司在石河子 144 团开展了棉花价格保险业务,投保面积 7143 亩,保额 1500 万余元,保费 120 万余元。约定保险期内棉花期货合约各交易日收盘价的平均值低于棉花目标价格时(15000 元/吨),保险公司进行赔偿。当年棉花收获期(9—12 月)期货合约日结算价的平均值为 15412.87 元/吨,未触发理赔。该业务产品设计中,目标价格及实际价格均参照期货市场价格进行确定,利用了期货市场的价格发现功能,因保险公司并未到期货市场购买看跌期权进行风险的二次转移,因此其实质是一个目标价格保险。

2017 年,中央有关部门对新疆棉花目标价格改革试点情况进行了实地专题调研,在肯定了 2014—2016 年棉花目标价格改革成效的基础上,提议加大棉花保险的试点力度。

2018 年新疆维吾尔自治区政府制定方案,在博州博乐市、喀什地区叶城县、阿克苏地区柯坪县等 3 县市开展了棉花"价格保险+期货"试点工作。经政府采购,试点分别由人保财险、中华财险、太保财险及国寿财险 4 家保险公司承办,价格保险费率统一为 12.6%。当地符合相关条件的棉农全部向保险公司投保,并且不再享受现行直接价格补贴,保费由财政全额承担。一是业务具体操作方式。棉农向保险公司投保棉花价格保险,棉价下跌风险转移至保险公司;保险公司向期货公司购买棉花期权产品,实现棉价下跌风险向期货市场的最终转移。当棉花实际价格低于保险目标价格时,保险公司向棉农赔付两者差价,向期货公司行权摊回相应赔付支出。二是承保的基本情况。目前,试点工作已基本结束,共计承保棉花 87.32 万亩、籽棉 28.02 万吨(按经审定的 39.7% 的平均衣分率折合皮棉 11.12 万吨),参保棉农 1.63 万户,保险公司收取保费 2.6 亿元。三是保险公司购买期货情况。四家保险公司共计购买期货公司 CF1901、CF1905 棉花场外期权 7.2 万吨(皮棉),入场价格 14556—15400 元/吨,支付权利金 819.66 万元,最终行权收益 677.64 万元。此外,太保财险和中华财险除运用场外期权工具外,还通过购买成数再保险来分散部分风险。四是保险赔付情况。试点将自治区棉花目标价格水平 18600 元/吨设定为保险目标价格,将 2018 年棉花期货均价、现货均价二者中的低者设定为最终棉花市场价格,作为保险公司赔付的标准。2018 年 9 月 1 日—12 月 31 日(保险责任期间)棉花期货和现货均价分别为 15218 元/吨、15785 元/吨。据此,四家公司合计赔付 3.76 亿元,平均赔付率为 144%。折算后参保棉农的每公斤籽棉可获得约 1.34 元赔款,比 2018 年度目标补贴标准高出 0.42 元,棉农通过"价格保险+期货"的方式获得了比目标价格补贴更高的收益。五是保险公司分散风险情况。保险公司通过期货市场以及购买再保险等方式进行风险的二次分散具有现实可能性,如太平洋保险公司在该试点中共收取保费 9100 万元,向棉农赔付 1.34 亿元,但是通过购买成数再保险,共摊回赔款及费用 1.16 亿元,以及从期货市场获得 8.97 万元的期权收益,最终仍获得 435 万元的运营利润,保证了保险公司的稳健运营,这说明"价格保险+期货"的试点模式具有现实的可行性。

三、推动新疆棉花高质量发展的几点认识和建议

(一)新疆棉花价格支持政策还需稳定一段时间

1.棉花市场价格风险加大

2016—2018 年,集中交售期皮棉价格为 15000—16000 元/吨,与目标价格补贴的 18600 元/吨存在 3000 元/吨左右的较为恒定的差距。2019 年 1 月以来,棉花期货主力合约(CF1909)收盘价一直在低位徘徊,2019 年 5—7 月,主力合约收盘价更是跌到了 13500 元/吨左右。从短中期来看,棉花价格的波动将会是一种常态,如果国家中断或大幅减少对棉花目标价格的支持政策,日益加大的市场风险将会全部由棉农承担,棉农收益将无法保障,作为全国棉花占比 80% 以上的新疆,其稳定及发展将受到严重影响。

2.缺乏价格支持,棉农植棉将趋于负收益

从当前及未来一段时间来看,受技术、组织形式、规模化程度等硬性条件的约束,国内棉花种植成本高于国际水平的现状还难以改变,加之当前面临严峻的国际市场竞争环境,如果中断目标价格支持政策,新疆棉花种植收益将大幅下跌。我们测算:按照籽棉亩产350公斤(2018年平均亩产量),每亩全成本2200元,2018年每公斤籽棉交售价格6元,目标价格补贴0.918元/公斤,则每亩植棉收益大约为221元,如果取消目标价格补贴,每亩植棉纯收益为负值。如果棉农基本收益得不到保障,将会大量产生弃种,其严重后果难以估量。

3.目前尚无成熟的政策替代

从目前来看,已经开展的棉花"价格保险+期货"试点虽取得了一定成效,但试点范围有限,操作程序和运行机理还不完善,不具备大范围推广的条件。已在新疆较大范围开展的政策性种植保险仅保障棉农种植棉花过程中因自然灾害、意外事故及病虫草鼠害等造成的产量波动风险,保障水平有限。当前棉花的市场风险加大,为保障棉农的基本收益,保护棉花产业安全,国家对新疆的价格支持政策整体上还需稳定一段时间。

(二)探索将保险作为一种新的政策替代

现行的棉花目标价格补贴政策属于特定农产品"黄箱补贴",推动棉花目标价格补贴由直接补贴向间接补贴转变,是完善农业支持保护政策的必然要求。我们认为,采取政府补贴棉花保险保费的办法是一个可行和有效的路径,开展新疆棉花高保障保险可以作为目标价格补贴的一种新的政策替代。由此需要把握三个关节:一是价格保险要将18600元/吨作为保障价格的基本标准。这是因为经过几年的目标价格补贴政策实施,18600 元/吨已经成为棉农的价格预期,也已成为政府保护棉花生产的路径依赖。二是棉花市场预期价格设定为 15218 元/吨。这是因为 2018 年新疆棉花采价期期货均价为 15218 元/吨,目前棉花价格跌至 13500 元/吨左右,可以作为一个短期现象看待,预测未来棉花的市场价格将会在 15000 元/吨上下波动。三是保险方案测算均以 2018 年新疆的实际种植面积 3737 万亩,实际产量 511.1 万吨为基础计算数据。

方案一:棉花"目标价格保险+期货"+政策性种植保险。该方案是将现行目标价格补贴政策由"目标价格保险+期货"进行替代。方案中的"目标价格保险+期货"保障棉花价格波动的市场风险,政策性种植保险保障棉花的产量波动风险。该方案中"目标价格保险+期货"费率为 12.6%;政策性保险产品的保额为 1000 元/亩,费率为 7%。整体方案保费来源为:政府补贴 80%、农民自缴 20%。经过计算,该方案财政总支出为 117 亿元,农民总收入为 947 亿元,农民亩均纯收益为 349 元。

方案二:棉花收入保险。该方案是以单一产品的形式同时保障棉花的产量及价格风险,即保期结束时,按照实际产量×实际价格核算农户实际收入,测算是否触发理赔。该方案确定亩均皮棉产量为 140 公斤(根据历史十年产量的平均值得出),保障价格为 18600 元/吨,经过计算,收入保险每亩保额为 2604 元(18600/1000×140),费率为 17%(根据 2009—2018 年新疆棉花的实际价格和实际产量精算得出),保费来源为:政府补贴 80%,农民自缴 20%。经过计算,该方案财政总支出为 132 亿元(保费补贴支出),农民总收入为 939 亿元,农民亩均纯收益为 312 元。

我们按照同样的测算思路,将新疆目前实行的价格补贴政策及政策性保险(目前棉花政策性保险在新疆的覆盖率为80%,为与方案一、方案二保持口径一致,将覆盖率扩至100%)进行相关指标的计算。经过计算,该方案下财政总支出为118亿元,农民总收入为896亿元,农民亩均收益为277元。

根据以上测算可以看出:一是对保障棉农的收益而言,两个保险方案优于现行目标价格补贴政策。不难看出,在财政总支出基本相当的情况下,保险方案下农民的总收入以及亩均收益更高。此外,通过保险方式能够更精准地对农户实行棉花价差赔付,减少了财政预算的风险。同时,将政府主导的目标价格补贴政策改由保险这种市场化的操作方式来实现,还能节约政策实施过程中的政府操作成本,降低寻租空间,效率更高。二是两个保险方案各有优势,建议同步开展试点。方案一(棉花"目标价格保险+期货"+政策性种植保险)的优势在于:一是保险公司可以通过期货市场进行风险对冲,弥补公司在农户价格保险端的风险损失,一定程度上保障公司的稳健经营。二是在价格核损赔付阶段,无须测产,降低了保险操作成本以及农户道德风险。三是方案一中政府需承担的保费支出少于方案二。方案二(棉花收入保险)的优势在于,该方案以一种产品的形式同时保障棉农的产量风险及价格风险,产品形式更为简单,能够降低保险公司的经营操作成本。此外,收入保险作为一种更高保障水平的保险形式,将是未来农业保险发展的趋势(美国的棉花在2014年以前亦实行目标价格补贴政策,2014年起开始实施收入保险政策)。基于此,我们认为,两种保险方案都有试点的必要,建议以县为单位,对两种保险方案分别开展封闭式试点工作,即在试点范围内,棉农只参加其中的一种保险方案,不再享受目标价格补贴政策,并通过一定时间(一般为三年)的试点后,进行实际试点效果评估,以此来选择最佳方案,全面加以实施。

为了确保保险方案全面实施,我们建议,一是保持中央对新疆的棉花价格支持政策补贴总额不变,其保费补贴超出中央价格补贴资金部分由地方财政予以承担。二是用中央财政价格补贴的一部分资金建立棉花保险风险基金,以应对棉花生产及销售过程中的巨灾风险以及保险公司在超市场预期年份赔付率过高时的补偿。

为了更好地保障新疆棉花的高质量发展,可以通过保险来促进棉花品质的提升。如实施棉花保险方案,可在保险产品设计中将棉花质量指标纳入保险条款的"保险标的要求",即只有符合一定质量标准的棉花才能纳入保险范围,以此来促进投保人通过种植优质品种、改进田间管理等方式来不断提高棉花品质。

(三)建议中央财政加大对新疆特色农产品保险的支持力度

据了解,新疆林果业种植面积达 2200 万亩,牲畜饲养量近 6000 万头(只)。为保证林果和畜牧业农民的收入,新疆开展了林果、畜牧业政策性保险的试点工作,但因财政压力大,试点面积和参保数量十分有限,试点工作进展缓慢。阿克苏地区有 400 余万亩林果,2010 年就开展了林果业政策性保险试点工作,截至 2019 年上半年参保面积 13 万亩,保险覆盖率仅为 3%;2012 年,新疆维吾尔自治区安排 300 万元专项资金开展肉牛、肉羊保险试点,同样因市县财政压力大,进展缓慢。2018 年,全区羊存栏 4159.68 万只,投保数量仅 28 万只,保险覆盖率仅为 0.67%。在市县调研中,反映最强烈的是,当地政府希望中央财政加大对新疆林果和畜牧业保险的财政支持力度,希望将牛、羊、核桃、红枣、杏、巴旦木、苹果、葡萄、香梨、石榴纳入中央补贴地方特色农产品保险奖补范围。我们认为,当务之急是将肉羊纳入政策保险范围,因为肉羊在新疆畜牧产业中占比高,涉及农户多,且藏系羊已经纳入中央财政补贴的保险范围,可以将新疆的肉羊同等对待。核桃、红枣、杏的种植面积已占新疆特色林果的一半以上(562.2万亩、427.4万亩、112.6万亩),是南疆四地州深度贫困地区农民收入的主要来源。我们认为,考虑到新疆的特殊性,可将这三个品种纳入中央财政对特色农产品的奖补范围。

(调研组成员:袁纯清、张峭、宋建国、徐兆伟、宋淑婷、魏腾达)

第四篇　甘肃省农业保险发展调研报告

2019 年 7 月中旬,调研组在甘肃省开展了农业保险问题专题调研。调研组先后赴天水市麦积区、陇南市西和县等地的 4 个乡镇、3 个农民专业合作社开展了实地调研,查看了承保的种植作物和养殖品种,充分听取了有关部门、农业保险企业、农民专业合作社负责人、农民代表、农村金融服务室工作人员等对农业保险工作的看法。在省、市、县层面召开了 3 个由农业农村、财政、银保监、金融办等部门参加的座谈会,并与甘肃省政府主要领导进行了交流。调研组还查阅了开展农业保险工作的文件和档案资料,对甘肃省农业保险工作有了比较深入的了解。

一、甘肃省农业保险发展基本情况和主要做法

甘肃省委、省政府近年来不断加大农业保险工作力度,并将其作为脱贫攻坚的重要抓手,为农业发展注入了强大的动力,加快了脱贫攻坚的进程。甘肃省农业保险 2017 年保费收入为 9.24 亿元,同比增长

9.48%,2018 年保费收入为 11.53 亿元,同比增长 24.8%,2019 年上半年保费收入为 11.92 亿元,同比增长 62.84%,2019 年全年计划保费收入 16.67 亿元,同比增长 44.6%;农业保险赔付方面,2017 年赔付额为 6.81 亿元,2018 年赔付额为 7.69 亿元,2019 年上半年赔付额为 4.95 亿元,2017 年以来,农业保险全年简单赔付率均达到 65% 以上。甘肃省农业保险最突出的特点是重点向贫困村、贫困户倾斜。甘肃省 2018 年年底建档立卡贫困户 111 万人,2019 年参加农业保险的贫困农户约 100 多万人,95% 以上的贫困户参加了农业保险。

（一）加强顶层设计,高位强力推进农业保险工作

甘肃省委、省政府高度重视农业保险,省政府常务会议多次研究农业保险工作,于 2018 年印发了《甘肃省 2018—2020 年农业保险助推脱贫攻坚实施方案》。为了保证农业保险规范发展,省里专门制定了农业保险相关配套制度办法,出台了《甘肃省农业保险（2018—2020 年）农产品价格采集和发布工作实施办法》《甘肃省扶贫资金入股分红和土地流转履约保证保险实施方案》《甘肃省农业保险保险费补贴管理办法》《关于规范农业保险工作费用管理的通知》《关于推进全省农村金融综合服务室建设运行的实施意见》等政策文件。为了推进省委、省政府确定的有关农业保险工作的决策部署,省政府于 2019 年年初召开了全省农业保险视频工作会议布置相关工作,2019 年 5 月,省政府又组织召开了农业保险现场推进会,以现场的方式进一步推动相关工作,省相关部门负责人和各市州、县的市长、县长参加了会议。

（二）突出脱贫攻坚,以三个全覆盖为主要着力点

甘肃省把农业保险的着重点放在脱贫攻坚上,明确要求农业保险

要实现对"所有贫困户、贫困户所有产业、自然灾害和市场价格波动双重风险""三个全覆盖"。提出了"成本垫底、收益托底、六大产业全覆盖"和"三年兜底、五年平衡,区分特点,精设品种,普惠与特惠兼顾,贫困户一户不落"的总体要求,围绕牛、羊、菜、果、薯、药等特色产业发展,以保障贫困户收入稳定为目标,并制订了具体实施方案,甘肃省根据贫困户发展产业的特点分级发展农业保险品种,即在已经开办的10个中央财政补贴品种和苹果、中药材2个省级财政补贴品种的基础上,进一步扩大农业保险的保险品种和承保规模,新增开办肉牛、肉羊、高原夏菜、设施蔬菜、育肥猪和鸡6个省级财政补贴品种,并以"以奖代补"的方式支持市县结合本地产业开办"一县一(多)品"特色保险品种,同时还针对贫困户设计开发了甘肃省种养产业综合保险,把扶贫特色产业都纳入农业保险保费补贴的财政盘子中来。甘肃省于2019年年初确立了全省计划实施的80个保险品种,其品种数额在全国处在前列。甘肃省农业保险对中央补贴险种、省级补贴险种及一县(多)品特色品种三级险种以及扶贫特色产业实行全覆盖,对自然风险大的险种保成本、市场风险大的险种保价格,真正实现了"三个全覆盖"。

(三)明确各级责任,形成中央、省、市(县)共同推进路径

从省到市、县,各级干部有章有序地推进农业保险工作。一是省级层面建立了农业保险工作联席会议制度。由甘肃省农业农村厅牵头组织,省财政厅、发改委、扶贫办、林草局、地方金融监管局、甘肃银保监局、商务厅、统计局、气象局、国家统计局甘肃调查总队等部门为成员单位,按照各自职责做好保费资金筹集、农产品价格采集和发布、贫困户识别和参保、保险行业监管等工作,有力地保障了工作的落实。二是把县级作为实施主体。各市(县)成立了农业保险工作领导小组。在组

织实施上,省级将农业保险"承办机构选择权"连同"计划任务""保费补贴资金"全部下放到县一级,省级只对保险公司承办资格、计划任务落实、补贴资金使用作出原则性要求,县里负责统筹推进和实施落地工作。在基层推进工作的过程中,充分发挥镇村干部和驻村工作队的作用。东乡县通过乡镇干部作宣讲,确保农业保险户户知晓,家家参与农业保险。全县5.1万名农户农业保险政策知晓率达到95%以上。三是三级财政分担保费补贴。对于中央及省级财政补贴品种,则由中央财政及省级财政负担较高比例的保费补贴份额,对于由县一级主导的特色农业产业保险保费补贴,主要由县级政府财政来承担,省政府视业务推进情况予以一定奖励。2019年,西和县开展"一县一(多)品"农业保险,无中央财政补贴,省级财政补贴214万元,占18.36%;县级财政补贴751万元,占64.44%;农民自缴200万元,占17.2%。在县级财政较为困难的情况下,仍能担负如此高比例的保费补贴,是难能可贵的。四是加强考核监督。以考核奖惩为着力点,每月由联乡县级干部对农业保险落实情况(农险政策宣传、标的核查、入户签单承保等)开展巡回式、点穴式督查,把农业保险与帮联单位、帮扶干部考核直接挂钩。各级按照县级自评、市州考评、省级抽查的方式,加强对农业保险保费补贴资金使用情况的考核工作,定期公开通报。

(四)多方筹集资金,解决保费补贴来源不足问题

甘肃省是贫困大省、财政穷省,中央财政转移支付占比超过80%,如宕昌县级财政的保障率只有3%—5%,东乡县只有1.8%。据计划,甘肃省从2018—2020年共需要安排38.8亿元保费补贴资金全面开展农业保险工作,由于财政自给率低,省、市、县的农业保险保费财政补贴负担相当重。例如,麦积区是省定深度贫困区(县),财政收入总量小、

支出需求大,属典型的"吃饭财政"。仅 2019 年,区财政投入农业保险的补贴资金 2143 万元,占各级财政保费补贴的 45.5%,尤其是在 9 类"一县一品"农业保险品种财政保费补贴中,区级财政承担贫困户保费的 75%、非贫困户的 65%。为了顺利推进农业保险工作,地方党委政府主要领导提高站位,解放思想,按照供给侧结构性改革的要求,调整资金使用格局,压缩非必要开支,对涉农产业发展资金和扶贫专项资金等进行整合,积极筹集农业保险保费补贴资金。例如西和县 2019 年需要农业保险保费补贴资金 604.8 万元,这些全部要从县级财政的产业发展基金中解决,仅这一项支出就占全县预算总支出的 57.3%。

(五)提高保障标准,使农业保险既解忧又解渴

为了让农业保险既解忧又解渴,甘肃省大幅度提高保险保障标准,主要体现在两个方面。一是普遍提高了保额的标准。中央补贴品种方面,将马铃薯、玉米、青稞、棉花、冬小麦 5 个品种的保额从平均 400 元上调为 520 元,奶牛保额从 5000 元上调为 8000—10000 元。对于部分牵涉农民增收稳收的地方特色品种,亦实现了保额的大幅度提高,如苹果保额从 2000 元上调为 4000 元,根据对甘肃省苹果种植成本的调研情况,上调后的保额基本上已达到了完全成本保障水平,能够保证果农获得较高的收益,这为特色扶贫产品实施完全成本保险提供了范式。二是为了减轻政府与农户的保费负担,普遍开展了保费降费。其中中央补贴型险种保险费率平均下降 1—2 个百分点;地方特色险种,如苹果,2018 年保险费率为 6%,2019 年保险费率下降到 4.5%,按照一年保险金额 4000 元/亩来计算,原来每亩需缴纳保费 240 元,降费后每亩保费为 180 元,每亩将少缴纳 60 元保费。从某种意义上讲,这无疑帮助农民实现了增收。

(六)创新承保方式,建立简便易行农险服务体系

甘肃省积极创新农险承保模式,一是实行以户为单位出具保单,以"一户一保、一户一单、一户一赔"的方式,为贫困户提供"一揽子"、菜单式的风险保障,使保险简便易行。如天祝县就按照不同乡镇的种养情况,划分区块确定保险公司开办保险工作,为农户创造了便利条件,最大限度实现了"一户一保单"模式和参保农户"最多跑一次"的便民目标。每个参保农户所有种养业投保工作全部集中在 1 家保险公司办理,方便农户投保、定损和理赔。二是探索把合作社作为投保主体。合作社作为投保组织者,代表社员统一与保险公司进行对接,帮助完成宣传动员、政策宣导、签订保单、勘损理赔等农业保险操作的具体工作,合作社统一完成参保以后,把明细投保内容明确到每一位社员,不仅解决了农民不熟悉保险操作的问题,也大大提高了保险实施的效率,提高投保及理赔等工作的便捷性和准确性。

(七)建农金服务室,打通金融服务的"最后一公里"

针对农村金融服务分散、保险公司等金融机构的最末端组织机构与农户存在"断线"等问题,甘肃省按照"一村一室、集中统一、综合服务"的原则,建立起 1049 个乡镇农村金融综合服务站、15788 个农村金融综合服务室,配置工作人员 4.75 万人,同时建立执行乡村干部、银行保险机构业务员、公益岗位农金员共同参与的运营机制,为农业保险"投保到户、定损到户、理赔到户"提供了"最后一公里"的服务支撑。村支书或村委会主任就是农村金融服务室的主任,真正把农村金融的责任和任务压到有组织的人手里,来保障种养产业综合保险的顺利实施。比如天水市麦积区整合资源,强化保障,建立起政府主导、金融保

险机构参与的联合共建机制,区财政每村配套 2000 元建设启动资金,在 17 个乡镇、379 个行政村成立农金室(站),聘用 1623 名农业保险协保员,强化人员培训,推进标准化建设,规范运行,为农户及企业参保、理赔,打通了农业保险服务农户的路径。

二、几点看法和建议

(一)领导高度重视是推进农业保险发展的"不二法门"

甘肃省是传统的农业大省,但不是农业保险大省,2012 年甘肃省农业保险总体保障水平(农业保险承保风险总额占农业总产值的比例)仅为 10.4%,在全国排名靠后。近几年,甘肃省农业保险进入高速发展快车道,2018 年农业保险保障水平已达到 36%,全国排名第六。2014—2018 年,甘肃省种植业保险承保规模由 1525.2 万亩增长到 2432.6 万亩,养殖业承保规模由 556 万头(只)增长到 1444.1 万头(只),农业保险保额由 326.3 亿元增长到 593 亿元,人均保险金额由 1.47 万元增长到 3.37 万元,分别增长 59.5%、159.7%、81.7%、129.3%。且通过分析五年间各项指标增长发现,2017—2018 年的增长贡献最大,甘肃省农业保险真正实现了超常规发展。其原因在于甘肃省委、省政府的高度重视与强力主导,以及省、市、县、乡各级负责人切实将农业保险作为农业发展和脱贫攻坚的重要工作来推动。我们认为,农业保险是政府的一项农业支持保护政策,具有代行政府公益性服务职能,因此农业保险的发展本身也需要由政府的力量来推动。所以,在发展农业保险的问题上,甘肃省委、省政府提高政治站位,真正将农业保险作为一项"准公共产品",从打赢脱贫攻坚战、推动乡村振兴的高度出发,来发挥其风险保障的作用,并推动其实现了快速发展,正是印证了这一观点。

(二)甘肃省利用农业保险助推脱贫攻坚具有前瞻性值得推广

产业脱贫是贫困地区脱贫的一个主要支撑。但贫困地区发展特色产业面临较大的挑战。首先是特色产业面临更大的自然风险,特色产业所涉及的农产品,其种植技术及自然适应性等方面尚不成熟,所隐含的自然风险大于常规品种。其次是特色产业需应对巨大的市场风险,特色产业中的新品种从进入市场到被市场接受需要一个过程,加之其价格的不稳定性,使特色产业隐含着更多的市场风险。在这种情况下,如何将特色产业做成真正的脱贫产业,成为贫困户产业脱贫的重要支撑,就需要政府更多的支持。西和县县委书记说:"农业保险大大减少了各级政府的决策风险,有了农业保险,县政府和相关部门就敢在脱贫攻坚中积极推进各类农业产业的发展。"在财力有限的情况下,直补政策在保障特色产业发展上具有很大的局限性,唯有利用保险所具有的风险防范、倍数效应、杠杆作用、市场工具等多种功能,将农业直补改为间接补贴来配置财政资源,政府把加大对农业保险的财政补贴作为政策的主要选择,更能防范农业风险、稳定农业生产、保障农民基本收益。农业保险对助推脱贫攻坚,尤其是对脱贫之后继续稳定生产具有现实意义。甘肃省先行先试,将农业保险作为助推脱贫攻坚的主要抓手,具有前瞻性,从实际的效果来看是显著的,为其他地区提供了有益的参考。

（三）要加大对贫困地区特色农产品保险的奖补力度

通过发展特色产业来脱贫已经成为很多地方的重要选择，从某种意义上讲，特色产业兴，则农业兴，农民脱贫就有保障。在脱贫攻坚的前期，扶贫资金投放的重点是支持创新发展产业，而到现阶段，扶贫资金应该更多用于稳定发展产业，使特色产业真正成为保障农民增收的主渠道。农业保险在为特色产业缓释风险，提高财政资金使用效率方面具有独特的优势与成熟的实践经验，为此，建议适当调整扶贫资金的支出方向，将资金更多用于脱贫特色产业的保险费补贴。针对不同地区产业发展实际，将地方优势特色农产品纳入中央和省级补贴品种，扶持壮大地方特色产业。日前财政部下发的《关于开展中央财政对地方优势特色农产品保险奖补试点的通知》，明确试点省区自主确定的拟纳入中央财政奖补范围的优势特色农产品不超过两种，这对贫困地区来说显然是不够的，因为贫困地区的财政普遍困难，建议中央给予贫困地区更大的倾斜支持。为助推地方特色产业发展，巩固脱贫效果，应至少将深度贫困地区的"一县一业""一村一品"等主导性品种纳入中央财政的奖补范围。

（四）扶贫资金不宜把农业保险保费补贴列入"负面清单"

调研过程中，大家反映很强烈的一个问题是，财政部门将农业保险保费补贴纳入了扶贫资金的"负面清单"。《财政部 国务院扶贫办关于做好 2019 年度贫困县涉农资金统筹整合试点工作的通知》指出"纳入 2019 年度贫困县涉农资金统筹整合使用方案的资金，不得安排用于'负面清单'事项"，这其中就包括"购买各类保险"。为此，调研中的多位省及县领导都因"怕踩了红线"而缩手缩脚，不敢将扶贫资金用于农业保险保费补贴。产业兴旺是乡村振兴的基础性工作,产业脱贫是脱贫攻坚的主要抓手。我们认为,凡是有利于产业发展的扶贫项目,都不应该列入"负面清单"。过多的限制将会对扶贫资金在支持产业发展、助力脱贫攻坚中效用的发挥形成制约。中央将农业保险列入"农业支持保护制度",说明用于农业保险的保费补贴资金与一般意义上的保险费并不能完全等同,建议财政和扶贫部门进一步审视农业保险保费补贴在脱贫攻坚和产业发展中的作用,明确将扶贫特色产业的农业保险保费补贴从财政扶贫资金整合使用"负面清单"中剔除,赋予县级财政更大的自主权。

(五)推进村级农金室建设具有普遍意义和推广价值

设立农金室是甘肃省推出的一项提升农村基层金融综合服务水平、确保金融支持政策精准落地的惠民措施。从支持农业保险工作开展的情况来看,实施效果明显,在打通承保到户"最后一公里"方面为其他地区提供了成功的范例,具有进一步推广的价值。各地应以甘肃省为范式,加快村级农金室建设步伐,推动村级农金室挂牌;配齐配强村级农金员,积极协调各农险机构与村级农金室签订代办协议,加强促进农业保险承保到户的工作力量,为"一户一保"政策的顺利实施提供支撑;组织开展业务培训工作,督促各县(市、区)加快推动乡镇金融服务站建设,完善经费管理办法;加快人员配备,尽快开展业务,确保农金室健康有序工作;进一步整合并拓展相关涉农金融功能,下沉保险公司与银行等机构的金融服务功能,以农金室为载体,为农民提供便捷快速的金融服务。

(六)全面加强农业保险队伍建设

调研中发现基层农险服务建设中面临两个较为突出的问题:一是

从事农险的专职人员少。以调研所到的麦积区为例,人保麦积支公司正式员工 48 人,其中从事农险工作 35 人。全县有近 21 万亩耕地(不含森林)和大量牛、羊、猪等的承保和理赔任务,靠这些人远远不够。为此,该公司外聘了 379 人参与到农业保险工作中去。尽管如此,仍然不可能做到精准服务,甚至蕴含着较大的业务操作合规风险。二是基层农险人员业务不熟练。缺乏农险相关的专业知识,专业服务不到位。我们认为,要全面加强农业保险队伍建设,首先是加强专业专职人员力量配备;其次要加强培训工作,全面提高基层农险队伍的职业化水平,把对农险人员的专业培训作为保险机构的专项内容,同时也应列为地方基层干部的培训内容。通过培训,让基层农险工作人员不仅成为保险专家,而且要成为农业专家,成为农村金融的全科医生。

(调研组成员:袁纯清、何予平、毛利恒、龙文军、董明、申相磊)

第五篇　关于山东省农业保险
创新实践的调研报告

2019 年 11 月 19—22 日,调研组到山东省就农业保险的创新进行了调研。在调研中发现,山东省农业保险坚持服务"三农"总的方向,大胆创新,积极实践,取得了明显的成效,其不少做法具有借鉴意义。

一、威海市文登地区太平保险公司
开展的小麦、玉米、花生收入保险

(一)项目背景

近年来,山东省威海市文登区开展土地集中流转,由村级领办的合作社或村集体负责经营,走新型集体化经营的路子。但在经营过程中,自然灾害、价格波动等众多不确定因素导致收入不稳定甚至亏损,极大地影响了集体化经营的积极性。为此,太平保险公司为文登区量身定制,推出农业社会化经营主体收入保险创新产品。

（二）业务概况

根据文登区社会化经营主体主要作物种植情况,研发设计小麦、玉米、花生三个收入保险产品,三项业务共计承保 7656.76 亩,保费收入 29.91 万元,累计为 43 个村提供了 552.3 万元收入保障,其中小麦收入保险已完成理赔,赔款支出 54.68 万元(剔除政府共担部分,赔款支出为 32.71 万元,赔付率超 300%;玉米、花生收入保险赔付金额暂未确定)。

（三）产品设计

小麦、玉米、花生三个收入保险约定收入分别为每亩 750 元、700 元、1250 元。对保险期内因遭受自然灾害、意外事故、病虫草鼠害或者价格波动导致实际收入低于约定目标收入,根据保险合同约定,赔偿被保险人实际收入与约定目标收入的差额部分。

目标收入与实际收入的确定方式:

每亩约定的目标收入由文登区近五年平均亩产量(文登区统计局发布数据)与当地价格主管部门发布的近五年当地每公斤平均收购价格(小麦目标收入中价格数据根据近五年国家小麦最低收购价数据平均得出,玉米、花生根据文登区发改局发布的近五年销售价格数据平均得出)乘积的一定比例计算得出并在保单中予以载明,每年重新确定一次每亩约定的目标收入。

保险金额=每亩保险金额×保险面积

目标收入=单位保险金额×投保面积

实际收入=(测产亩产量×当年的平均收购价格)×投保面积+传统政策性种植险赔款

(实际收入中的价格,小麦根据当年国家公布最低收购价得出,玉

米、花生数据由文登区发改局统计数据计算,采集区间为作物集中收获后的一个月)

赔偿金额=目标收入-实际收入

(四)项目意义

农业社会化经营主体收入保险的推行,是农业保险创新的一次有益探索和尝试。一是促进农业保险转型升级。相比于传统的种植成本保险,收入保险保障程度更高,保险责任进一步扩大,趋向一切险,保障更为全面。由"保成本"向"保收入"的转变,对推动提高农业保险服务能力,促进农业保险转型升级具有重要意义。二是增强新型集体化经营的信心,有效促进土地流转。通过推行农业社会化经营主体收入保险,对村集体或合作社集中经营土地实行兜底保障,让村集体在稳定收益方面吃上了"定心丸",流转土地农户的地租和增值分红收入也不会"缩水",从而促进土地流转,坚定了集体化经营的信心。三是通过保险增信,撬动融资贷款。对有资金需求无有效质押物的投保主体,通过收入保险保单实现增信,撬动融资贷款。目前文登区金融机构以农业社会化经营主体收入保险作为增信工具,推出"丰登银保贷",为经营主体授信其目标收入 90% 的额度,开展贷款业务,解决了农业集体化经营的资金难题。

二、济宁市特色种植业巨灾保险

(一)项目背景

针对政策性农业保险未能覆盖全部特色农作物的实际,济宁市积极探索对这些农作物进行农业保险的方式。通过总结吸取近年来农业灾害多发、频发、高发造成巨大灾害损失的教训,在山东省率先开展特色种植业巨灾保险试点,实现济宁市范围内种植作物险种全覆盖,市政府印发了相关试点工作方案,并于 2019 年列支 1000 万元用于特色种植业巨灾保险补贴。

(二)产品及业务概况

保险标的为济宁市范围内连片种植的大蒜、辣椒、西甜瓜、地瓜、白菜、圆葱、拱棚蔬菜等未纳入省级财政补贴的地方特色种植品种。保险责任为暴雨、洪涝(政府行蓄洪除外)、风灾、雪灾、雹灾、旱灾、冻灾、火灾、流行性或暴发性病虫草鼠害造成绝收的(损失率不低于80%),保险人按照约定履行赔偿保险金的义务。保险费标准为 4元/亩,费率为 0.8%,保额 500 元/亩,试点保费由市、县两级财政各承担 50%。苗期赔偿限额 300 元/亩,成熟期赔偿限额 500 元/亩,全市最高赔偿限额为总保费的 10 倍。种植业巨灾保险导致的总损失未超出济宁市最高赔偿限额的,按照实际赔偿限额进行赔偿;超出济宁市最高赔偿限额的,按照赔偿限额与总损失的比例进行赔偿。

项目试点期限为 2019—2021 年,2019 年济宁市夏播作物承保面积 72.1 万亩,涉及 14.53 万农户。2019 年 7 月 7 日、8 月 10 日济宁市部分县先后遭遇冰雹和台风灾害,部分地块作物绝收,给群众造成巨大损失,灾害发生后,迅速启动灾害查勘工作,经承保机构查勘,核定理赔面积 0.8 万亩,理赔金额 400 万元,惠及 6500 户农户,充分发挥了特色种植巨灾保险的保障作用。

（三）模式创新

特色种植业巨灾保险承保工作以共保体形式实施,且设立了巨灾准备金制度,巨灾准备金由承保机构从每年收取的巨灾保险保费中扣除赔款支出和经营费用(按10%作为承保机构运营成本)等,盈余部分按照80%计提巨灾风险专项准备金,由市农业农村局和承保机构建立共管账户,实行专户管理。事故赔款先由承保机构担负,承保机构支付的赔款超过当年保费时,启用专项准备金进行赔付,不足部分由承保机构按比例分担。当年盈余部分首先补偿往年巨灾保险亏损,结余部分长期滚存。巨灾准备金仅用于巨灾保险理赔和开展防灾减灾工作。

三、嘉祥县的大豆收入保险

（一）项目背景

为帮助繁种大豆种植户减轻自然灾害和市场价格波动损失,增强大豆产业抗自然风险、市场风险的能力,促进繁种大豆产业持续健康发展,充分发挥保险的经济补偿功能,保障种植户稳定增收,经农业农村部立项批复在山东省济宁市嘉祥县开展金融支农创新繁种大豆收入保险试点工作。

（二）产品及业务概况

通过对嘉祥县大豆种植区域进行遥感测产,并进行数据分析,确定各镇街大豆保险金额分为两等,分别为800元/亩和750元/亩,主要对保险期间内,由于自然灾害区域繁种大豆实际单产降低,或由于市场供求变化导致区域繁种大豆价格下降,抑或两者同时发生,造成该区域繁种大豆的实际每亩平均收入低于事先约定的每亩保障收入时,保险人对被保险人进行赔付。单位保费为70元/亩,其中种植户自担12元/亩、地方财政补贴10元/亩、中央专项财政补贴23元/亩、期货公司补贴25元/亩。2019年嘉祥县大豆承保8.46万亩,涉及12个镇街310个村6890户,保险费592.14万元,提供风险保障6706.05万元。

(三)模式介绍

面向大豆繁种种植户、农民专业合作社等新型农业经营主体提供大豆繁种收入保险保障方案,聚焦豆农在生产和流通两个领域面临的痛点,使用卫星遥感测产解决产量测定问题、使用期现货大豆价格相结合的方式解决价格发现问题、使用区域收入保险方案解决保险逐户定损测产难和道德风险问题,建立保险损失补偿和基差收购双重保障机制,在有效帮助农户抵御生产风险和市场风险、确保豆农"减产不减收"的同时,与期货公司开展基差收购合作、确保豆农避免"有价无市"风险,为参保豆农参与大豆繁种收入提供双保险。

(四)具体流程

第一阶段,农业农村部、山东省农业农村厅、嘉祥县相关单位的政策支持及补贴资金到位。第二阶段,保险公司为农户提供收入保险产品,保费由农民、农业农村部、地方政府以及期货公司共同承担。第三阶段,保险公司风险转移过程,包括价格风险和产量风险。第四阶段,项目到期,中国农科院与嘉祥县大豆研究所一起采取"卫星遥感+实地抽样"的模式进行测产。保险公司根据测产结果对参保农户进行理赔。

（五）取得成效

一是有了大豆收入保险,豆农不再担心自然灾害减产以及"丰产不丰收",有效规避了豆农最担心的受产量、价格等因素影响导致收入减少的风险。二是通过基差订单模式,不仅豆农可以在收货前就确定销售价格,在种豆之初就解决了销售的后顾之忧,也有助于种子企业锁定货源、降低成本,提升发展竞争力。三是利用期货市场价格发现和对冲风险功能解决了市场价格波动风险,弥补市场交易部分损失,从而为豆农提供价格保障。四是大豆遥感测产技术的应用,可差异化确定保险金额,解决虚假投保、重复投保和逐户定损测产难问题,也规避了人为测产定损的道德风险问题。

（六）存在的问题

一是项目持续性较差。该项目由农业农村部提供试点专项资金支持,试点期两年,试点过后,农业农村部专项资金不再提供。大连商品交易所"农民收入保障计划"资金难以持续支持。若以上保险费配套资金全部转为农户自担,将大大增加农民负担。二是农户认识不到位。项目的实际价格参考了大连商品交易所 A2001 期货合约价格,该合约盘面价格与实际价格有较大差异,农户对该价格的认知程度较低,解释起来专业性太强。三是业务操作要求较高。根据保险监管的要求,投保农户要签字,并提供身份证、银行卡复印件,但是在承保工作开展期间,农村的现状多是老人留守,而留守老人多数没有手机电话,也不会写字签名,给工作带来了困难。

四、桓台县的小麦完全成本保险

（一）项目背景

山东省政府围绕实施乡村振兴和推进农业农村现代化,健全完善农村金融服务体系,在桓台县等 4 个区县开展了小麦全成本保险试点工作。桓台县是传统粮食种植大县,主要农作物是小麦和玉米,种植面积33.5 万亩,受自然因素影响较大,每年都面临冻害、风灾、干旱、洪涝、冰雹、暴发性病虫草鼠害等风险。原有的政策性保险赔付标准较低,难以补偿农户的物权收益和劳动力收益。通过桓台县前期问卷调查显示,有 92.68%的农户对提高保险赔偿标准、农户自缴保费等政策表示赞成,对小麦全成本的试点工作非常欢迎。

（二）产品及业务概况

按照完全成本保险试点方案,桓台县小麦完全成本保险试点按照小麦种植收入的85%确定每亩保险金额930 元,费率 3.98%,每亩保费37 元,同时要求保险公司费用率不高于20%,并按照不低于20%的成数再保险安排分出给农共体。保障程度较物化成本保险翻一番,费率保持不变,基本符合广大农户实际保障需求。

按照省财政补贴方案,每亩37 元保费由各级财政配套补贴26 元,农户自缴保费11 元。考虑到完全成本保险的重要意义以及原有支持配套政策的延续性,桓台县委、县政府决定试点期间不增加农户负担,维持农户物化成本保险自缴3.6 元标准,新增自缴7.4 元由县乡财政共同承担。

2019 年全县 8 个乡镇共承保小麦 32.42 万亩,入保率达到 97%,为历年最高,较 2018 年入保率 82% 增加了 15 个百分点,总保费 1199.42 万元,共为全县小麦种植户提供 3 亿元保障。2019 年,全县小麦丰产,仅 90 余户、500 余亩受灾赔付,赔款 10.55 万元。

(三)项目亮点

第一,地方政府明确奖补办法,充分调动了农民积极性。对于保费中县镇财政承担部分,明确奖补标准,投保率超 90% 的镇,县镇财政按 6∶4 承担;投保率超 85% 的镇,县镇财政按 4∶6 承担;投保率不足 85% 的镇,镇财政按照 7.4 元/亩的标准全部承担,县财政不予补贴。在该奖补办法的激励下,各镇投保率均超过 90%。

第二,借力高新技术提升服务效能,打造特色试点模式。推行精准的承保服务模式,试点地块与种地户联动的卫星遥感验标承保模式,开展基于卫星遥感测产的理赔服务模式等。

(四)调研建议

第一,关于农民是否有必要自缴一部分保费。作为中央的一项支农惠农政策,农民要不要承担部分保费,这在各地有不同的做法。目前部分地区,尤其是经济发达地区提出农民不再缴费,全额由政府财政负担。基于基层的实践,调研组认为,农民承担少量的保费支出利大于弊。其一,有利于在市场经济条件下,培养和增强农民的保险意识;其二,农民在缴纳少量保费后,有利于提高广大农民对农业保险的关注,加强对政策落实的监督,有利于促进农业保险承保、理赔工作效率的提高,能够有效防止政府、承办机构在落实政策过程可能发生的资金截留、挪用等违规行为;其三,农民自缴部分保费也有助于防范投保中的道德风险。

第二,关于农业保险无赔款优待政策。针对桓台县 2019 年小麦大丰收,完全成本保险试点项目赔付率低的现实情况,调研组提出实施农业保险无赔款优待的建议,"无赔款优待"政策主要针对农业保险在上一年保险期限内无赔款,续保时可享受无赔款减收保险费优待。无赔款优待制度可以提高财政资金使用效益,让保险公司更多地让利于农户,使农民有更多的获得感和对承保机构的信任感,也有利于进一步健全农业保险制度。

五、嘉祥县运用遥感测产技术
测产区域产量的积极尝试

太平洋保险公司联合中国农科院农业信息研究所基于遥感技术在嘉祥县开展了大豆区域收入保险的产量测定工作。

(一)项目意义

区域收入保险是一个基于区域生产数据的收入保险计划,产品设计的关键指标来源于区域历史平均产量、区域实际平均产量、区域平均价格等。区域收入保险打破原来"一家一户"定损难问题,使用新技术应用,测定区域平均产量数据作为理赔依据。区域收入保险有效忽略由于地块位置、土壤墒情、田间管理和种子化肥质量等因素引起的常规产量差异,赔付因同一自然灾害或价格下跌造成的收益降低,不考虑个体管理差异,赔付对象由"一家一户"个体转变为一个区域的所有农户整体,真正发挥了保险的作用,既有利于鼓励生产者加强田间管理,提高生产水平,也在一定程度上规避高保障产品下的道德风险,防止出现错把保险当保证的现象。同时,使用卫星遥感测产新技术,结果科学公允、公开透明。测产工作部分为由多方人员组成的第三方专业团队负责,最大限度地避免了纠纷,保护了广大豆农的合法权益。

（二）项目分工

该项目由山东省农业厅领导和支持,由中国太平洋保险公司山东省分公司牵头,中国农业科学院农业信息研究所农业风险分析与管理研究中心(以下简称风险中心)配合组建遥感项目实施组。项目由山东省农业厅、太平洋保险公司负责领导和组织总体负责,风险中心提供遥感技术支撑。

遥感测产工作具体任务分工是:

太平洋保险公司负责项目牵头与协调,沟通地方获取气象站点、大豆统计单产及大豆生长关键物候期的实地地块采样及测产采样工作任务,协助遥感数据采集技术人员开展开花期、结荚期和鼓粒期光谱测量、生物量测量和大豆收获时产量测量车辆及当地专家协调。

风险中心负责收集遥感数据、制定大豆地块采样规范并对牵头单位技术人员进行培训或讲解,其中专业的大豆地面光谱采样及地上生物量采集由于专业化程度较高,由风险中心负责。风险中心负责完善大豆区域单产估算模型,并按照牵头单位时间要求提交遥感估产数据成果。

（三）技术原理

为服务于"山东省基于遥感测产技术的大豆繁种区域收入保险试

点"项目开展,它主要以已经在轨的光学卫星遥感数据为主,在大豆主要生育期内,利用光学卫星遥感影像提取大豆种植面积,同时提取与产量密切相关的光谱特征参数,当光学卫星遥感影像获取收到天气等因素影响而存在影像欠缺时,及时补充以雷达卫星遥感数据或者低空遥感数据,在 2018 年度,建立大豆繁种区域卫星遥感产量模型,在 2019 年度进行遥感测产模型参数的优化和精度的提升,获得可信度较高的区域产量,并交付使用。

六、安华公司的区块链肉鸭养殖保险

(一)项目背景

肉鸭作为山东省优势特色养殖品种,年出栏 11 亿只以上,约占全国产量的三分之一,饲养规模达到 1 万只以上的肉鸭养殖户占比超过80%。养殖业面临的风险较大,经营的波动性和不确定性也让金融机构望而却步,养殖企业、养殖户借贷难、担保难、融资难。要解决这些问题,需要在风险保障上有制度安排和考虑。

禽类养殖饲养周期短、个体无标识很难区分,这些自身发展的特点制约着保险行业有效地提供服务和风险保障:一是承保数量和出险数量难以确定;二是出险频率高,每天都会有死亡,查勘成本高;三是查勘人员反复进入养殖场所,会造成疫病传播的风险。目前肉鸭保险全国覆盖率仅为 2%,山东省肉鸭保险几乎为空白,仅为 0.02%,保险覆盖率极低,难以通过传统的保险方式开展业务,亟须引进新技术进行探索,破解行业难题。

（二）技术原理

区块链也称为分布式账本，如果我们把数据库假设成一本账本，读写数据就可以看作一种记账的行为，区块链技术的原理就是在一个人记账后，将账本的这一页信息发给整个系统里的其他所有人，在这种技术体系下，参与各方一旦记录数据，就无法更改，使参与各方记录数据具有公信性。

新型农业经营主体、产业化龙头企业"统一进雏、统一用药、统一防疫、统一用料、统一销售"的五统一管理方式形成经营闭环的经营特点，不同环节的生产经营数据既是一个产业闭环又可以相互佐证，适合于区块链技术的应用。

公司通过第三方开发了肉鸭保险区块链系统，并在区块链系统里建立了智能理赔合约，即自动理赔程序，与公司核心业务系统对接。参与区块链保险业务的龙头企业在区块链系统上记录养殖户进雏数量，以此数量为依据进行承保出单；参保养殖户在区块链系统上记录每天的死亡数量，并拍照上传；屠宰场记录肉鸭屠宰数量，区块链系统使用智能合约技术对屠宰场记录数据和养殖户日常记录的死亡数据进行比对，认证真实死亡出险数量，按条款约定进行赔付。如果不出现大灾，不需要到现场进行查勘。

（三）试点成效

自 2018 年 9 月 6 日在山东省济宁市兖州区签出第一张保单以来，截至目前，安华公司在山东省共计承保 5 家肉鸭养殖龙头企业，肉鸭797.18 万只，签单保费 81.65 万元，出险 25.45 万只肉鸭，已决赔款169.52 万元，日历年度满期赔付率为 215.79%。

通过"保险+区块链"模式破解了长期困扰家禽保险承保难、查勘难、理赔难等行业痛点,不仅满足了新型农业经营主体的风险保障需求,保障了肉鸭养殖产业的平稳发展,还为下一步探索开办禽类保险作出了很好的尝试。同时,通过区块链保险加强了与银行、担保联动、合作,解决了龙头企业、养殖合作社等新型经营主体融资难、贷款难、担保难等问题,为农业产业保障、农民增收、农村普惠金融探索了新的路径,意义重大。

(四)存在的问题

第一,该项业务目前尚没有政府保费补贴,导致承保规模难以扩大。第二,存在管理能力不强的养殖户逆选择的问题,导致承保风险较高,难以在大范围地域和众多参保主体之间实现有效分散,赔付率较高,持续经营存在较大困难。第三,区块链本身的技术尚不成熟,相关应用存在障碍,例如对赔付过程中的道德风险问题尚不能有效规避(尚无法通过技术手段识别肉鸭个体)。

七、山东省棉花目标价格保险(保险+期货)

(一)项目背景

山东省是全国重要的棉花生产、消费和纺织品服装出口大省,植棉面积和总产多年稳居全国第二。2018年全省棉花种植面积280万亩,产量21.7万吨,种植面积与产量较最高峰下降了80%。山东省是全国享受棉花补贴政策九省之一,为探索新型棉花补贴方式,保障棉农种植收益,根据中央关于调整完善主产棉区棉花补贴政策的有关要求和山东省2017—

2019 年棉花补贴实施方案,2019 年山东省启动了棉花目标价格保险试点工作,在山东省大规模开展"保险+期货"试点,并将试点纳入政府补贴。

(二)试点情况

在山东省棉花种植产区选择地方政府积极性高、试点意愿强的平阴县、东营市东营区、寿光市、鱼台县、夏津县、武城县 6 个试点县(市、区),通过"保险+期货"的模式,将棉花目标价格保险汇聚的风险,在期货市场进行对冲,实现对农产品市场风险的化解。

试点县(市、区)内实现政策全覆盖,涉及棉花种植面积 40 余万亩,折合产量 3.25 万吨,约占全省棉花种植面积的 15%;项目保费为4875 万元,由财政调整棉花直补资金进行全额补贴;保险目标价格为15200 元/吨,能保障棉农实现收益 1600 元/吨;保险结算价格为 2019年 9 月 1 日至 12 月 31 日郑州商品交易所 CF2001 合约收盘价算术平均值;保险期限为 4 个月,即 2019 年 9 月 1 日至 12 月 31 日。保险期限内保险结算价格低于保险目标价格时,视为保险事故发生,由保险公司按照赔偿处理中的具体约定进行赔付。

(三)赔付处理方式

9—12 月每月计算一次结算价格,如当月价格算数平均值低于目标价格则产生赔付,赔付总额为每月赔付额合计的 1/4。月赔付金额＝(保险目标价格－月保险结算价格)×保险数量。若月保险结算价格高于保险目标价格,则保险公司按 625 元/吨(折算每亩 50 元)计算月赔偿金额;若月保险结算价格低于保险目标价格,但差额不足 625 元/吨,则保险公司按 625 元/吨(折算每亩 50 元)计算月赔偿金额;若月保险结算价格低于保险目标价格,其差额超过 625 元/吨,则按实际差额计算月赔偿金额。最终赔付金额＝（9 月赔付金额+10 月赔付金额+11 月赔付金额+12 月赔付金额）/4。保险公司于 2020 年 2 月 29 日前一次性全额赔付至投保棉农。

（四）赔付情况

2019 年棉花价格下跌幅度较大，截至 10 月底，按照分段结算结果，参保棉农确定可获得 1251 元/吨的保险赔付，按目前的价格计算预计还将产生赔付 1100 元/吨，合计赔付将达到 2351 元/吨，预计赔付率 157%，未参保的棉农 2019 年种植将亏损 850 元/吨。

（五）试点效果

第一，抓住机遇实现了保障效果。2019 年由于受国际贸易摩擦影响，棉花价格剧烈波动、持续下跌，"棉花保险+期货试点"业务的开展使在资金预算额度内实现了保障目标。第二，为参保棉农提供了风险补偿。为了提高保障效果，试点项目创新了保险结算方式，采用分段结算的方式保证投保棉农收益，在这种结算方实下，棉农获利更多。第三，探索了农业补贴改革方式。山东省试点保费由财政全额补贴，资金来源于中央财政的种棉补贴，通过调整直补资金使用形式，以市场化手段保障了农民收益，提高了财政补贴效率，为农业补贴政策调整积累了经验。

八、威海市文登区高村镇的
社会化服务体系建设

针对土地撂荒情况日益突出、农村集体经济增长乏力等问题，威海市文登区高村镇立足实际,以提高农业生产的组织化程度为主线,以培育新型农业经营主体为重点,采取"搭建一个平台,实施三化运作,强化一个保障"的措施,积极推动小农户与现代农业发展的有机衔接,激发农村发展动力。

2017年,高村镇投资2000万元,成立了文登首家农业社会化综合服务中心,建立"高田大数据"信息平台,集土地流转、土地托管、土地经营、信息管理等于一体。同时,镇政府成立高田农业发展有限公司,统筹村级土地股份合作社、劳务合作社等经营组织开展农业生产经营活动,搭建起新型"三农"社会化服务平台。

在土地流转方面,将村民撂荒的土地成方连片,加入村级土地股份合作社,村级土地股份合作社再将土地放到农业社会化服务中心平台上,由中心统一对外招商。在土地托管方面,农业社会化综合服务中心实行明码标价,给予低于市场价格10%的优惠,提供秸秆还田等服务,为农户节约资金116万元。除了实施规模化经营外,高村镇还发挥镇政府的职能优势,进一步整合各类为农服务资源,为农民和新型农业经营主体提供产品交易、农品检测、技能培训、农旅推荐、粮食产后加工等八大类服务,较好地解决了薄弱村持续增收以及农民就地城镇化的问题。逐步探索出服务平台化、经营"家政化"、产业链条化、投入多元化、生产标准化、产品品牌化的"六化"生产经营模式,让农村沉睡的土地资源活起来、分散的资金聚起来、农民增收的渠道多起来。

高村镇还采取多元化投入,进一步整合财政涉农资金、上级扶贫资金和社会资金,集中投向重点领域、重点园区,确保最大限度地发挥资金的使用效益。同时,强化基层党组织建设这个根本保障,发挥党员的特长优势,引领合作社做好土地托管入股、劳动力转移等工作。自开展农业社会化服务体系建设以来,新模式平均每亩土地能够节约生产经营成本 100 元,农作物产量提高 10%以上,每亩土地能够增产增收 150 元左右。

下一步,高村镇将以农业供给侧结构性改革为契机,积极创新农业生产经营机制,推动"三农"工作全面发展。一是以打造农业社会化综合服务中心为抓手,把农民、农产品和大市场有机联系起来,全面释放土地活力;二是以高田农业发展有限公司牵头,实现"农业社会化综合服务中心+龙头企业+合作社+农户"的模式,实现村集体增收和农民致富,推动高效农业可持续发展。

(调研组成员:袁纯清、张峭、龙文军、宋建国、陈元良、徐兆伟、宋淑婷、张莹、丁春燕)

第六篇　广西壮族自治区糖料蔗价格指数保险试点调研报告

2020 年 12 月 21 日至 24 日,调研组在广西开展了中央财政"以奖代补"政策下糖料蔗价格指数保险试点情况调研。本次调研是对 2019 年广西糖料蔗价格指数保险试点情况调研的一次"回头看",旨在了解中央财政"以奖代补"政策下糖料蔗价格指数保险工作成效、遇到的突出问题以及政策建议。调研组到崇左市扶绥县、南宁市武鸣区实地考察了两个甘蔗种植示范基地、两个制糖企业,了解了近年糖料蔗生产、收购、加工、销售全产业链运行情况,以及糖料蔗价格指数保险试点开展情况。

一、糖料蔗价格指数保险试点开展的基本情况

蔗糖业作为广西壮族自治区重点支柱性产业,自治区高度重视其发展和蔗农收益问题。为了解决糖料蔗价格波动带来的风险,自 2016 年起自治区开展了糖料蔗价格指数保险试点项目,到目前为止共开展

了三期,一期是 2015/2016 年榨季,二期是 2017—2019 年三个榨季,三期是 2020—2022 年三个榨季(第三期的第一个榨季 2020/2021 年正在进行中)。本次调研着重了解了二期 2019/2020 年榨季和三期 2020/2021 年榨季的开展情况。

2019/2020 年榨季是在总结前期试点基础上,并且在糖料蔗价格指数保险纳入中央奖补试点范围,同时糖料蔗退出政府定价机制的背景下进行的。本榨季方案的突出特点,一是首次采用了"订单农业+保险+期货"模式,给予制糖企业和蔗农订单合同目标价格保障;二是当糖料蔗市场价格低于保险约定的目标价格时,差额部分由保险公司负责赔偿。本榨季累计承保"双高"(高产高糖)基地糖料蔗面积 100 万亩,保费 180 元/亩,总保费 17997.61 万元,保费构成为财政资金(中央、自治区、县区三级)分别占 30%、58%、2%,农民自缴 10%,承保蔗农(企业)2.89 万户次,免除建档立卡贫困户自缴保费部分及 20 个深度贫困县县级配套和所有农户自缴部分,由自治区财政承担。本期榨季保险期结束后赔付蔗农 132 元/亩,赔付金额 1.32 亿元,简单赔付率为 73.3%。

结合前两期试点运行经验提出了第三期(2020—2022 年)试点方案,其主要特点:一是扩大投保面积,2020/2021 年榨季保险面积扩大至 200 万亩,保险覆盖面积同比翻番,惠及更多蔗农。二是采用"双向赔付"机制,设计了 5800 元/吨的白糖目标价格以及对应 490 元/吨的糖料蔗目标价格,无论市场糖价涨跌,均由保险公司同时对蔗农和糖厂因白糖价格波动带来的影响给予补偿。三是方案包含着"必赔"概念,最低赔付率设定为 72%,最高赔付率可达 144%,财政资金效益进一步提高。本榨季总保费 3 亿元,保费构成为财政资金(中央、自治区、县区三级)分别占 30%、30%、10%,糖企和农民负担 20% 和 10%,承保蔗农(企业)10.51万户次,继续免除建档立卡贫困户自缴保费部分及20个深度贫困县县级配套和所有农户自缴部分,由自治区财政承担。从当前白糖现货价格的走势来看,本榨季出现较高赔付率的可能性很大。

二、糖料蔗价格指数保险试点开展的主要成效

(一)试点的开展保障了蔗农的基本收益

按目标糖价5800元/吨对应的蔗糖目标收购价490元/吨和"双高"建设目标亩产6吨计算,参保蔗农种植甘蔗每亩的理论产值可达2940元,平均每亩净利润达到621元,成本利润率26%。而实际的情况也充分表明糖料蔗价格指数保险保障了蔗农的基本收益,如2019/2020年榨季,当时市场糖价下跌至5511元/吨,蔗农每亩获得赔付132元,整体使参保的2.89万户蔗农户均增加收入4567元,家庭纯收入提高10%。同时,价格指数保险的开展也形成了糖料蔗收购的目标导向,使全区的蔗糖收购价稳定在490元/吨,进而保障了全区蔗农的基本收益均不受糖价市场波动影响。

(二)试点的开展减少了糖企的收益亏损

糖企也是糖料蔗价格指数保险开展的受益者。当前糖料蔗的收购价格每吨490元对应白糖成本价格5800元/吨,行业白糖平均成本是5500元/吨左右,每吨倒挂300元,投入价格指数保险,这每吨300元的亏损由保险公司承担,如未投保则由糖企承担,这一点为糖企普遍认

知,这也是糖企对价格指数保险持赞同态度并承担20%保费的主要动机。以2020/2021年榨季试点200万亩为例,按当前糖价5300元/吨计算,保险公司每亩需赔付180元,共赔付3.6亿元,依照赔付方案这无疑可以为糖企减少3.3亿元的亏损。南糖集团负责人在座谈时介绍,该集团全部蔗区面积占地150万亩,其中的15万亩因参加了2019/2020年榨季试点项目,使每吨糖的综合成本降低了160—200元,从而整个企业的吨糖成本减少了16—20元,如果未来项目覆盖其全部蔗区面积,因蔗糖价格下降的原料成本造成的亏损可以全部消除。

(三)试点的开展为保险公司创新了品种,开拓了市场空间

近两年由于糖料蔗价格指数保险试点方案提高了对蔗农和糖企的保障水平,从而使保险公司面临的经营压力加大,2019/2020年榨季赔付率为73.3%,2020/2021年榨季赔付率也将超过100%。但在与参加2020年试点的五家保险公司的座谈中,他们均表示虽然目前面临着较大的赔付压力,但是仍然希望继续开展糖料蔗价格指数保险业务,更看好这一创新性的险种带来的广阔市场空间。

同时保险公司也在不断寻求方法来应对试点高赔付率方面的问题,其通过积极经营其他低赔付率险种进行盈亏平衡对冲,如太保公司2019年承保的玉米、甘蔗和水稻种植险赔付率分别为0.83%、14.94%和27.35%,有效地缓解了当年整体的经营压力。另外,保险公司也寄期望未来蔗糖生产规模化、标准化和机械化水平程度的提高,以及糖企和蔗农的降本增效来减低相应的保险目标价格,降低项目的赔付率,从而保障保险公司对糖料蔗价格指数保险稳定和可持续的经营发展。

（四）试点的开展为政府找到了保蔗农基本收益、保蔗糖稳定生产、糖企减亏的路径

在调研过程中，广西壮族自治区、市县及乡镇的政府人员几乎都异口同声地认为糖料蔗价格指数保险开展得好。通过开展糖料蔗价格指数保险，政府最关心的农民收益问题得到了基本的保障，进而也就稳定了糖料蔗的生产，同时政府关心的糖价持续走低，使企业亏损的问题也可以迎刃而解。

三、反映比较突出的几个问题

（一）政府、糖企和蔗农普遍反映试点覆盖面积太小

在调研过程中，各级政府、糖企以及蔗农反映最强烈的是试点覆盖面太小，不能完全满足需求。自糖料蔗价格指数保险试点开展以来，虽然试点覆盖面逐年扩大，但是当前 2020/2021 年榨季的 200 万亩也仅占"双高"基地 500 万亩面积的 40%，占自治区全部糖料蔗 1150 万亩生产保护区的 17%。因为试点覆盖范围占比较小，虽然每年蔗农参与积极性很高，但是并不能保证如愿拿到期望的面积，有的糖企甚至采用抽签的方式解决投保需求面积多的情况。糖企内部也会产生矛盾，被分配到指标少的糖厂对其上级糖业公司反映很强烈。

（二）地方政府强烈希望提高中央财政保费补贴比例

一方面，地方政府感谢中央把糖料蔗价格指数保险纳入中央财政

奖补政策,切实感受到了中央对广西壮族自治区的关心。另一方面,认为广西壮族自治区的蔗糖在国家食糖供应中具有"压舱石"的作用,广西壮族自治区地方财力弱,30%的中央财政保费补贴太低,尤其是扩大糖料蔗价格指数保险试点面积后,地方财力不足以支撑。

(三)期货作为分散价格风险的工具没有发挥出应有的作用

从试点运行情况看,保险公司仅在一期 2015/2016 年榨季进行了期货对冲,支出 396 万元期权费购买了执行价为 5300 元/吨的白糖场外看跌期权,期权费占总保费的 5%左右,通过期货市场分散了绝大部分价格下跌风险。除了 2015/2016 年榨季,在其余榨季里保险公司均未购买场外期权,究其原因:一方面是由于糖价下跌严重,目标价格与市场价格的过大差距造成保险机构需购买深度实值期权,对冲成本过高;另一方面,在 2020/2021 年榨季"双向赔付"的机制下,保险机构若要分散大部分业务风险必须既购买下跌又购买上涨期权,所支出的期权费将翻番,在权衡成本与收益之后,保险公司往往会选择自留。

从理论上讲,"保险+期货"是解决风险分散的一种有效方式,只是因为当前市场糖价过低以及"双向赔付"的模式,使向期货端分散风险的期权费十分昂贵,保险公司感觉难以承担。调研组认为,综合运用保险和期货两种金融工具,有效化解糖料蔗价格波动风险仍然是具有现实意义的。同时参与试点的几家保险公司也表示正在对期货转移风险进行研究和测算,力争尽快找到完善的风险转移方案来满足对冲需求。与新疆维吾尔自治区棉花及海南省天然橡胶的"目标价格保险+期货"模式取得的积极成效相比,在广西壮族自治区糖料蔗价格指数保险中,期货作为一种转移风险工具需要积极予以运用。另外,下一步,从"保险+期货"的角度,能否实行"双赔付"的方式,需要进一步加以研究,以有利于保险公司的稳定经营。

四、推动广西壮族自治区糖料蔗价格指数保险发展建议

（一）逐步扩大保险试点面积，保障国家食糖供给安全

食糖供给安全是国家的战略要求，《中共中央关于制定国民经济和社会发展第十四个五年规划和二〇三五年远景目标的建议》中明确要求"保障粮、棉、油、糖、肉等重要农产品供给安全"。广西壮族自治区是我国糖料蔗最大的生产区，在国家划定的1500万亩糖料蔗生产保护区中，广西壮族自治区为1150万亩，占77%，糖料蔗种植面积和产糖量均占全国60%以上，食糖销售量占全国贸易量80%以上，因此，只有保障广西壮族自治区糖料蔗的生产稳定，才能保障国家的食糖供给安全。但广西壮族自治区糖料蔗产业并不具有比较优势，在目前比较收益偏低和农民种植意愿较弱的条件下，要维持广西壮族自治区糖料蔗产业持续稳定发展，核心是保障糖料蔗产业主体的基本收益，尤其是蔗农种植收益。目前广西壮族自治区试点的糖料蔗价格指数保险对稳定蔗农收益具有特殊意义，对提高蔗农种植意愿和稳定糖料蔗产业发展发挥了积极的作用，相关各方都较为满意。

由于当前糖料蔗价格指数保险试点面积仅覆盖"双高"区200万亩，仅占"双高"区500万亩的40%和整个生产保护区1150万亩的20%，难以实现稳定广西壮族自治区全区生产保护区种植面积，维持整个广西壮族自治区糖料蔗生产基本产能，实现保障国家食糖供给安全

的目标,需要继续扩大试点面积。考虑到地方政府财力限制,短期内难以实现全覆盖,可按照循序渐进和逐步扩大的原则,建议每年增加试点面积100万亩,3年实现"双高"基地面积全覆盖,以后再逐步扩大到生产保护区所有面积。假如按照当前保险方案测算,蔗农和糖企承担保费30%,财政保费补贴比例为70%,试点200万亩,需要中央和地方财政支出2.1亿元。若每年增加100万亩试点面积,则每年财政需多支出1.05亿元,实现500万亩"双高"基地全覆盖,需财政年保费补贴5.25亿元,即使未来实现全区1150万亩全覆盖,保障我国糖料蔗60%的供应,需要政府每年补贴12.07亿元,我们认为是十分必要和基本可行的。

(二)提高中央财政补贴比例,确保价格保险覆盖面持续稳步扩大

保障国家食糖供给安全既是广西壮族自治区政府的责任,更是中央政府的责任,中央财政不应按照一般特色农产品奖补比例对待,需要加大支持力度。又因广西壮族自治区属于西部欠发达"老少边山穷"地区,地方财政较为困难,2019年广西壮族自治区财政总支出近70%需要通过中央转移支付;广西壮族自治区共有73个县(市、区)种植糖料蔗,其中原国家扶贫开发重点工作县24个,种植面积约297万亩,占全区总种植面积1115万亩的26.6%,糖料蔗主产区县大多数是贫困县,维持现有糖料蔗价格指数保险补贴已经存在问题,持续扩大试点面积地方财政确实难以承担。

建议参照三大主粮作物完全成本保险试点的方案,将中央财政保费补贴比例由30%提高到40%。根据我们的测算,以500万亩"双高"基地的规模为例,中央财政将补贴比例提高至40%,需要支出3亿元,

每年多支出 7500 万元。未来扩大到全生产保护区 1150 万亩,中央财政需支出 6.9 亿元,每年多支出 1.7 亿元,中央财力应是可以承担的,这将大大降低广西壮族自治区地方财政尤其是市县级财政的压力,使保险的试点工作能够顺利推进。

(三)设立价格保险风险基金,保障价格保险持续稳定发展

价格风险不同于一般自然灾害风险,是一种系统性风险。价格指数保险不同于一般的财产保险,年际间赔付存在巨大波动,不符合保险遵循的"大数法则",无法在被保险人之间有效分散,所以对于单独的价格保险,国内外再保险机构一般都不接受分保。同时,现行保险产品承保蔗农和糖企双向价格风险,向期货市场转移风险的成本较高,加之期货市场规模所限,保险公司仅能转移部分风险至期货市场,其余只能自留。

为保障广西壮族自治区糖料蔗价格保险试点持续稳定运行,建议广西壮族自治区政府设立糖料蔗价格保险风险基金,将保险公司经营价格指数保险年度赔付后的保费结余,在扣除保险公司合理经营管理费和适当利润后,全部上缴风险基金,由政府指定部门进行管理,用于市场波动较大、保险超赔年度的赔付,或出现较大盈利后减免次年保费,减轻蔗农负担。也就是说,保险机构只是政府管理价格风险的代办机构,整个运作过程公开透明、简单易懂。政府、蔗农、糖企和保险公司各方参与者都可权责分明、互相信任、合作共赢,从而确保糖料蔗价格指数保险实现保本微利、长期平稳运行,保障蔗农积极性和促进糖业持续发展。

(四)构建"双循环"发展格局,提高糖料蔗产业链各主体竞争力

广西壮族自治区糖料蔗价格指数保险,对稳定蔗农、糖企收益和防

范价格波动对糖业的冲击,确保国内最大的生产区广西壮族自治区糖料蔗的生产能力具有重要作用。但价格指数保险只是一种市场风险管理工具和产业保护措施,要从根本上解决我国糖料蔗产业缺乏竞争力问题,保障我国食糖供给安全,还需要各项政策措施协同和综合施策,通过充分发挥我国超大规模市场优势,深化供给侧结构性改革,推动形成以国内大循环为主体、国内国际双循环相互促进的新发展格局,降本增效,提高糖蔗产业竞争力。

因此,我们建议,一是政府应出台"一揽子"优惠保障措施,如良种补贴、"双高"基地建设补贴和农机补贴等,为糖料蔗生产提供保护支持。二是推进糖料蔗种植规模化、标准化和机械化,降低生产成本,提高生产效率。三是促进糖蔗一二三产业融合发展,构建糖企的全产业链高值化生产体系,提高我国糖业的国际竞争力。四是充分利用国际国内两个市场和两种资源,加强国际贸易调控和管理,严厉打击走私,避免国际市场波动对国内产业发展的不利影响,为糖业发展创造良好的外部环境。

(调研组成员:袁纯清、张峭、宋建国、姜滁、李烈、宋淑婷、李嘉良、聂谦)

第七篇　关于海南省天然橡胶价格（收入）
保险情况的调研报告

2021 年 1 月 13 日至 15 日，调研组在海南省开展了天然橡胶价格（收入）保险专题调研。本次调研是对 2019 年海南省天然橡胶生产与保险情况调研的一次"回头看"。旨在了解海南省天然橡胶保险工作成效、遇到的突出问题以及政策建议。调研组到保亭县、白沙县实地考察了橡胶林、收胶网点、海胶集团，召开了相关方面 4 个座谈会。

一、海南省天然橡胶价格（收入）保险开展情况

自 2012 年以来，天然橡胶价格巨幅下跌，从 2012 年的 4.3 万元/吨，下降至近年的 1.1 万元/吨，预计未来相当长的时间内仍将保持在 1.1 万—1.5 万元/吨区间波动。海南省委、省政府高度重视海南省天然橡胶产业面临的困难，采取了一系列有力的措施，特别是 2018 年以来，大力推动了天然橡胶价格（收入）保险，开展了天然橡胶"保险+期货"等多种价格类保险，增强了农业保险对天然橡胶产业发展的保障力度。

（一）海胶集团天然橡胶收入保险

天然橡胶收入保险于 2018 年 8 月在海胶集团开展,保险责任包括自然灾害造成的橡胶产量损失和市场价格下跌造成的收入损失。该产品实际上是一个保产量风险和保价格风险的组合类保险,其中产量损失(灾害损失)根据具体受灾情况确定,如橡胶树绝产,按照 58.4 元/棵赔付,如减产,根据病情最多赔付 12 元/棵。收入损失(价格损失)主要依据目标价格与实际价格的价差乘以实际产量确定(2018—2019 年目标价格为 1.6 万元/吨,2020 年目标价格下调为 1.5 万元/吨;实际价格为上海期货交易所天然橡胶主力合约当日收盘价),并采取"按日实际产量和当日价差核算、赔款按月给付"的赔付方式。该项目由人保海南分公司和太保海南分公司联合承保,既承担了自然灾害造成的产量损失,也考虑了市场价格下跌造成的收入损失,保障程度比较充分,为海胶集团的稳定发展起到了重要作用。

自 2018 年 8 月承保以来,三期累计保费规模共计 8.67 亿元,其中海胶集团自筹保费 3.49 亿元,获得中央财政和海南省财政保费补贴 5.18 亿元(其中,2019 年起中央财政以奖代补补贴比例为 30%,计 1.7 亿余元,海南省财政补贴比例为 40%),共获得保险赔付 10.51 亿元。在 2020 年度保险责任还有近一半的情况下,三年整体赔付率仍达 121%。具体为:

2018—2019 年度,保费收入 3 亿元,保险赔款为 5.3 亿元。其中价格损失部分 5.2 亿元(约定的目标价格为 1.6 万元/吨,实际价格为 1.1 万元/吨,价差约 5000 元/吨),占全部赔付的 98%;灾害损失部分为 785 万元,占全部赔付比例不足 2%,简单赔付率 178%。

2019—2020 年度,保费收入 2.8 亿元,保险赔款为 4.6 亿元。其中价格损失部分 3.6 亿元(约定的目标价格为 1.6 万元/吨,实际价格为 1.1 万元/吨,价差约 5000 元/吨),占全部赔付的 78%;保险期间发生了罕见的病虫害,灾害损失部分产生赔付 1 亿元,占全部赔付的 22%,简单赔付率 163%。

2020—2021 年度,保费收入 2.9 亿元,约定的目标价格为 1.5 万元/吨,项目运行期间,天然橡胶期货价格上涨,目前仍在 1.4 万元/吨上下波动。假设 2020—2021 年度不发生重大病虫害,则价格损失部分赔付预计约为 1.5 亿元,满期简单赔付率约 50%。

简单分析造成较高赔付率的原因。一是目标价格前两期为 1.6 万元/吨,高出 2020—2021 年度 1 千元/吨,如果按照 1.5 万元/吨承保,2018—2019 年度赔付率可以下降 37%,为 141%,2019—2020 年度赔付率可以下降 28%,为 135%。二是前两期天然橡胶市场价格较低,2018—2020 年,连续两年天然橡胶期货市场均价为 1.1 万元/吨,价差约 5000 元/吨。三是产量损失(灾害损失)也给予了相应赔偿。如 2019—2020 年,发生重大病虫害,灾害损失部分达到 1 亿元,使赔付提高了 37%。这些都可以作为完善保险的机制来加以总结。

(二)民营天然橡胶价格(收入)保险

海胶集团天然橡胶收入保险起到了良好的效果,为进一步加强对民营天然橡胶的扶持力度,2018 年起,海南省开展了民营天然橡胶价格(收入)保险,承保因橡胶市场价格下跌而导致的胶农收入损失。该保险是根据成本收益数据确定目标价格,以物价部门采集的胶水收购价格为赔付依据,当保险期间内市场价格下跌造成胶农收入损失,保险人根据实际平均收购价格与目标价格的差额,以设定的级距,采用超额累进赔付比例的方式计算赔偿,部分地区(如白沙县)的赔付同时与胶农的产量相挂钩。

近年来,海南省民营天然橡胶生产面临的自然灾害风险相对有限,影响胶农收益的核心因素是胶水价格,胶水价格高,胶农不仅售胶能卖出高一点的单价,也有动力多割胶,提高胶水产量,从而提高了胶农收益。民营天然橡胶价格(收入)保险,以目标价格与实际价格的价差为主要赔付依据,抓住了保障胶农收入的关键,所以被称为天然橡胶价格(收入)保险。

2018—2020年,民营天然橡胶价格(收入)保险,目标价格为1.5万元/吨,累计总承保面积321万亩,提供风险保障26.77亿元,总保费收入3.14亿元,已决保险赔付1.53亿元,预计还将赔付1.4亿元。已决赔付率49%,预计满期赔付率约94%。

2020年,民营天然橡胶价格(收入)保险,目标价格为1.5万元/吨,承保民营橡胶面积约173万亩,占全省民营天然橡胶生产面积的29.6%,承保农户10.65万户次,提供风险保障14.84亿元,保费收入1.8亿元。已决赔付2046万元,预计还将赔付14159万元。已决赔付率约11%,预计满期赔付率约90%。

(三)上海期货交易所主导的天然橡胶"保险+期货"项目

2017年起,海南开展了由上海期货交易所主导并全额提供保费补贴的"保险+期货"精准扶贫试点项目。该项目承保保险期间内胶水市场价格下跌造成的收入损失,保障价格和实际价格均依据上海期货交易所天然橡胶主力合约确定,由保险公司承保后向期货公司购买场外看跌期权,期货公司再进场复制期权,利用期货市场对冲和转移承保风险。该保险模式采用了风险对冲手段,通过期货市场有效转移了风险。

2017—2020 年,上海期货交易所在海南省共开展 50 个项目,累计投入保费 1.374 亿元,覆盖现货产量 16 万吨,受益胶农约 15.42 万户次,最终产生赔付金额 9041 万,赔付率 65.8%。

2020 年上海期货交易所在海南省共开展 28 个项目,覆盖 14 个地市,累计投入 7200 万元,较 2019 年增长 135%。保障天然橡胶现货产量 9 万吨,受益胶农约 9.44 万户次,保障价格区间为 12500—15000 元/吨,期货市场实际价格区间为 9300—16600 元/吨,保险公司保费收入 7200 万元,最终产生赔付金额 4431 万元,赔付率 61.6%。

海南省"保险+期货"项目开展情况一览

年份	开展项目数(个)	覆盖吨数(万吨)	支持资金(万元)	保障胶农(万户)	赔付金额(万元)	赔付率(%)
2017	7	12000	1320	0.74	435	32.96
2018	7	24000	2160	2.21	1821	84.34
2019	8	34000	3060	3.03	2353	76.90
2020	28	90000	7200	9.44	4431	61.55
总计	50	160000	13740	15.42	9042	65.80

保亭县"保险+期货"案例。

2020 年,太保海南分公司与上海期货交易所以及海胶集团合作在保亭县开展了"目标价格保险+期货"创新试点,试点保费由上海期货交易所全额提供。试点创新主要体现在三个方面:一是采取了"目标价格保险+期货"的方式,与传统"保险+期货"模式中"保险保障价格(目标价格)和实际价格均依据期货交易所天然橡胶主力合约确定"不同,保亭模式中保险目标价格主要依据保险端投保人的生产实际以及风险保障需求确定,如2020年保亭项目的目标价格为1.5万元/吨。二是保险赔付与胶农割胶量挂钩,采用了"按日实际产量和当日天然橡胶期货差价计算赔款,胶企参与胶农售胶量统计"的模式,规避了以往类似保险项目中,保险产品以预计的产胶量承保,部分胶农不割胶却能享受保险的情况。三是与海胶集团合作,开发了"价易赔"系统,即胶农当日交付的胶水与目标价格的差额价格当日计算,胶农次日就可以在自己手机的支付系统上获得赔付款。2020年保亭县项目总保险金额9597万元,总保费760万元,目标价格1.5万元/吨,保险产量6398吨,覆盖保亭全县9个乡镇,60多个行政村,参保农户8782户。项目期间,累计赔付金额共计571万元,获赔胶农共计4045户,赔付率为75%。

保亭县项目的开展,得到当地政府的高度认可和支持,突出的体现是,2019年的"保险+期货"项目,保障期限从2019年8月1日到11月15日,而胶农的割胶期是从4月中旬到次年1月中旬。保险项目结束后,胶农继续割胶意味着不再享受保险公司胶价下跌的赔偿。保亭县政府仿照期货交易所的支持方式,财政出资120万元,缴纳相应保费,保险公司继续承保,延长项目保障时间到2020年1月15日,续保期间赔付金额110万元,续保期间简单赔付率达91.7%。根据估算,项目续保实现橡胶增产495吨,增加胶农收入743万元。同样,在2020年,保亭县政府又出资350万元,延长保障时间到2021年1月15日,目前续保期间已赔付金额223万元,获赔户数3732户,预计还将赔付111万元,预计赔付率为95.4%,根据估算,2020年实现橡胶增产766吨,增加胶农收入794万元。虽然政府增加了支出,但胶农得到了好处,增强了获得感,促进了橡胶生产,效果良好。

二、海南天然橡胶价格（收入）保险取得成效

（一）胶农收入水平明显提高

通过开展海南省天然橡胶收入保险，提高了胶农收入水平，如果天然橡胶市场价格相对保险价格下跌，胶农可以获得差价赔付，不因现货价格下跌受损；如果天然橡胶市场价格上涨，胶农可以按照较高的现货价格销售，取得较高销售收入。根据海南橡胶集团统计数据，自 2018 年 8 月价格（收入）保险项目实施后，通过建立保险赔款与胶农收入水平相关联的收入分配机制，胶工工资大幅提升，近四年（2017 年、2018 年、2019 年、2020 年）胶工年平均工资分别为 1.8 万元、2.1 万元、2.95 万元、2.79 万元；与 2017 年年末实施保险相比，2019 年胶工年均工资增长 1.15 万元，增幅达 63.9%，极大地激发了胶工的生产积极性，胶工回流 553 人，退休返岗的胶工达到 1409 名。

（二）弃割、弃管现象得到扭转

通过开展海南省天然橡胶价格（收入）保险，稳定了胶农的收入预期，海南省天然橡胶产业的生产能力得到了恢复提升。胶农丢刀弃岗、外出打工造成橡胶资源浪费的现象得到有效缓解，胶农割胶积极性大幅提高。根据海南橡胶集团统计数据，2018 年 8 月至 2019 年 8 月，保险年度干胶产量共计 12 万吨，同比增加了 1.7 万吨，增幅达 15.8%，虽然 2020 年遭受了有史以来最大规模的橡胶"两病"暴发及 4—7 月西部极度干旱影响，造成胶园大面积停割、休割致使产量大幅减少，但

2019 年 8 月—2020 年 8 月保险年度内仍实现了干胶产量 10 万吨,避免了产量的大幅度下跌。

据白沙县介绍,全县种植橡胶面积为 104 万亩,在没有开展橡胶价格(收入)保险之前,全县胶园弃割比例约 60%,近年来,通过开展橡胶价格(收入)保险保障了农民收入,胶园弃割比例已经降到 10%左右,效果明显。保亭县西舍村村民介绍,前些年,全村的胶林几乎不割了,有十几户的劳动力外出打工,从 2020 年起,这些劳动力都已回村割胶。过去很多胶园没人管,现在开始给胶林除草施肥了。

(三)橡胶"保险+期货"为防范橡胶价格风险提供了有益探索

上海期货交易所主导的天然橡胶"保险+期货"项目,承保保险期间内胶水市场价格下跌造成的收入损失,采用了期货市场对冲和转移承保风险,运行良好,效果明显。2017—2020 年,上海期货交易所在海南省共开展天然橡胶"保险+期货"项目 50 个,分别由人保财险、太保财险、国寿财险三家保险公司参与承保,累计投入保费 1.37 亿元,覆盖现货产量 16 万吨,受益胶农约 15.4 万户次,最终产生赔付金额 9041 万元,赔付率 65.8%。

2020 年上海期货交易所在海南省开展 28 个项目,覆盖 14 个地市,累计投入 7200 万元,保障天然橡胶现货产量 9 万吨,受益胶农约 9.4 万户次。保障价格区间为 12500—15000 元/吨,运行期间,期货市场实际价格区间为 9300—16600 元/吨,保险公司保费收入 7200 万元,最终赔付金额 4431 万元,赔付率 61.6%。

三、存在的几个问题

(一)上海期货交易所支持的"保险+期货"模式的保费资金不具有持续性

海胶集团天然橡胶收入保险和民营天然橡胶价格(收入)保险,都有政府财政资金的大力支持。而目前,上海期货交易所支持的"保险+期货"项目,虽然运行良好,效果明显,但该项目是作为扶贫项目推出的,保费全部由交易所补贴,更多的是基于一种政治责任,不是一种完整的市场行为,需要解决其保费来源及可持续性的问题。

(二)民营天然橡胶价格(收入)保险的赔付有限

民营天然橡胶价格(收入)保险是根据物价部门采集的胶水收购价格与目标价格的差额,以设定的级距,采用赔付比例的方式计算赔偿。在实际操作中,真实的赔付比例为胶农全部价差金额的40%—90%不等,农民无法得到实际价格与目标价格之间的全额赔偿。

以白沙县民营天然橡胶价格(收入)保险为例,2020年白沙县民营天然橡胶价格(收入)保险项目中目标价格为16元/公斤,橡胶现货均价为11.5元/公斤,现货售价与目标价格的价差为4.5元/公斤,因为采用了比例赔付的方式,胶农实际获赔的金额为2.03元/公斤,胶农所得赔付为实际价差的45%,保险赔付率为141%。如果按照全部价差进行赔偿,则胶农实际获赔的金额应为4.5元/公斤,保险赔付率将达到313%。

从上文中我们可以看出,一方面是目标价格定价太高,如果按照价差全额赔付,保险公司难以承受,为控制风险,保险公司采取了比例赔付的方式。另一方面,民营天然橡胶价格(收入)保险不是严格意义上的价格(收入)保险,相对降低了胶农的获得感。

(三)运用期货市场对冲手段不充分

价格保险风险较高,利用期货市场进行风险转移是一个很好的手段,在上海期货交易所支持的天然橡胶"保险+期货"中,价格风险利用期货市场转移得比较充分。而民营天然橡胶价格(收入)保险没有利用期货市场进行对冲。海胶集团天然橡胶收入保险由海南人保和海南太保共同承保(人保份额为51%,太保份额为49%),据了解,海南人保没有在期货市场进行风险对冲,海南太保在期货市场进行了少量风险对冲(2018年、2019年、2020年,海南太保在期货市场对冲金额占承保份额比重分别为10.6%、1.5%、1.2%)。无论是海胶集团天然橡胶收入保险,还是民营天然橡胶价格(收入)保险,都没有充分利用期货市场进行风险转移,期货市场的作用没有得到充分发挥,保险公司自担风险较高。

四、政 策 建 议

(一)整合同质产品,建立与产量挂钩的天然橡胶"目标价格保险+期货"风险管理模式

如前所述,当前海南省天然橡胶价格保险有三种产品形态或模式,即海胶集团天然橡胶收入保险、民营天然橡胶价格(收入)保险和上海

期货交易所支持的天然橡胶"保险+期货"模式,这三种产品或模式各有优缺点,且部分市、县两种产品同时重叠并存,不太符合监管部门相关的政策要求。建议在继续试点所述三种保险产品的基础上,逐步整合同质产品,取长补短,既借鉴海胶集团天然橡胶收入保险和民营天然橡胶价格(收入)保险两种产品采用合理目标价格保险、保障胶农基本收益并能获得政府认可给予财政补贴支持的经验,又能充分发挥上海期货交易所"保险+期货"保亭模式中与产量挂钩、按日核算赔付,从而提升胶农获得感,以及能将目标价格保险的巨额赔付风险有效转移到期货市场的优势,建立统一的、多源支持的海南省天然橡胶"目标价格保险+期货"价格风险管理模式。

在具体模式和方案设计上,建议以上海期货交易所和太保公司以及海胶集团在保亭县开展的"目标价格保险+期货"项目运作模式为蓝本,并在保险端强调以下要点:一是在保险保障的目标价格上,建议设定为 1.5 万元/吨(干胶)为宜。据调查,按此价格,一个壮劳动力在自家胶园割胶,可获得约 270 元/天的收益(按每天割 300 棵,月均割胶 12 刀,1 刀 3 两胶水,每年割胶 9 个月估算),普通劳动力也可实现平均 200 元/天的收益。综合考虑各种成本,此收益与外出打工收益基本相当,对农民返乡割胶并加强胶园管理具有较强的吸引力。二是在保险赔付上,建立与产量挂钩、按日核算、按日(月)给付的赔付模式。按当日胶农实际交售数量和当日价差(当日实际价格与目标价格差)核算赔付金额,并当日给付。强调保险赔付要和胶农实际交售数量挂钩,农户只有割胶才能获得保险赔付,从而实现促进生产的效果。强调当日核算、当日赔付,可以有效提升农户的获得感,促进其割胶积极性。对海胶集团可延续现行的"按日核算、按月给付"的方法,既简化操作,也便于日后与民营天然橡胶保险方案的衔接。三是在组织操作上,将生产流与数据流相结合,由胶企参与胶农实际产量统计,并利用现代信息技术手段,在胶水收购的过程中同步完成承保理赔信息的采集,降低操作成本,又保证了各项数据的真实可靠。同时,通过承保理赔过程也采集和积累了诸如种植面积、实际开割面积、日售胶量等大量生产加工信息,为政府天然橡胶产业综合管理能力的提升奠定了数据基础。

(二)加强协同协作,构建多方参与、利益共享和风险共担的橡胶价格风险管理长效机制

当前,国际胶价持续低位运行,且预计将在相当长的时期内保持在1.2万—1.5万元/吨区间波动,上行空间有限、下行风险较大。对于海南省民营橡胶平均1.3万元/吨和海胶集团1.6万元/吨的生产成本而言,该价格区间使胶农增收、胶企增效压力巨大。而海南省作为我国天然橡胶的主要产区,承担着国家840万亩天然橡胶生产保护区建设的"硬"任务,面临着"保面积、稳产能"与"提效益、增收入"的矛盾,亟须建立起政府支持和市场化运作的价格风险管理长效机制,从而保护天然橡胶持续稳定生产,保障国家橡胶产业安全。

目前,海南省天然橡胶价格风险管理项目主要涉及政府、交易所、参保农户、保险公司、期货公司5方主体,在上述提出建立海南省天然橡胶"目标价格保险+期货"统一风险管理模式中,要加强政府支持和各方协同协作:一是对于中央政府,进一步稳定并加大对海南省天然橡胶保险的补贴政策。建议参照三大主粮作物完全成本保险试点办法,将天然橡胶目标价格(收入)保险补贴比例从30%提高到40%。按现行108元/亩的保费标准,中央财政需支持43.2元/亩,按840万亩种植面积全覆盖测算,需承担保费补贴金额3.63亿元,虽然比30%奖补条件下多承担9072万元保费补贴,但能够减轻基层政府财政压力,进

一步扩大目标价格保险(收入)覆盖范围,推动更大范围胶农割胶积极性和主动性,稳定和促进海南天然橡胶产业发展。二是对于海南地方政府,建议将保费补贴比例继续保持在40%,并逐步扩大保险覆盖面,从现在的261.8万亩(农垦国有88.8万亩橡胶和民营橡胶173万亩)扩大到省域内开割橡胶全覆盖。按前述保费108元/亩和840万亩全覆盖的标准测算,地方政府需承担每亩43.2元、年最大3.63亿元的保费补贴。海南橡胶集团的补贴比例参照基层市县财政补贴比例来确定。三是对于上海期货交易所,将现行对天然橡胶"保险+期货"全额资金支持的短期扶贫模式,改为承担10%比例保费补贴的长期参与模式,从而保证了项目的可持续发展。若按保费108元/亩、覆盖面840万亩和10%的保费补贴测算,上海期货交易所每年最多需要拿出9072万元的支持资金,虽然比现有支持28个项目年总计7200万元的支持资金多了1872万元,但覆盖范围从现有14个县扩大到了省域全覆盖,比原有全额出资模式更可持续,能够真正形成长期稳定的天然橡胶"目标价格保险+期货"风险管理模式,也扩大了交易所天然橡胶上市品种的市场规模。这一模式既能充分发挥期货市场转移价格风险的功能,也是上海期货交易所参与巩固和拓展脱贫攻坚成果和推进乡村振兴战略的有效方式,且调研中上海期货交易所负责人表达可考虑承担一定比例的保费补贴支持。四是对于农户,自缴10%的保费,即10.8元/亩,农民可承受,也培育了保险意识。

(三)设立政府支持的价格保险风险基金,兜底价格巨额赔付风险

价格风险不同于一般自然灾害风险,是一种完全的系统性风险,年际间赔付存在巨大波动,不符合保险遵循的"大数法则",无法在被保

险人之间有效分散,所以单独的价格保险,国内外再保险机构一般都不接受分保。同时,现行天然橡胶"保险+期货"模式未能将整个保险期间全部价格风险转移到期货市场,一旦天然橡胶价格出现剧烈波动,将会造成保险端赔付的大幅波动,对保险公司稳定经营造成冲击,不利于天然橡胶价格保险产品的持续稳定发展。

为了防止天然橡胶价格剧烈波动的冲击,保障海南省天然橡胶价格保险试点持续稳定运行,建议海南省政府设立"天然橡胶价格保险风险基金",用于市场波动较大保险超赔年度的赔付。基金来源,一方面,政府划拨部分经费,用于初始基金池的建立,例如,调研时保亭县政府曾表示,希望将县财政支持每年用于延长上海期货交易所"保险+期货"项目赔付期的350万元资金,以风险基金形式支持;另一方面,将保险公司经营价格保险年度赔付后的保费结余,在扣除保险公司合理经营管理费和适当利润后,全部上缴风险基金,用于基金积累。在基金运作上,由政府指定相关部门和保险公司共同管理,从而保证价格保险风险基金的安全性,也能降低政府行政管理成本。最终形成"保险+期货+风险基金"的价格风险管理持续稳定发展模式。

(四)努力创新夯实基础,引领天然橡胶产业高质量发展

受资源禀赋影响,我国终究不具备种植天然橡胶的比较优势,但是从国家安全出发,国内天然橡胶种植和产业发展始终要坚守。特别是近年来,一些主要天然橡胶生产国积极推进本国橡胶工业化,控制橡胶出口量,例如,世界第一大产胶国泰国提出要将橡胶产业发展为国家基础工业,印度正由橡胶出口国变为进口国。我国作为全球最大的橡胶消费国和进口国,更要苦练内功,构建"双循环"发展格局下天然橡胶高质量发展新模式,提升天然橡胶产业国际市场竞争力和话语权,切实

保障国家战略资源安全。

1.加强产业基础设施建设,提升天然橡胶综合生产能力

重点在推动高标准胶园、特种胶园建设和改善胶园道路交通设施、水利设施上做文章,改善天然橡胶生产条件。针对橡胶树好光、好热、好水却又怕积水、适宜坡地种植的生长特性,在进行特色农机研发的同时,对胶园道路进行宜机化改造。为此,建议农业农村部尽快出台高标准胶园、特种胶园建设标准,国家财政要加大对高标准胶园建设、橡胶加工改造升级等重点环节的财政经费投入和银行贷款贴息扶持。

2.加强科技攻关,推动天然橡胶产业降本增效

国家要推动天然橡胶相关科研立项和加大科研项目投入力度,重点在种业和作业两个层面下功夫,提高海南天然橡胶生产的比较优势。在种业层面,利用好海南繁育种中心优势,改良、培育适合海南省气候土壤环境的天然橡胶新品种,缩短非生产期,提高胶水单产和品质。在作业层面,通过实施测土配方施肥和推广高效低频割胶制度、中小苗胶园葛藤覆盖技术以及研制推广割胶机器人作业等,推动橡胶产业革命性变化,提高生产效率,降低生产成本,提升产业竞争力。

3.加强提前谋划,推进胶园更新保障后备产能充足

橡胶树寿命一般在30多年,从种植到具备生产能力一般需要6—8年时间,树龄过老生产能力将会下降,需要提前谋划,及时将老残低质胶园更新改造,才能保障后续产能。调研中,各方对于现行林地管理政策下,胶林更新指标不足问题反映较为集中。为此,建议国家林业主管部门根据橡胶树生长规律,对橡胶林地实行特殊管理政策,适当增加海南省橡胶更新砍伐指标,以满足胶园更新改造需要。

（调研组成员：袁纯清、张峭、宋建国、姜滁、李烈、宋淑婷、崔翔、刘莉、聂谦）

第八篇 关于三大粮食作物完全成本保险和收入保险试点情况的调研报告

为贯彻落实习近平总书记在 2021 年中央农村工作会议上关于"扩大三大粮食作物完全成本保险和收入保险范围"的指示精神以及 2021 年中央"一号文件"工作要求,全面了解和总结 2018 年以来 6 省份 24 个县三大粮食作物完全成本保险和收入保险试点的做法和成效,在中央农办秘书局的组织协调下,中央农村工作领导小组原副组长袁纯清与财政部金融司、农业农村部计财司、银保监会财险部、中国农业科学院农业信息研究所、中国农业再保险股份有限公司、上海太安农业保险研究院的有关负责同志和专家组成调研组,于 2021 年 4 月 12 日—5 月 14 日,先后赴湖北省、安徽省、河南省、辽宁省四地进行调研。调研组每省选取 1 个试点县,直接到村入户,深入保险基层服务网点,与农户和基层干部面对面交谈,还分别召开了省级和试点县相关政府部门、承保机构参加的 3 个座谈会。5 月 8 日在北京分别召开了参与试点工作的 7 家保险公司以及内蒙古自治区、山东省 8 个试点旗县参加的座谈会。本次调研覆盖了所有参与试点工作的省、县和保险机构,直接听取了从省领导到部门到基层一线的看法和意见,比较深入、全面地了解了试点工作。

一、试点基本情况

（一）试点整体情况

2018年8月28日,财政部、农业农村部、银保监会印发《关于开展三大粮食作物完全成本保险和收入保险试点工作的通知》(以下简称《通知》),决定从2018年起,用3年时间,在内蒙古自治区、辽宁省、山东省、河南省、湖北省、安徽省6个省份,每个省份选择4个产粮大县,开展三大粮食作物完全成本保险和收入保险试点。由于《通知》印发时间已是8月,错过全国大部分地区秋粮作物的承保季,因此6个试点省份开展试点的时间均为2019年及2020年。

试点两年来,三大粮食作物完全成本保险和收入保险试点累计承保2703.71万亩,承保覆盖率为70.17%(承保面积/种植面积),其中2019年为66.94%,2020年为73.4%;签单保费收入15.77亿元,其中中央财政补贴6.22亿元,省(市)级财政补贴4.81亿元,农户自缴4.73亿元;简单赔付率为80.54%,其中2019年为63%,2020年为96.4%;共为193.93万农户提供风险保障231.34亿元,向84.14万农户支付赔款12.7亿元。

（二）分品种试点情况

1. 小麦完全成本保险

涉及河南省、山东省共8个试点县。河南省小麦完全成本保险试点产品的保险金额为 900 元/亩,保险费率为 5%,试点两年共承保79.97 万亩,承保覆盖率为 12.12%,两年简单赔付率为 63.15%,其中汝州市 2019 年及 2020 年的简单赔付率分别为 192% 和 173%。山东省小麦完全成本保险试点产品的保险金额为 930 元/亩,保险费率为3.98%,试点两年共承保 442.3 万亩,承保覆盖率为 93.67%,山东省四个试点县两年承保覆盖率均在 90% 以上,其中桓台县试点的两年覆盖率均超过 97%,山东省试点两年简单赔付率为 35%。

2. 水稻完全成本保险

涉及安徽省、湖北省共 8 个试点县。安徽省水稻完全成本保险试点产品的保险金额为 1000 元/亩,除东至县试点费率对统保户 5%、规模户 6% 外,其余地区保险费率均为 6%,试点两年共承保 323.97 万亩,承保覆盖率为 93.86%,两年简单赔付率平均为 148.9%,尤其受2020 年长江洪涝灾害影响,2020 年安徽省保险试点简单赔付率达193.47%,其中宿松县赔付率超过 245%。湖北省水稻完全成本保险试点产品的保险金额为 1100 元/亩,保险费率为 6%,试点两年共承保609.95 万亩,承保覆盖率为 75.3%,两年简单赔付率为 60.12%。

3. 玉米完全成本保险

涉及内蒙古自治区、辽宁省共 4 个试点旗县。内蒙古玉米完全成本保险试点产品的保险金额平均为 587 元/亩,保险费率为 6.8%—8%,试点两年累计承保 238.47 万亩,承保覆盖率为 57.88%,两年简单赔付率为 75.07%。辽宁省玉米完全成本保险试点产品的保险金额为700 元/亩,保险费率为 10%—11%,试点两年累计承保 318 万亩,承保覆盖率为 86.41%,两年简单赔付率为 96.14%,其中北票市 2020 年的简单赔付率达 207%。

4. 玉米收入保险

涉及内蒙古自治区、辽宁省共 4 个试点旗县。内蒙古自治区玉米收入保险试点产品的保险金额平均为 620 元/亩,保险费率为 6%—8.5%,试点两年累计承保 424.03 万亩,承保覆盖率为 90.64%,两年简单赔付率平均为 70.78%。辽宁省玉米收入保险试点产品的保险金额为 700 元/亩,保险费率为 11%,试点两年累计承保 267 万亩,承保覆盖率为 83.96%,两年简单赔付率为 92.79%,其中义县 2020 年简单赔付率达 179%。

调研过程中,我们切实地感受到,完全成本保险和收入保险试点工作在提升粮食生产抗风险能力、保障农户种粮积极性、切实促进农业保险转型升级方面效果显著。试点地区的政府、农民以及保险公司对试点工作均持满意态度,除提出一些进一步完善的建设性意见之外,没有听到任何否定性的看法和意见。

二、试点取得的成效

(一)有力地稳定了粮食生产

调研所到之处突出的感受是试点险种扩面效果明显,种粮农户参保热情提升,种粮积极性明显提高,试点地区粮食种植面积几乎都有增加。试点地区三大粮食作物种植面积共增加 38.28 万亩,突出的有安徽省和县水稻种植面积增加 5.5 万亩,湖北省黄梅县水稻种植面积增加 1.1 万亩,辽宁省义县玉米种植面积增加 2 万亩。调研组剖析其原因,除了粮食价格上涨、政府重视程度提高等因素外,很重要的一点是试点险种提高了保险保障程度,有力兜底了种粮风险,保证种粮不吃亏,从而激发了农民种粮的积极性。如辽宁省义县地处辽西,十年九旱,有农户反映"这几年年年干旱,玉米都没法种了,这两年有了高额保险,敢种玉米了"。又如安徽省宿松县是水稻主产县,由于种粮收益低、风险高,前些年出现了耕地撂荒、双季稻改种单季稻的现象。据宿松县县领导反映,实施完全成本保险试点以来,这类状况明显改观,撂荒几乎没有了,有的农民还将单季稻改种回双季稻。这种积极现象是十分可喜的。

(二)保障了农民种粮的基本收益

此前开展的物化成本保险保额只占农作物种植总成本的 36%—50%,而完全成本保险和收入保险保额最大可以达到种植收入的 85%。水稻完全成本保险每亩保额增加了 594 元(安徽省)和 700 元(湖北省),小麦完全成本保险每亩保额增加了 453 元(河南省)和 480 元(山东省),玉米完全成本保险和收入保险每亩保额增加了 420 元(辽宁省)和 103 元(内蒙古自治区)。保额的提升,一方面极大地提高了农业保险保障水平,稳定了投保农户的种植收益预期;另一方面使保险赔付的倍数效应得到充分体现,比如湖北省公安县种粮企业红马集团在试点期间有 2000 多亩水稻受灾,自缴保费 4.5 万元,获赔 74 万元;一位种植大户 1000 余亩水稻受损,自缴保费 1.98 万元,获赔 46 万元。这样的高赔付不仅补偿了前期种植成本,使生产中遭到的损失得以足够弥补,而且也从一定程度上保障了种植的当期收益。

(三)取得了防止种粮农户返贫的效果

调研中还有一个切实的感受,试点险种的高保障有效地防止了脱贫粮农返贫,这是一种对受灾种粮脱贫户稳收益防返贫的双重效应。如安徽省水稻完全成本保险两年试点期间户均赔付 5361 元,在受益农户中有 2286 个脱贫户或贫困边缘户,5000 余元的赔款能够使一个三口之家在基本劳动收入(2000 元左右/人)的基础上家庭年收入达到 1.1 万余元,避免了脱贫种粮农户或贫困边缘户因灾返贫。此外,各地还将试点开展与扶贫工作进行了有效融合,如辽宁北票市两年全免贫困户自缴保费共计 430 余万元。河南省鄢陵县对贫困户的保险费率比普通农户下降 20%。这些措施使脱贫农户在享受高保障保险的同时还享受更多的保费补贴,有效降低了脱贫户返贫的风险。

(四)契合了新型农业经营主体的风险保障需求

完全成本保险和收入保险契合了新型农业经营主体的风险保障需求。据调研发现,试点地区规模种植户投保积极性普遍高于普通农户。有数据显示,2019—2020 年,试点地区规模户承保面积由 256.98 万亩增加至 303.1 万亩,增幅 18%,占总承保面积的比重由 19%上升至 22%,规模户的投保面积及投保占比均呈增加趋势。同时,得益于试点政策的实施,试点地区粮食作物生产的规模化程度也得到不同程度的提高。如安徽省水稻规模化经营面积由 2019 年的 99.3 万亩提高至 2020 年的 115.9 万亩,增幅 17%。

(五)推动了保险机构基层服务能力建设

随着保费的增加与保险意识的提升,农户和基层政府对农业保险的关注度增加,对农业保险服务的要求提高,倒逼保险机构提高服务能力、满足客户需求,推动其加强基层服务网点和资源投入力度。在加强基层服务网点方面,参与试点任务的 7 家保险公司均通过增设"三农"

服务站、农险服务点和配套专兼职工作人员,加大了基层力量。在试点涉及的 6 个省份、24 个县、370 个乡镇、6851 个村实现了农险服务村级全覆盖。以人保公安县支公司为例,其投入 300 多万元开展标准化网点建设,在辖内 16 个乡镇的 259 个行政村,设立了乡镇营销服务部、村级保险服务点,并在每个村选配 1—2 名村级协保员,实现了农险服务"乡乡有点、村村有人"。在资源投入方面,相关保险机构都加大了服务设施的更新升级,增设了承保理赔无人机、手持定位测亩仪、农险服务车辆等设备。这些投入提升了保险业务承保、查勘、理赔的精准性与时效性,提高了保险公司基层机构的业务及服务能力。

(六)推进了科技手段的运用

保险保障水平的提高也相应提高了承保农户对参保标的承保验标和理赔定损精准度的要求。为满足农户需求,解决传统方式验标定损成本高、周期长等问题,提升保险服务水平和效率,各保险机构在试点中都大幅提高了科技投入,采用了移动互联、遥感测绘、无人机、大数据和云计算等新技术开展农业保险经营和服务,取得了明显的成效。如2020 年 6 月湖北省公安县遭受连续强降雨,全县水稻受灾,人保财险应用卫星遥感成像结合无人机测定,用 7 天时间完成了原本需要 30 天的全县 8.69 万亩受灾水稻核定,且准确性和传统人工方式基本一致。再如太保财险在湖北省沙洋县 2020 年水稻完全成本保险承保中,在承保验标环节采用了"e 农险"无人机航拍测亩的新技术,承保工作周期从 90 天缩短为 30 天,验标成本从 0.38 元/亩降为 0.13 元/亩。另外,在试点工作中政府部门也注重利用新技术,对农业保险数据真实性进行审核,也取得了良好成效。

三、反映比较突出的几个问题

普遍反映的意见有两个：一是希望扩大试点范围，实现 13 个粮食主产省三大粮食作物完全成本保险和收入保险试点的全覆盖；二是认为农户自缴保费 30% 的比例太高，希望下降到 20%，同时希望提高中央财政的补贴比例。调研中我们还发现了一些需要引起重视的问题。

（一）有的地区保额设定不合理，有诱发道德风险的迹象

主要表现在三个方面：一是除了内蒙古自治区外，试点省内普遍采用相同的保额标准，没有体现出区域性差异。如 2020 年辽宁省玉米完全成本保险统一保额为 700 元/亩，这对于辽西玉米正常年份单产 600 斤/亩而言相对较高，但对于铁岭县玉米正常年份单产 1300 斤/亩而言就显得低了。再如，河南省将小麦完全成本保险保额统一为 900 元/亩，对于兰考县、汝州市比较合理，但是对于项城市等正常年份单产 1200—1500 斤/亩而言保额显得偏低，不少种粮大户感觉政策没到位，还认为不公平。有的地方反映，保额设定还要考虑土地流转成本的地域性差异，如黄梅县土地流转成本在北部山区仅为 300 元/亩左右，在平原湖区高达 800 元/亩左右，相差 500 元/亩以上，对于 1100 元/亩的同一保额明显不合理，对于低产出高保额的地区，还容易诱发道德风险问题。有的地方政府反映，已出现灾后自救不积极、生产投入不下力、种"懒汉田"的现象。二是完全成本保险和大灾保险的保险金额出现倒挂。在辽宁省，2020 年农业规模经营主体玉米大灾保险（覆盖物化成本和地租）的保额是 720 元/亩，而辽宁省根据 2018 年国家发展改革

委《全国农产品成本收益资料汇编》数据,核准完全成本保险(覆盖物化成本、地租和人工成本)的保额是 700 元/亩,倒挂 20 元/亩,影响了农民获得感。三是保额设定简单化,没有险种的差异。有的地方对险种保额缺乏精准核算,将完全成本保险和收入保险设定的保险金额相同,甚至完全成本保险和大灾保险设定相同保险金额,不仅不合理,还导致无法对这些险种的试点效果进行科学评估和比较。如内蒙古自治区赤峰喀喇沁旗水地玉米的大灾保险保额和完全成本保险保额均为 850 元/亩,辽宁省玉米完全成本保险和收入保险的保额均为 700 元/亩。

(二)费率厘定不够精准,导致风险责任不匹配

按照试点文件要求,应该公平、合理地拟定保险费率。调研发现,除内蒙古自治区外,其余 5 省都是采用统一费率。尽管河南省鄢陵县对贫困户和非贫困户采取了不同的费率,但主要是出于扶贫的考虑,并未根据风险大小进行厘定。费率厘定不精准的弊端在试点提供的高保障产品中突出表现出来,不仅影响了保险经办机构的积极性,而且农户"用脚投票",出现了高风险农户要求投保、低风险农户要求退保的逆选择问题。如辽宁省西部是一个十年九旱的高风险地区,保险公司反映玉米完全成本保险 11% 的费率有些低,而辽宁省东部的岫岩满族自治县风险较小,政府反映玉米完全成本保险 10% 的费率过高。再如,湖北省枣阳市 2019 年和 2020 年水稻完全成本保险试点的承保面积分别是 31 万亩和 37 万亩,尽管承保面积有所增长,但规模农户的参保数量从 2019 年的 644 户下降到 2020 年的 256 户,导致 2020 年该县水稻完全成本保险的保险覆盖率仅为 51%,调研了解到规模农户参保数量下降的一个重要原因是部分地区的种粮大户认为其风险水平要低于现

有费率水平,其他地方也发现了类似现象。

(三)工作力度有差距,影响了试点政策效果

国家政策性农业保险要求遵循的基本原则是"政府引导、市场运作、自主自愿、协同推进",鼓励建立多方参与和多层次的农业保险供给体系。调研中发现,各地的工作力度还有差距。一是重视程度有差异,有的试点地区将此次农业保险试点县的承保覆盖率纳入市级政府粮食安全责任考核,使保险覆盖率在90%以上。还有的地方未给予足够重视,工作不到位,对试点政策宣传不准确、不全面,农户缺乏了解,保险覆盖率不足30%。二是不少地方对试点政策的理解不全面,将工作简单化,一些试点县取消了原有的物化成本保险,有的农户因无力购买高保障保险产品而选择弃保,在一定程度上影响了试点政策的实施效果。

(四)协议赔付依然存在,理赔精准性亟待加强

调研发现,协议赔付、平均赔付的现象在完全成本保险和收入保险试点中依然存在。有的是因为缺乏规范透明的赔付标准,有的是因为农户提出了一些不合理的诉求,有的是基层政府出于"维稳"、平息纠纷进行强力干预的结果,还有的是在发生极端区域性大灾的情况下为缓解赔付压力的应时之举,这些都导致了协议赔付的出现,违背了农业保险的原则,影响了农业保险的效果。与之相应的平均赔付现象也同样存在,如内蒙古自治区托克托县玉米收入保险和扎鲁特旗玉米完全成本保险在2019年和2020年的赔付面积覆盖率(赔付面积/承保面积)均为100%,但简单赔付率在57%—84%,明显存在平均赔付和协议赔付的问题。我们在辽宁省义县调研中也发现,在2020年极端旱灾

后,保险公司根据的是承保地块的地力情况分别以 108 元/亩、138
元/亩和 158 元/亩进行平均赔付。

(五)公共数据信息难共享,制约精准管理

这是政府部门和保险机构反映比较强烈的一个问题。目前农业保
险相关数据信息分散在不同部门,如耕地确权、地理信息、气候气象、价
格产量、保险业务、空间遥感等数据分别在农业农村、国土资源、气象、
发展改革、保险监管、航空航天等部门,这些部门对数据信息管理各司
其职、互通不畅,既缺乏共享平台,也缺乏共享机制,影响了农业保险的
工作效率。保险机构要获取这些数据只能"点对点"采集,效率低下、
获取困难,往往还要支付高额的费用,既增加了运行成本,还影响了精
细化管理的效率和质量。

(六)有的保险机构操作不够规范,成本费用管控有待加强

按照试点文件要求,原则上风险保费不低于 80%,费用附加不高
于 20%。调研发现,大多数保险机构在前端承保理赔的费用率能控制
在 15%以下,加上后台分摊成本,综合费用率也能控制在 20%以下。
但是调研中也发现,部分试点地区对基层协保员工作经费缺乏规范制
度和统一标准,差异较大,如湖北省有些地方协保员工作经费费用率为
8%,安徽省为 5%,辽宁省义县为 4%。有的存在工作经费支出不合理
的情况,有的聘用贫困户作协保员超出现有规定支付较高的工作经费,
使保险机构的成本费用高企。

(七)基层机构服务能力依然不足,协保员队伍需要规范

尽管农业保险基层网点建设有所加强,但是与高质量发展的要求

相比还有不小的差距。除人保财险在乡镇一级建立了保险服务部外，其他很多保险机构尚未健全保险服务网点。目前乡镇基层服务网点建设普遍不足，1 个服务部平均 2—3 人，服务范围要覆盖 2—3 个乡镇，难以满足实际工作需要。调研中，对规范协保员的问题反映较多。目前协保员队伍缺乏统一、规范的聘用标准，在村一级，有的是现任村干部，有的是村能人，有的是离任的村干部。很多协保员缺乏规范和统一的培训，对农业保险政策、保险条款以及操作规范不熟悉，对农业保险理解宣传不到位，对做好农业保险服务也缺乏足够的认识，在一定程度上影响了农业保险服务的质量。

四、扩大试点的若干建议

（一）加大工作力度确保扩大试点范围顺利推进

调研中我们感到，凡是试点成效好的地方，都是当地党委政府重视程度高、工作力度大、保障措施到位。2021 年和 2022 年要将三大粮食作物完全成本保险和收入保险试点范围扩大到 13 个粮食主产省所有产粮大县，没有更大的工作力度是难以做到的。为此，提出四点建议：一是召开一次全国性三大粮食作物完全成本保险和收入保险试点推进会议。请 13 个粮食主产省有关负责同志和试点县代表参加，财政部、农业农村部和银保监会有关负责同志要进行试点政策解读、宣导，并提出具体要求，由试点做得好的地方和机构介绍好的做法，同时组织编印《三大粮食作物完全成本保险和收入保险试点参考案例汇编》，加强对试点工作的具体指导。二是加大媒体宣传力度。《农民日报》等媒体应进行系统宣传,加深广大干部对试点政策的理解,各试点省应采取更为灵活多样的形式加强宣传,提高广大农民对试点的知晓率。三是试点省和试点县应加强组织领导。成立专项领导小组协调推动该项工作,制定相应工作推进方案。四是建立完全成本保险和收入保险试点的绩效考评和考核制度。各试点省、试点县应对试点情况进行年度总结,试点省应向财政部等主管部门上报本省试点年度总结报告。辽宁省、山东省两省将绩效考评贯穿完全成本保险和收入保险试点推进全过程,纳入政府经济社会综合发展考核、粮食安全责任考核范围之内,取得了良好效果(两省 8 个试点县中,有 6 个保险覆盖率在 90% 以上,其余 2 个县覆盖率也在 85% 以上)。我们认为这是一个好办法,值得推广。

(二)以精准科学为原则合理确定保险保额和保费

科学风险区划和精准费率厘定是确定保费、保额的核心,是影响完全成本保险和收入保险试点成效的主要因素。鉴于该项工作的重要性,建议在扩大完全成本保险和收入保险试点中要改变"一省一费"的粗放模式,推进农业保险精准化。三点建议:一是试点县要全面实施农业保险风险区划工作。参照国家相关部委发布的农业生产风险地图和农业保险纯风险费率表合理确定县级风险等级,有条件的县可参照内蒙古自治区扎鲁特旗或托克托县的做法[根据被保险标的生产条件分为水田和旱地,然后根据各乡镇(苏木)的土壤墒情、气候条件等因素将旗县分为南部、中部和北部,或根据土地肥力情况分为 1—5 等,最终将全旗县分为 6 个风险区],可将风险等级细化到相同风险条件的乡镇。二是要科学厘定费率。根据农业保险风险区划结果,结合以往农业保险赔付情况合理确定保险费率,不同风险区费率应有差异,同一风

险区采用统一费率,费率水平原则上要精确到小数点后两位。三是要
合理确定保额。完全成本保险保额原则上应以县为单位分别确定,保
险金额不能超过当年相应品种产值的 80%,具体测算依据为国家发展
改革委《全国农产品成本收益资料汇编》或本省物价部门、农业农村部
门正式发布的当期数据。收入保险保额按照产量乘价格进行测算,其
中产量参照过去 5 年历史平均产量确定,价格应依据收获月份的期货
价格来确定,保额不能超过当年相应品种预期收入的 80%。

(三)提升农业保险科技化水平

科技是推动农业保险精细化和精准化不可或缺的力量。现阶段我
国农业保险与现代科技深度融合还不足,还处于应用的初级阶段。建
议:一是从我国实际出发,先行构建省级农险大数据管理与服务平台。
政府要加快农业保险大数据战略规划和统筹部署,加快完善数据治理
机制,可借鉴北京市和山东省建立农业保险管理信息平台的经验和做
法,汇集省内农业保险业务数据和财政、农业农村、保险监管、林业草原
等相关部门涉农数据和信息,待条件成熟后再逐步实现全国农业保险
大数据集中,建立健全跨地区、跨部门、跨层级的数据整合和共享机制,
实现大数据资源有机整合与深度利用。二是政府要加强农业保险大数
据分析挖掘。可借鉴河南省财政厅通过卫星遥感数据与保险业务数据
的分析比对来审核保费补贴真实性的做法,基于农业保险大数据资源,
运用现代科技手段,通过设定规则分析、多源数据交叉校验、智能化监
测检验和模型分析,识别并制止重复投保、虚假承保和协议理赔等违规
行为,有效甄别高风险区域和交易,追踪农业保费补贴状况,提高农业
保险监管的及时性和准确性。三是推进农业保险机构"线上+线下"一
体化网络服务体系建设。要在支持保险机构建立健全基层农业保险服

务网点,发挥线下资源优势的同时,充分运用信息技术与互联网资源加强线上服务,构筑线上线下一体化的经营服务模式,延长网络服务渠道,扩大网络服务范围,并通过"线上"远程服务方式,开辟服务触达农户的全新途径,使服务下沉到村舍和分散的农户,提高农业保险服务水平。四是加大农业保险业务经营中科技应用力度。鼓励保险机构在农业保险承保理赔实践中以更大力度运用无人机、卫星遥感等科技手段来提高精准性,要特别关注勘损环节出险面积和灾损程度科技测度的准确性和及时性问题,政府部门要协调有关方面,解决好遥感影像反演解析、无人机影像拼接和灾害等级评估等关键技术的应用,提高农业保险灾损科技评估结果的权威性和认可度。

(四)进一步优化保费分担比例

降低农民自缴保费能够有效提升农民参保率,优化保费补贴分担比例可以更科学地划分中央、省、市、县在试点中的责权,增强相关主体的责任意识,达到财权事权和支出责任相适应、"责、权、利"相统一的效果。按照这一原则,提出两点建议:一是提高中央财政在三大粮食作物完全成本保险和收入保险试点中的保费补贴比例,在原有补贴比例的基础上提高 5 个百分点(即中央财政对中西部地区补贴 45%、对东部地区补贴 40%)。为减轻农民负担,更好激发农民的参保积极性,将农民的自缴保费从 30%降到 25%。二是可考虑县级政府对完全成本保险和收入保险提供 2%—3%的保费补贴,这主要是从县级政府承担相应责任的角度提出的要求,具体由试点省省级政府自主确定。经初步匡算,按照农业农村部县级统计数据,全国 500 个粮食主产县平均播种面积为 156 万亩,即便按照保额最高的水稻完全成本保险进行测算(保额 1050 元/亩、费率 6%),县级财政配套补贴额度在 196 万—294

万元,完全在县级财政的承受能力之内。

(五)加快制定农业保险查勘定损技术规范

查勘定损是调研中地方反映的一个焦点,主要有两方面的突出问题:一是缺乏一个具有可操作性的灾损评定标准;二是查勘定损人员素质参差不齐,灾损评估结果农民往往不认可,容易发生纠纷。建议:一是在中央部委层面尽快出台新的农业保险承保理赔管理办法,制定农业保险查勘定损业务操作流程规范;二是县级应以农业部门为主研究制定适合本地区的农业保险核灾定损技术指南或操作手册;三是要规范农业保险查勘定损队伍建设,人员应由政府部门进行审定,组织开展相关技术培训,合格后颁发相关资格证书,提高其定损的权威性。

(六)加强农业保险基层服务能力建设

顺利推进三大粮食作物完全成本保险和收入保险试点,需要更强有力的基层服务体系和服务能力,解决好农业保险服务的"最后一公里"问题。建议:一是要督促农业保险经营机构切实履行银保监会相关要求,在有业务的乡镇必须设立"三农"服务站。应借鉴人保公司义县的经验,在覆盖范围广、带动能力强的中心乡镇设立保险公司五级机构——农业保险营销服务部。二是试点县要加强乡镇农村金融保险服务体系建设,可推广辽宁铁岭县的做法,依托乡镇经管站在全县所有乡镇建立农业保险推广站,保险公司派人入驻,合力推进农业保险工作,夯实农村金融保险基层服务力量。三是规范农业保险协保员队伍建设,解决协保员合理取酬问题。从实际效果看,由村"两委"负责人担任协保员效果比较好,其协办经费可按照辽宁省的办法,保险公司首先将协办费用拨付给乡镇经管站,乡镇经管站根据各村协保员的工作量,将支付给村级协保员的费用拨付给村委,村委将其作为日常工作经费开支。

(七)加强农业保险费用管控

加强成本费用管控、降低运行成本,既是提高财政资金使用效率的一个重要方面,也是保险公司提质增效、高质量发展的内在要求。为进一步加强成本费用管控,降低运行成本,建议:一是树立成本费用管控理念。保险机构要向成本管理要效益,将费用支出向基层一线倾斜,强化承保、理赔等关键环节的成本费用管控,在保障专业服务质量的前提下尽可能节约费用开支,降低费用成本。二是运用科技手段降低运行成本。探索电子保单等信息化手段降低纸质和人工成本,运用遥感技术、无人机等新技术,节约承保理赔和防灾减损费用,提高农业保险服务质量和运行效率。三是加强农业保险成本费用监管。统一规范基层协保员、农技站定损员等工作经费标准,合理列支防灾减损费用,严格禁止虚列费用、转嫁费用等行为。

(八)发挥中农再在试点中应有作用

再保险作为农业大灾风险分散体系的基础和核心,是健全农业安全网和实现农业保险可持续发展的重要保障。为有效分散农业大灾风险,确保试点工作持续稳健,建议:一是加大农业再保险供给。中农再作为国家层面的再保险机构,要完善约定分保机制,加大农业再保险供给,对进入试点范围的农险业务要提供充足稳定的再保险保障,探索建立与直保公司风险共担、多层分散的再保险机制,提高行业大灾风险承载能力。二是配合财政等部门,推动建立农业保险大灾风险基金。围绕试点中可能出现的极端大灾风险或系统性风险,探索建立中央和地方风险共担、全国统筹的大灾基金,实现跨区域、跨机构的统筹合理使用,提高应对全国性、区域性极端特重大灾害的风险管理能力,为试点地区再筑一道安全防线。三是将中农再作为政府管理农业保险的重要抓手。在相关部委指导下,推动全国农业生产风险评估区划、农业(再)保险精算等工作,为农业保险的精细化和精准化提供技术支撑。四是探索巨灾债券等新兴金融工具分散农业大灾风险。探索试点地区利用农业巨灾风险证券化等金融工具,打通资本市场与再保险市场、国内市场与国际市场,实现农业大灾风险的全球化分散,形成以再保险为核心、大灾基金兜底、其他金融工具补充的多层次、多维度的农业大灾风险分散体系。目前,辽宁省开展了玉米"收入保险+期货"的试点,取得了初步成效,应继续给予支持。

(调研组成员:袁纯清、张峭、洪日南、王衍、王思渺、谢生、王胜、易赟、张宝海、王克、李琼、宋淑婷、李嘉良、崔翔、刘莉、李越)

调研组人员名单

袁纯清　中央农村工作领导小组原副组长

张　峭　中国农业科学院农业信息研究所首席科学家、研究员

洪日南　时任财政部金融司副司长

王　衍　农业农村部计财司副司长

何予平　时任中央农办秘书局副局长

王思渺　时任中国银保监会财险部副主任

姜华东　时任财政部金融司三处处长

谢　生　财政部金融司普惠金融处处长

王　胜　农业农村部计财司金融保险处处长

毛利恒　时任中国银保监会财险部农险处处长

易　赟　财政部金融司普惠金融处副处长

董　明　时任农业农村部计财司金融保险处副处长

邵绛霞　时任中国银保监会财险部农险处副处长

张宝海　时任财政部金融司普惠金融处干部

龙文军　农业农村部农研中心研究员

宋建国　中国太平洋财产保险股份有限公司副总经理、太安农业
　　　　保险研究院院长

石　践　太平洋安信农业保险股份有限公司总经理

姜　滁　中国太平洋财产保险股份有限公司农险部总经理

陈元良　时任中国太平洋财产保险股份有限公司农险部总经理

徐兆伟　中国太平洋财产保险股份有限公司农险部副总经理

李　烈　中国太平洋财产保险股份有限公司农险部总经理助理

王　克　中国农业再保险股份有限公司战略发展部部门级干部

宋淑婷　太安农业保险研究院综合管理部主任

李嘉良　太安农业保险研究院助理研究员、博士

崔　翔　太安农业保险研究院助理研究员

刘　莉　中国太平洋保险(集团)股份有限公司在读博士后

申相磊　中央农办秘书局干部

李　琼　时任中国农业再保险股份有限公司战略发展部干部

张　莹　农业农村部农研中心干部

李　越　中国农业科学院农业信息研究所助理研究员、博士

丁春燕　中国农业科学院农业信息研究所在读博士后

聂　谦　中国农业科学院农业信息研究所在读博士

魏腾达　中国农业科学院农业信息研究所在读博士

参考文献

1. 财政部、农业农村部、银保监会、林草局:《关于印发〈关于加快农业保险高质量发展的指导意见〉的通知》,2019 年 9 月 19 日,见 http://www. mof. gov. cn/gkml/caizhengwengao/wg201901/wg201909/202005/t20200507_3509097.htm。

2. 财政部、农业农村部、银保监会:《关于开展三大粮食作物完全成本保险和收入保险试点工作的通知》,2018 年 9 月 1 日,见 http://jrs.mof.gov.cn/zhengcefabu/201808/t20180831_3003951.htm。

3. 财政部、农业农村部、银保监会:《关于扩大三大粮食作物完全成本保险和种植收入保险实施范围的通知》,2021 年 6 月 24 日,见 http://jrs.mof.gov.cn/zhengcefabu/phjr/202106/t20210629_3726782.htm。

4. 财政部:《关于在粮食主产省开展农业大灾保险试点的通知》,2017 年 5 月 17 日,见 http://jrs.mof. gov. cn/zhengcefabu/201705/t20170527_2610952.htm。

5. 习近平:《决胜全面建成小康社会　夺取新时代中国特色社会主义伟大胜利——在中国共产党第十九次全国代表大会上的报告》,中国政府网,2017 年 10 月 27 日,见 http://www. gov. cn/zhuanti/2017-10/27/content_5234876.htm。

6. 袁纯清、龙文军等:《农业保险助推乡村振兴战略研究》, 2020 年。

7. 袁纯清:《让保险走进农民》, 人民出版社 2018 年版。

8. 中共中央、国务院:《关于深入推进农业供给侧结构性改革 加快培育农业农村发展新动能的若干意见》, 2016 年 12 月 31 日, 见 http://www.gov.cn/zhengce/2017-02/05/content_5165626.htm。

9. 中共中央、国务院:《关于实施乡村振兴战略的意见》, 2018 年 1 月 2 日, 见 http://www. gov. cn/zhengce/2018 - 02/04/content_5263807.htm。

10. 中共中央、国务院:《乡村振兴战略规划(2018—2022 年)》, 2018 年 9 月 26 日, 见 http://www.gov.cn/zhengce/2018-09/26/content_5325534.htm。

11. 中共中央、国务院:《关于坚持农业农村优先发展 做好"三农"工作的若干意见》, 2019 年 1 月 3 日, 见 http://www. gov. cn/zhengce/2019-02/19/content_5366917.htm。

12. 中共中央、国务院:《关于抓好"三农"领域重点工作确保如期实现全面小康的意见》, 2020 年 1 月 2 日, 见 http://www. gov. cn/zhengce/2020-02/05/content_5474884.htm。

13. 中共中央、国务院:《关于全面推进乡村振兴 加快农业农村现代化的意见》, 2021 年 1 月 4 日, 见 http://www. gov. cn/zhengce/2021-02/21/content_5588098.htm。

14.《中共中央关于制定国民经济和社会发展第十四个五年规划和二〇三五年远景目标的建议》, 新华社, 2020 年 11 月 3 日, 见 http://www.gov.cn/zhengce/2020-11/03/content_5556991.htm。

15. 中国农业保险保障水平研究课题组:《中国农业保险保障分析

与评价》,中国金融出版社 2020 年版。

16.《中国农业再保险股份有限公司创立》,农业农村部新闻办公室,2020 年 9 月 29 日,见 http://www.moa.gov.cn/xw/zwdt/202009/t20200929_6353600.htm。

后　　记

全书包括专题文稿和调查报告两大部分,共30篇文稿。

专题文稿部分收录了袁纯清同志自2017年以来关于农业保险的相关主旨演讲、参会发言及文章。调查报告部分所辑的调研报告,均由袁纯清同志牵头组织,相关部委干部,科研院所专家、学者以及保险机构工作人员共同参与完成,为便于了解,在调查报告后特将调研组人员的基本情况附列于后。

本书专题文稿部分和调查报告部分所涉及的数据和案例,多来源于调研走访所获,其他为相关部委、地方部门及基层提供的材料,特予说明。

值此研究成果付梓之际,谨在此一并致谢。